复 旦 联 合 国 研 究 丛 书

联合国与和平行动

—— The United Nations and Peace Operations ——

联 合 国 维 和 行 动 七 十 周 年 纪 念 文 集

张贵洪◎主编

时 事 出 版 社
北 京

本书的出版得到国家社科基金重点项目“中国参与联合国维和行动的经验、问题与思考”（批准号：16AZD033）的支持

总 序

什么是联合国？联合国有什么作用？中国与联合国的关系如何？这是每一个对联合国有兴趣的读者都想知道的。

我的回答是：联合国是一个“不独立的多元体”。所谓“不独立”，就是说联合国没有独立的主权，它的权力来自于它的成员国。所谓“多元体”，就是说在联合国的所有机构中，没有一个能够完整地、全面地或在任何时候都代表联合国。因此，联合国只是“联合起来的国家们”的一个简称，它的主体是成员国，是联合国的成员以不同的形式组织起来，以不同的决策方式实现全球治理。

在成立后的七十年的时间里，联合国究竟起了怎样的作用呢？综合起来看，它的作用主要有五个方面：一是作为一面镜子，反映了国际形势的变化，折射了国际格局的演变；二是作为一个讲坛，反映了世界上各种各样的声音；三是作为多边外交最活跃的舞台；四是一个国际合作的平台；五是国际行动合法性的象征。

联合国是多边外交的讲坛，联合国大会每年都云集了各国的元首、首脑和外长，这是任何一个国际机构都无法比拟的。联合国又是集团外交博弈的舞台，许多重大谈判都是在集团之间进行的，集团外交在联合国里面有很重的分量。集团外交有优势也有弱点，它的优势在于增加了弱小者的谈判分量，有利于在这个强弱不等、力量失衡的世界为弱小国家争得一份发言权、一份决策权；缺点在于增加了谈判的复杂性和难度，联合国常常议而不决，决而不行。

联合国是国际合作的平台，主要体现在以下几个方面：一是完成了非殖民化的进程，使得一大批亚非拉国家取得独立并参加了联合国；二是开展历史上最广泛、最持久的发展援助，联合国里面有三大机构专门从事援助工作，即联合国开发计划署、联合国人口基金会以及联合国儿童基金会；三是缓和了国际冲突，通过军控、预防外交、维和、建设和平等手段处理了一系列地区冲突，更重要的是避免了大战的发生；四是规范国际行为，确立行为准则，并通过一系列决议、宣言、行动纲领以至于法律文件如条约、公约等形式，确立战后国际社会应该共同遵守的游戏规则。

联合国还有一个作用是过去人们很少意识到的，就是它已成为某一国际行为是否合法的象征，这从两次伊拉克战争就能看出来，有无联合国的授权是行动合法还是非法的一个依据。

同时，联合国还是一面镜子，反映国际形势的变化，折射了国际格局的演变。联合国成立到现在大概有这样几个时期：联合国成立初期，只有51个成员国，大部分是西方国家及其盟友，当时联合国是美国操纵的工具；20世纪60年代开始，情况逐步发生变化，到70年代就发生了质变，发展中国家成为联合国的多数；1971年中国代表权的恢复是一个分水岭，标志着美国一家操纵联合国的时代一去不复返了；70—80年代，联合国折射出来的是两对矛盾的交叉，一是南北矛盾，二是东西矛盾，既对抗又对话；进入90年代，苏联解体、冷战结束，联合国进入了一个新时期，这个时期的特点是两极争雄消失、南北矛盾缓和，联合国能够在政治、安全、经济、社会、人权等各个领域全面发挥作用。安理会在经历冷战时期的瘫痪之后恢复工作，成为联合国活动的一个中心。这十年被称为联合国的黄金时代。世界人民对联合国的期望值也大大提高。但是好景不长，第二次伊拉克战争撕裂了联合国，使联合国陷入空前危机，联合国在世界民众心中的形象也大为受损。在这样的背景下，要求联合国改革的呼声在世界范围内响起。

从现在来看，联合国将来会怎样？这里人类再次面临需要和可能的矛盾。需要是因为国际关系格局发生了重大的变化，从两极格局向多极格局迈进。在这个世界政治多极化、经济全球化和社会信息化的新时代，联合国面临一系列新的挑战。作为世界上最大、最高、最具代表性的国际组织，联合国需要进行改革，以反映国际关系格局的演变，适应新时代的挑战。

但是，多极化是一个漫长、渐进且含有种种变数的过程，目前还远没有“尘埃落定”。对于联合国大会和安理会等重要机构的改革，各国利益纵横交错，互利共赢的交汇点久求而不得，故当前对联合国机构进行重大改革的可能性甚微。

联合国改革的举步维艰，削弱了联合国应有的作用。二十国集团的出现，及由二十国集团承担在金融领域全球治理的功能，从一个侧面折射出联合国不改革可能面临的被边缘化的危险。当然，这种被边缘化在可预见的将来还只是局限在个别领域，且没有不可逆转之理。就全局而言，作为二战结束后肩负全球治理重任的联合国，它的地位和作用还是不可替代的。近日，美国未来学家戴维·霍尔做出大胆预测，称未来十年的某个时间点，将出现一个新的全球管理主体，可以称之为“全球委员会”，其职责是监管全球事务。但他也认为，处理和裁决国家间政治经济冲突的职责仍然由联合国履行。

进入新世纪以来，联合国在变化，中国也在变化。中国的国家利益已经不再局限在国门以内，中国的影响也已超出了地区。有很多全球问题都事关中国的切身利益，这就要求中国以更积极的态度来参与联合国的事务，维护自身的利益。可以预见，中国将在财政、维和等方面做出更大贡献。同时中国也需要利用联合国这个平台来拓展自身利益，中国参与亚丁湾护航，中国海军合法走出国门就是一个成功的例子。

联合国需要中国，中国也需要联合国这样一个时代即将到来。

陳健

（联合国前副秘书长、上海联合国研究会名誉会长）

2015 年 10 月 24 日

于北京和平里

目 录

第二部分　第三届联合国研究青年论坛获奖论文

中国参与联合国维和行动的战略转型及其路径*

（代序）

张贵洪

自1971年中华人民共和国恢复在联合国的合法席位起，我对联合国维和行动的态度和政策经历了一个“从不参与到参与、从个别参与到全面参与、从一般参与到深入参与”的发展过程。1990年，中国首次派遣军事人员参加联合国维和行动，其后，中国对联合国维和行动的贡献和作用不断扩大，维和行动在我对外战略中的地位和价值也日益上升，参与联合国维和行动已成为中国多边外交的一大亮点。

面对新型国际冲突、安全威胁和一系列全球挑战，联合国维和行动正经历重大改革和转型。近年来，中国参与联合国维和行动也面临重要历史性机遇和挑战。为有效推动维和事业向更佳方向创新发展，我亟需加强维和工作战略指导，充分认清历史机遇和风险挑战，结合我大战略目标，利用优势和影响，统筹和协调国内国际，通过强化制度和能力建设，变建设性参与向引领性参与转变，更好地为实现国家利益服务，并为世界和平做出更大贡献。

* 本文系作者提交“新时代‘走出去’战略与我军维和工作创新发展研讨会”（2017年11月11日，南京）的大会发言稿，原文载中国军事科学院《战略研究》2017年第5期。

一、中国参与联合国维和行动的战略意义和价值

（一）联合国维和行动的发展现状与重要地位

联合国维和行动在本质上是一种管理冲突的政治手段，而不是单纯的军事行动，它与预防冲突、建立和平、强制和平、建设和平之间有联系也有区别，共同构成联合国维护国际和平与安全的重要手段。联合国维和经历了冷战时期的第一代传统维和及冷战结束后的第二代复合型维和，其职能也从监督停火、脱离接触扩大到预防性部署、维护秩序等。联合国维和对于控制冲突升级、防止冲突蔓延，帮助国家重建、促进持续发展，保护平民安全、促进人权进步，提供人道援助、缓解生存危机，均发挥了巨大的作用。

但是，仅仅从冲突管理的角度来认识和定位维和是远远不够的。由于冲突性质和类型的变化，以及全球性问题的凸显，联合国维和行动面临大量新的问题和挑战。① 为因应新特点、新问题、新挑战，联合国维和一直在进行改革，从 1993 年的《和平纲领》、2000 年的《卜拉希米报告》到 2006 年成立建设和平委员会，对联合国维和的理念、机制、管理等提出了一系列改革建议和行动计划。

2015 年，联合国发表了关于维持和平、建设和平以及妇女与和平安全的三个评估报告，对今后的和平行动提出了一系列改革建议，包括“政治解决、伙伴关系、以人民为中心”的建设思路。② 2017 年 9 月，联合国秘书长在向会员国提出的秘书处和平与安全架构改革建议中，特别强调预防冲突和可持续和平的重要性，以及和平、发展、人权之间的相互联动性，维和行动因此出现向第三代即治理型维和转变的趋势。这种转变主要体现

---

① 刘丹著：《联合国维和行动的困境及前景》，时事出版社 2015 年版，第 48—80 页。

② 和平行动问题高级别独立小组的报告《集中力量，促进和平：政治、伙伴关系和人民》，A/70/95 - S/2015/446，http：//www. un. org/en/ga/search/view_ doc. asp? symbol = A/70/95&referer = http：//www. un. org/zh/documents/index. html&Lang = C。

在几个方面：一是从行动到治理，即从长远和战略的视角来设计和实施维和行动，通过安全、发展、人权的综合治理来消除冲突的根源，维和行动要从“救火队”变身为“守夜人”；二是从政府到人民或从国家到地方，即更加尊重人权、保护平民、发挥民间社会的作用、建设包容性社会；三是从应对冲突到预防冲突，即通过促进发展、保护人权来消除冲突的根源，充分利用各种政治手段，包括对话、谈判、斡旋、调停等，以达成冲突的政治解决，为此鼓励妇女、青年、非政府组织、志愿者积极参与；四是实现可持续和平，强调预防冲突、维护和平、建设和平、可持续和平的关联衔接和整体把握，以可持续发展促进可持续和平，以可持续和平保障可持续发展。

从这个意义上讲，维和行动不仅是在冲突地区采取的一项行动，更是联合国主导的全球安全治理的核心内容，是为冲突地区和国际社会提供公共安全产品，参与联合国维和行动也是推动构建新型国际关系和人类命运共同体的重要途径和手段。

（二）中国参与联合国维和行动的意义

中国在维和领域具有独特的资源和影响，做出了重要的贡献。中国正前所未有地走近世界舞台的中心，这在联合国维和行动领域得到充分的体现。近年来，中国采取一系列措施和行动，大力提升对联合国维和行动的贡献和支持力度。目前，中国的维和摊款居全球第二位，派遣的维和人员在五个常任理事国中最多，并已组建8000人规模的维和待命部队及常备维和警队，为联合国及有关国家800余名维和人员提供了培训，[①] 而且向联合国在非维和行动派出第一支直升机分队。除常规支持外，中国正积极落实向非盟提供1亿美元的无偿军事援助，并将支持维和行动确定为中国—联合国和平与发展基金的优先使用方向。鉴于维和行动的重要影响和中国国际地位的变化对参与维和能力的提升，未来我们应从战略高度深化认识中国参与联合国维和行动的价值。

---

① “履行庄严承诺 播撒和平希望——王毅在联合国维和行动安理会高级别会议上的发言”，2017年9月20日，http://www.fmprc.gov.cn/web/ziliao_674904/zyjh_674906/t1495381.shtml。

首先，参与联合国维和行动是为国际社会提供公共安全产品和为全球安全治理做出中国贡献。近年来，通过主办亚太经合组织、二十国集团和金砖国家峰会，提出“一带一路”倡议，以及主导成立亚洲基础设施投资银行等，中国为全球经济治理提供的中国理念和方案已得到世界公认，但其通过积极参与联合国维和行动，为全球安全治理做贡献和为国际社会提供公共安全产品的经验和意义还没有得到充分的总结与重视。

其次，参与联合国维和行动是中国多边外交、联合国外交和军事外交的一大亮点。近年来，中国多边外交精彩纷呈，联合国外交成果丰硕，军事外交屡有突破，参与联合国维和行动在其中都有突出的表现。未来，维和行动在我多边外交、联合国外交和军事外交中的分量将越来越重，将会成为我在上述领域的重要增长点。

第三，参与联合国维和行动是中国在国际安全领域提高国际话语权和影响力的重要方面。与中国近年来在全球经济治理中日益拥有和扩大的国际话语权和影响力相比，我在国际安全领域相对滞后。维和行动是联合国维持国际和平与安全的重点工作，我应充分利用维和改革和转型的契机，加强制度和能力建设方面的引领性，把中国在维和行动中的贡献和力量转化为话语权和影响力。

第四，参与联合国维和行动是我军“走出去”的重要途径。2013 年，根据联合国的决议和授权，中国海军舰艇前往亚丁湾、索马里海域实施护航，这是中国海军首次在中国水域以外执行任务，意义重大。近年来，通过与外国开展联合军事演习、实施海外救援救灾、建设海外军事基地、支持海外安保等途径，中国军队更加频繁地走出国门。而与上述情形相比，参与联合国维和行动在帮助我军“走出去”方面更具有合法性、长期性和系统性，有望形成全方位“走出去”的窗口。

二、从建设性到引领性：中国参与联合国维和的战略转型

冷战结束以来，基于国家实力的增长、国家利益的分析和外交战略的

调整，中国建设性地参与了联合国维和行动。而随着中国与世界关系进入一个新的时期，中国参与联合国维和行动的战略也面临转型。

自20世纪80年代末参加联合国维和行动以来，中国已累计派出约3.5万人次维和部队和2700人次维和警察参与29项维和行动，目前有2600多名中国维和人员参加9项维和行动，在所有联合国成员国中排第11位，是联合国常任理事国中派遣维和人员最多的国家。中国分摊的联合国维和费用比例是10.2%，在所有会员国中居第二位，在所有发展中国家中是最多的。

近三十年，中国对联合国维和行动的政策经历了一些变化，但总的趋势是贡献越来越大、参与越来越多、作用越来越强，是“建设性参与”。通过建设性参与联合国维和行动，中国很大程度上实现了国家利益，提高了国际地位，扩大了国际影响，改善了国际形象，在履行大国责任的同时，也促进了中国的军队建设，特别是加强了中国海外军事行动和国际军事交流的能力。

而由于非传统安全威胁的上升、冲突根源和形式的复杂化、更多行为体的参与等，联合国维和行动面临新的问题和挑战。2015年开启的新一轮联合国维和改革针对此提出了一些新的理念和方法，如强调冲突预防、可持续和平、人的安全、平民保护、伙伴关系、维和与建和既分工又衔接、和平与发展及人权的相互促进等。这对中国建设性参与联合国维和行动提出了新的挑战和更高的要求：在维和理念上，联合国维和在干预强度、武器使用、人权与维和等方面不断突破，我如何适应和应对？在维和理论上，我们的理论研究、战略研究和政策研究如何指导中国的维和实践？在维和制度上，我维和工作的领导、指挥、协调等体制如何创新发展，以适应不断变化的维和实践？在维和能力上，我们的维和资源和力量如何进一步加强并更有效地发挥其作用？在维和实践中，如何学习和借鉴国外好的管理方式，如增加野外驻训的舒适度、改善后勤补给和补助、提高对军警个人的关怀度、加快投送方式的机械化和现代化？

而更重要的是，如何在近三十年建设性参与和贡献的基础上提高中国在联合国维和领域的话语权、决策权、指挥权和影响力，从而更有效地实现国家利益，更好地推动外交战略实施和军队建设发展？这就需要我们在战略层面有所突破，从“建设性参与”转型和升级为“引领性参与”，通过引领联合国维和的制度建设和能力建设，把贡献转化为塑造，把力量转化为影响，把优势转化为规则。

所谓引领，就是要充分利用和发挥中国的优势、资源和影响，为联合国的和平、发展和人权事业提供正能量，维护和加强联合国的权威，重塑联合国在国际秩序和全球治理中的核心地位，引导联合国的改革和法治建设，使联合国的原则准则、理念规范、议程方案更好地体现公平和正义，为广大发展中国家服务，有利于中国国家利益的实现。为此，中国需要主动创设议程，为全球治理提供中国智慧、中国经验和中国方案，同时争取更多的联合国机构来华设立地区中心和办事处，输送更多的中国公民到联合国机构担任中高级领导和管理职务。

具体表现在参与联合国维和方面，就是要在维和制度建设和能力建设方面发挥上述引领作用。制度和能力是决定一个机构与一项事业能否成功的关键因素。制度为行动提供指导和指南，规定行动的要求和程序；能力直接影响行动的效率和效果。制度和能力互相影响，制度通过能力来执行，能力需要制度做保证。在联合国维和行动中，制度主要包括法律制度、决策制度、执行制度等；能力主要包括部署能力、指挥能力、协调能力、保障能力、培训能力等。

中国已具备从“建设性”向“引领性”转型的有利环境和条件。通过多年参与维和行动，中国军队检验和提高了部队的军事能力，在对外合作和交流中了解与学习到外军先进经验，通过实践提高了后勤及装备保障能力。国防部维和中心和中国维和警察培训中心，以及国防大学、国防科技大学国际关系学院等军队院校积累了大量维和培训经验，在国际上处于先进水平。同时，经过27年的参与，中国积累了大量维和经验，中国军人和警察表现出的专业水平和奉献精神得到联合国的高度赞扬。中国支持联合国维和的一系列新措施、中国联合国维和费用的快速增长得到国际社会的高度肯定。这是中国采取引领性参与战略的客观有利环境。

引领性参与的目标不仅是要实现中国的国家利益，提高中国的国际地位，扩大中国的国际影响，改善中国的国际形象，更是为冲突地区和国际社会提供公共安全产品，为全球安全治理贡献中国力量、中国智慧、中国方案、中国经验，即从利益性目标向价值性目标转变。在引领过程中，中国特别需要加强与联合国的合作，维护和加强联合国在全球安全治理和国际安全秩序中的核心地位和主导作用。中国要充分利用和发挥好我们的经济优势和财政资源，把这种优势和资源转化为话语权和影响力。同时，要加强维和人员的选拔和培训工作，提高中国维和人员的综合能力和整体素质，向联合国输送更多的维和决策、管理、指挥人才。我们还要不断增加维和方面的国际交流和联训，特别是作为联合国指定的“全球核心维和培训基地”的国防部维和中心，更要发挥好示范和引领作用。

三、制度和能力：中国引领性参与联合国维行动的路径

引领性参与的手段和途径主要是积极推动联合国维和的制度建设和能力建设。为此，制度和能力是联合国维和行动能否成功的两个关键因素，也是中国引领性参与联合国维和行动的两个主要方面。制度和能力都包括国际和国内两个层面。这里的制度既包括联合国维和的法律制度、决策制度、执行制度，也包括中国参与联合国维和行动的机制、体制和法制等。这里的能力则既包括联合国维和行动的部署能力、指挥能力、保障能力，也包括中国参与联合国维和行动的能力。制度为能力提供依据和规范，能力确保制度的有效性。中国引领性参与联合国维和制度和能力建设，就是指要更广泛和深入地参与联合国维和法律、决策、执行等制度建设，同时为联合国维和行动的部署、指挥、保障等能力建设发挥更积极和有效的作用。

（一）制度建设

联合国维和的制度建设主要包括三个方面：一是联合国维和的法律地位和法理基础，包括《联合国宪章》（第六条和第七条）、联大和安理会的决议、《维和部队地位协议》等，以及联合国维和行动部发布的文件；二是联合国维和决策制度，包括决策程序、组建、授权等；三是联合国的执

行制度，包括指挥、实施、监督、培训等。

在联合国维和制度建设中，中国应在联大在维和行动上的职权、武力使用的限度、国际干预的授权和程度、平民保护的方式、人权与维和的关系、维和待命机制、维和监督与评估机制、维和退出机制、区域维和合作机制等方面发挥一定的引领作用。作为最大的发展中国家和安理会常任理事国，中国既重视和支持发展中国家的利益、意愿和关切，又承担大国的责任，发挥大国的影响和作用，因此在引领联合国维和制度建设中更能体现既尊重国家主权又重视人权国际保护，既坚持不干涉内政原则又支持联合国框架下的人道主义干预之间的协调和平衡。

在国内维和制度建设方面，一是要完善国内维和法制建设，尽快制定《中国维和法》；二是要加强国内维和工作体制，特别是领导体制和指挥体制，以更好地适应维和实践的变化和需要；三是要推动联合国框架下的亚洲区域和次区域维和合作机制建设。

（二）能力建设

联合国维和部队的快速部署、任务区的各类协调、后勤保障、维和人员培训等，都需要通过能力建设得到提升，以便能更好地应对复杂和变化的安全环境、安全威胁和安全挑战。中国在联合国维和能力建设方面可进行几项开拓性工作：维和人员应对非传统安全威胁的能力建设；维和能力建设的国际合作；维和后勤保障能力建设；维和快速部署的能力建设。

在国内维和能力建设方面，除了加强战略筹划和组织管理，提高军事训练水平外，重点应是强化海外军事行动能力。为此，需要通过海外派遣军事力量，增强我军远程部署能力；有效应对脆弱安全局势，提高我军危机处理能力；利用国外近似实战条件，检验我军后勤保障能力；经受任务区复杂环境考验，强化我军安全防卫能力。

第一部分

联合国维和行动改革与国际合作研讨会论文

大变革中的联合国维和行动与中国的参与*

蒋振西**

当前，联合国维和行动正在发生重大变化，中国作为世界大国，积极参与，主动作为，表现出大国担当，受到国际社会的广泛赞誉。本文力求对当前联合国维和行动的变革进行分析，并对中国参与维和行动进行思考。

一、联合国维和行动的现状及变化

多年来，联合国维和行动由解决国与国之间的武装冲突、实施脱离接触的军事行动，转变为解决一国内乱、建立稳定秩序的多维度行动，是“一项由多个层面、多个角色综合组成和持续的行动”。①

（一）联合国维和行动现状

目前，世界各地有 16 项维持和平行动和 36 个特别政治任务，共 127 个国家参加，统称为联合国和平行动。参与维持和平行动的人员有 112303 人，其中军警人员 95553 人、文职人员 15153 人、联合国志愿人员 597 人，

---

* 原文发表于《和平与发展》2018 年第 2 期。

** 蒋振西，中国联合国协会理事。

① Folke Bernadotte Academy, *International Forum for the Challenges of Peace Operations: Designing Mandates and Capabilities for Future Peace Operations*, Sweden, 2014.

和平行动年度预算为78.7亿美元。特别政治任务包括13项政治特派团行动、10名特使和顾问、13个制裁小组和监测组，共有8000多人参与，其中主要是文职人员，也有一些军警和军事观察员。此外，联合国还部署了60多个选举特派团以及向区域组织提供能力建设支助的特派团。[①] 进入21世纪以来，联合国维和行动发展迅速，行动规模和参加人数大为增加，表现出以下特点：

一是联合国维和行动集中在非洲地区。据联合国维和行动部发表的报告显示，截至2016年10月31日，联合国维和行动总数为15项，其中在非洲地区实施的维和行动为9项，占总数的60%；部署在非洲的维和人员为10.06万人，占维和人员总数的84%；在非洲的维和行动年度预算约为63.12亿美元，占联合国维和行动全部预算的80%以上。[②] 此外，联合国还采取了借助非洲联盟来加强维和能力的方式，表现出联合国对非洲维和行动的高度重视与大力支持。

二是保护平民成为联合国维和行动的最重要任务。自1999年以来，联合国将保护平民作为维和行动的主要职责，要求维和行动为“遭受直接袭击的平民”提供保护。联合国对此类行动做出了明确规定：“在行动能力和地区范围内，在不影响东道国政府保护其平民的责任的情况下，采取一切必要行动，甚至并包括使用武力，以预防或应对对平民的身体暴力威胁。”联合国将维和特派团的“保护平民”行动分为三个阶段：第一阶段是早期预警——当发现风险增高时，维和特派团加强形势跟踪，及时发出预警，加强巡逻，密切与东道国政府及有关冲突方联络；第二阶段是采取预防行动——特派团使用干预部队或部署快速反应部队，阻止或预防冲突事件的发生。第三阶段是对冲突事件做出及时反应——一旦出现暴力冲突，联合国要求特派团反应迅速，“通过武装直升机、快速反应部队以及侦察兵等采取迅速行动，预防、限制或制止对平民的伤害。根据威胁和接战规则，反应程度可能需要升级至使用致命性武力”。[③]

---

① 联合国网站：维和行动报告，2017年10月。

② 联合国网站，维和行动统计报告，2016年10月。

③ 保护平民：《联合国维持和平特派团军事部分实施指导方针》，维持和平行动部/外勤支助部：2015年。

三是联合国维和行动向多元化的方向发展，保持稳定成为中心任务。维和行动由传统的监督停火、隔离冲突等军事职能，扩大到保护平民、解除前战斗人员武装、援助与监督大选、改革军队和安全机构、实施法治建设和恢复经济等综合性任务。近年来，联合国将在刚果（金）、马里、中非、海地等国家实施的维和行动升级为“多层面综合稳定特派团”，突出了保持冲突国家稳定的职能。

（二）“联合国和平行动”带来的改变

当前，“联合国维和行动”已改名为“联合国和平行动”（UNPO）。这不只是字面的变化，而是扩大了维和行动的范围，包括了“维持和平”“预防冲突”和“建设和平”等诸多环节。实际上，“联合国和平行动”这一提法源自前秘书长加利于1992年提出的《和平纲领》，该纲领首次提出了“维持和平”“预防冲突”与“建设和平”的概念，并进行了详细解释。

2000年，联合国秘书长科菲·安南召集以阿尔及利亚前外长卜拉希米为首的“联合国和平行动小组”专门研究联合国维和行动。同年6月，小组提交了关于改革联合国维和行动的报告（A/55/305），又称“卜拉希米报告”。报告对当时联合国维和行动的状况进行了全面分析，指出其在战略方向制定、迅速部署能力、计划与后勤支持，以及使用现代信息技术等诸多方面存在不足，并提出了多项改革建议。不过，此后联合国仍沿用“维持和平”的理念。

2014年10月31日，联合国秘书长潘基文委托“和平行动问题高级别独立小组”对当今联合国和平行动进行全面评估，使其更有实效、效率更高和更加顺应不断变化的世界。独立小组于2015年6月16日提交了报告（S/2015/446），正式提出“联合国和平行动”的概念，并得到秘书长首肯。报告中提出的“和平行动”与原来的“维和行动”有所区别，“和平行动”包括“政治调解”“建设和平”与“维持和平”三个阶段，涵盖了联合国当前所管理的一系列维持和平的手段。其实施机构包括“（联合国秘书长）特使和调解人；政治特派团，包括建设和平特派团；区域预防外交办事处；观察团，包括停火观察团和选举观察团；小型技术专家特派团，例如选举支助团；动用文职、军事和警务人员支持落实和平进程的大型和小型复合特派团，甚至包括具有治理职能的过渡当局；规划先遣团”等。①时任联合国秘书长潘基文对独立小组的报告给予了高度评价，并在其专题报告《联合国和平行动的未来》中就独立小组的建议提出了实施意见。

目前，联合国正式使用“联合国和平行动”这一名称，并建立了新的网页，涵盖“维持和平”与“政治调解”两项行动。这表明联合国维和行动出现的重大变化，其将联合国在不同阶段实施的所有和平行动连结在一起，形成一条长长的系列，维和行动只是其中一个环节。2017 年 9 月 20 日，联合国安理会决议强调，“持久和平无法仅仅通过军事和技术干预手段实现或维持，而是需要借助政治解决办法，坚信政治解决是联合国维和行动的设计和部署准则；维和行动十分重要，是联合国在促进、维护国际和平与安全方面可采用的最有效工具”。②

二、新任联合国秘书长的改革思路

2017 年 1 月 1 日，葡萄牙人安东尼奥·古特雷斯就职第九任联合国秘书长，给联合国带来了新变化。他强调“和平、发展、人权”三大支柱，提出改革联合国和平安全机构的主张。

1995—2002 年，古特雷斯先生曾担任葡萄牙总理，积极参与解决东帝汶危机的国际努力。2000 年初，他作为欧洲理事会主席，主导通过了关于增长和就业问题的《里斯本议程》，并共同主持了第一次欧洲联盟—非洲首脑会议。2005 年 6 月至 2015 年 12 月，他担任联合国难民事务高级专员，领导这一世界上最重要的人道主义组织，应对了数十年来最严重的几次民众流离失所危机，如叙（利亚）伊（拉克）冲突，以及南苏丹、中非共和国、也门发生的危机。古特雷斯是一位政治家，也是国际事务专家，谙熟联合国事务。他上任后不久就提出对联合国工作的初步构想。

---

① 联合国文件：A/70/95，和平行动问题高级别独立小组报告，2015 年 6 月。

② 联合国安理会决议：S/RES/2378（2017），2017 年 9 月 20 日。

（一）坚持联合国改革方向

2007年潘基文就任联合国秘书长后，联合国将“维和行动部”分为“维和行动部”和“外勤支助部”，前者负责维和行动的计划管理，后者负责维和行动的外勤支持。与此同时，联合国制定了维和行动的实施原则和行动规范。2015年，潘基文任命的“联合国维和行动独立小组”再次提出联合国维和行动改革建议。古特雷斯上任后，继续坚持改革。2017年，他启动了对秘书处和平与安全架构的审查工作。他十分赞同“和平行动问题高级别独立小组”提出的一个重要观点——把政治解决方案作为联合国工作的核心。古特雷斯指出：“经验表明，无论维持和平行动的装备多么精良，或力量多么强大，若没有各当事方以及区域和国际利益攸关方支持的政治战略或计划，维持和平行动便无法有效执行保护平民的任务。”在向联合国大会阐述对联合国的愿景时，古特雷斯强调联合国三大支柱，即和平与安全、可持续发展和人权，“我们所做的一切工作，均须以此为重心”。他指出联合国是从战火中诞生的，它必须为和平而存在。

古特雷斯坚持改革联合国维和行动。2017年4月6日，他在安理会提出9条改进维和行动的措施。其中，第一条是设立一个小组来研究如何改进“我们的和平与安全架构”；第五条是“我们的行动和战略需要更好和更协调的规划、控制和领导”，“建立一个执行委员会并使政治事务部与维持和平行动部进行更密切的合作”。他表示将进一步下放权力，以增强各位特别代表的权能。

（二）突出预防冲突的作用

古特雷斯强调：“预防是挽救生命、减少人类痛苦的最佳办法”，“联合国最严重的不足是我们对预防危机无能为力”，“我们需要改变现有方法，采取更有针对性、能够取得成果的方法”。要做好预防，就必须更好地支持各国加强本国机构，增强社会复原力。2017年11月，负责维和外勤保障的副秘书长向联大四委提出，要为特别政治行动建立单独账户，以保证其灵活性与有效性。此外，古特雷斯强调："我们必须创建和平连续体，从预防和解决冲突，到维持和平、建设和平及实现发展，连为一体"，"必须在'保持和平'这一新概念的指引下，对联合国和平与安全战略、行动机制及架构进行全面改革"。他十分重视政治调解、和平重建的作用，同时注重加强联合国的反恐怖主义工作。

（三）进一步发挥地区组织在维和行动中的作用

古特雷斯指出："联合国维持和平行动往往被部署到没有和平可以维持的地方，维和人员在当地受到敌视，得不到东道国政府的合作，还面临恐怖主义的威胁。必须与区域和次区域组织发展伙伴关系以确定适当和及时的反应，还必须确保我们管理和实施行动的体系切合目的，这样才能确保我们的效力。"过去15年中，非洲联盟—联合国和平行动伙伴关系的发展和创新，在应对非洲武装冲突带来的共同挑战方面已必不可少。对非洲联盟的和平支助行动是一个重要的工具，国际社会越来越依赖于这样的工具来解决非洲的和平与安全挑战，"这在很大程度上是因为非洲联盟表现出快速部署的能力和意愿以及原则方面的灵活性，使其能够在特别具有挑战性的环境中部署特派团，承担执行和平和反恐怖主义等强有力的授权任务"。[①] 古特雷斯表示，准备将维持和平部分转交给地区组织。他指出，在索马里、达尔富尔、中非共和国和马里，联合国与非洲联盟的合作展示了寻求灵活变通的创新解决方案的历程，"希望我所提出的关于为安理会授权的非洲联盟和平支助行动提供可持续、可预测和用途灵活的资金的提议能得到会员国认同。这种合作必须以比较优势和增加值为认识基础"。

（四）坚持性别平等，要求增强妇女参与维和的力度

古特雷斯强调男女平等，重视研究如何在联合国领导或共同领导的调

① 联合国文件：S/2017/454，安全理事会：秘书长关于授权和支助非洲联盟和平支助行动的备选方案的报告。

解进程以及在维持和平特派团和特别政治任务中增加妇女人数。目前，特派团团长和副团长职位中有26%由妇女担任，虽未实现性别平等，但却是有史以来的最高比例。古特雷斯提出，到他任期结束时，争取在副秘书长和助理秘书长级别、包括在特别代表和特使级别完全实现性别均等；“承诺进一步处理联合国在妇女代表性和切实参与方面最为落后的领域，例如维持和平领域；就此我已要求联合国与部队派遣国协商制定专门战略，以实现我们的宏伟目标”。①

三、对联合国维和行动的观察与思考

（一）联合国维和行动只是一个政治手段，而不是战争手段

从本质上讲，联合国维和行动应是联合国为维护和平与稳定而实施的一项政治行动，同时也是联合国应对危机的一项临时措施，这是联合国维和行动的基本定位。为此，联合国维和行动必须有一个明确的战略目标，安理会授权要合理可行。联合国不能参与战争行动。联合国维和人员是从成员国借调的，他们的职责是维持和平，监督执行停火协议，而不是去从事战争行动，必须坚持“除自卫和完成联合国授权外不得使用武力”的基本原则。2016年，和平行动独立小组报告中坚持“联合国是不进行战争的。在需要增援行动时，一贯的做法是经安全理事会授权由愿意的国家组成的联盟根据宪章第七章行事”。时任联合国秘书长潘基文肯定了预防和调解冲突的重要性，他强调：“当务之急无疑是重新把预防和调解冲突放在联合国所有活动的首位。无论是叙利亚、也门的冲突，还是布隆迪的危机，都表明需要增加而不是减少这些工作。”

① 联合国S/2017/861，安全理事会：秘书长，2017年10月16日。

（二）联合国维和行动应是应急机制

维和行动应有明确授权，严格执行退出机制。一旦维和授权完成，联合国维和行动就当退出，或者转入建设和平阶段。为此，“和平行动”各个阶段要相互衔接，明确规定“防止冲突”“促成和平”“建设和平”等环节的连接，使各个阶段成为“和平行动”中的有机组成部分。联合国前秘书长科菲·安南形容联合国维和行动是“世界上唯一的一支灭火队，它只能等到火势起来后才能开动”。当然在火势被扑灭后，它也应该及时撤出，留出空间给其他机构进行善后工作。只有将其作为应急机制，才能保持维和行动的活力。

（三）加速维和部队的现代化建设，增强维和行动的行动能力

在当前这个信息时代，联合国维和行动的装备现代化建设也要提速。为此，联合国应加大对信息技术的应用，提高维和部队装备水平，加大对卫星和无人机、网络等先进技术装备的投入力度，提高维和行动的灵活反应和机动处置能力。联合国维和行动应该建立强有力的指挥与控制系统。维和特派团应提高处置紧急事态的侦察情报能力，具备快速反应能力。为此，联合国应加强与有关国家和地区组织的合作，做到信息共享，行动协同。

在当前形势下，维和人员常常在复杂和动乱的环境中执行任务，为此需要加强维和行动的快速部署和快速机动能力，提高资源利用效率和效能；同时要加强自我保护能力，减少维和人员伤亡和资源损失。当前，联合国维和行动承担着多项任务。维和武装人员来自不同国家，具有不同的文化和社会背景，要使他们在短时间内适应维和任务区的工作确实不易。联合国要将对维和武装人员的职业培训作为重要任务，使他们明确维和任务的具体要求，提升维和部队整体行动能力。为此，联合国应进一步加强与有关国家或地区组织的合作，集中培训维和人员，使维和行动的培训做到标准化、规范化、机制化。

（四）保证联合国维和人员的安全至关重要

当前，维和任务区安全环境脆弱复杂，联合国维和人员常常在安全得不到保障的形势下执行任务，屡屡遭到武装分子的袭击，并受到多种传染疾病的困扰。进入 21 世纪以来，联合国维和行动每年的死亡人数在 100 人以上，值得国际社会关注。此外，近年来联合国维和行动中使用武力的次数增多，力度加大，这也是造成维和武装人员伤亡增多的一个原因。例如，在 2013 年，联合国在刚果（金）的维和行动中为了打击武装分子，专门组建了“干预旅”，参与了刚果（金）政府追剿“M23 运动”反政府武装的行动，并为刚果（金）政府军提供了攻击型直升机支援。

维和人员的安全是派出国首要关心的问题。维和人员的安全得不到保证，出现重大伤亡，必然会影响派出国的政治决策。为此，联合国维和行动应加强对维和人员的安全保护。同时，联合国维和行动特派团要与冲突当事方保持密切沟通，争取当地政府和人民的信任与支持，减少遭受袭击的风险。在制度层面，联合国应制定与完善保护维和人员安全的国际条约。必须明确的是，联合国维和行动的部署需要在达到基本条件时才能实施。前提是要促成冲突各方达成全面停火协议。只有在冲突各方达成和平协议，军事行动基本结束的情况下，才可能实施维和行动。在战火纷飞的环境中，维和人员的安全很难得到保证，维和行动也难以展开和取得成功。

（五）加大与地区组织和有关国家的合作与协调

多年来，联合国维和行动虽然在维护地区和世界的和平与安全中发挥了重要作用，但它并不是解决一切国际和平问题的唯一手段。实际上，地区冲突的解决、冲突国经济的发展与社会的稳定，需要联合国综合运用多种手段，更多发挥当地国家与地区组织的积极作用。近年来，联合国推行“全球伙伴”计划，加强了与有关伙伴方的合作。当前，应加强联合国与地区组织、地区国家、冲突方的协调与合作，加强与当地社区民众的沟通，及时听取他们对联合国维和行动的意见与要求。值得注意的是，过去一直积极参与联合国维和行动的发达国家在冷战后减少了参与行动，在非洲的维和行动中很少看到他们的身影。因此，联合国应充分发挥非盟等区域组织在非洲地区维和行动中的优势，加大对其在维和行动方面的支持和援助。

四、中国积极参与联合国维和行动

1990年以来，中国积极参与联合国维和行动，先后向柬埔寨、黎巴嫩、利比里亚与苏丹等维和行动任务区派出军事观察员、医疗分队、工兵分队和运输分队，已成为维护世界和平的一支重要力量。

（一）当前中国维和人员部署状况

近年来，中国参加维和行动的规模和范围不断扩大。2014年，中国向联合国马里维和行动派出了安全分队。2015年，中国向联合国南苏丹维和行动派出了700人的维和步兵营。2017年，中国向达尔富尔维和区派出了直升机分队。目前，中国在10个维和区共部署2642名维和人员，其中在8个维和区部署维和部队和军事观察员，在4个维和区部署维和警察。中国维和人员包括工兵分队、医疗分队、运输分队，近年来又增加了安全分队、维和营、直升机分队、防暴队等。

多年来，联合国领导人、维和任务区特派团负责人和任务区所在国家领导人对中国维和部队给予了高度评价。利比里亚总统瑟利夫赞扬中国维和部队“是伟大的中国人民和军队的友好使者”。[①] 2014年，联合国马里特派团司令在视察中国维和部队时赞扬：“你们是最好的部队，拥有你们是我们的骄傲。”据报道，中国向南苏丹（朱巴）维和区派出的维和步兵营担负保护平民、警戒护卫、城区巡逻和长巡护卫等任务。自2016年12

---

① Gill, B. and Huang, C., China's Expanding Peacekeeping Role: Its Significance and the Policy Implications, *SIPRI Policy Brief*, February 2009.

月部署到任务区以来，中国维和部队先后完成35次长途武装护卫、15次难民营武器清查、37次果断处置武装人员持枪进入武器禁区事件、103次制止偷盗犯罪行为、协同联合国警察抓捕移交124人等任务，多次受到联南特派团、当地政府及友军的赞誉。2017年10月28日，利比里亚国家酋长长老理事会代表利政府在蒙罗维亚向中国第五支驻利维和警察防暴队授予“利比里亚国家杰出贡献奖”，表彰中国维和警察防暴队为利比里亚和平、稳定及国家重建做出的突出贡献。①

（二）中国对联合国维和行动的庄严承诺

2015年9月28日，中国国家主席习近平出席联合国50周年大会。他在联合国维和峰会上发表重要讲话，宣布了中国支持联合国维和行动的六项措施：第一，中国将加入新的联合国维和能力待命机制，决定为此率先组建常备成建制维和警队，并建设8000人规模的维和待命部队；第二，中国将积极考虑应联合国要求，派更多工程、运输、医疗人员参与维和行动；第三，今后5年，中国将为各国培训2000名维和人员，开展10个扫雷援助项目，包括提供培训和器材；第四，今后5年，中国将向非盟提供总额为1亿美元的无偿军事援助，以支持非洲常备军和危机应对快速反应部队建设；第五，中国将向联合国在非洲的维和行动部署首支直升机分队；第六，中国—联合国和平与发展基金的部分资金将用于支持联合国维和行动。② 这是中国对联合国维和行动的庄严承诺。

（三）中国对联合国维和行动的坚定支持

一是组织维和待命部队。中国国防部正式宣布，中国军队已于2017年9月22日完成8000人规模维和待命部队在联合国的注册工作。中国维和

---

① “中国第五支驻利比里亚维和警察防暴队获‘利比里亚国家杰出贡献奖’”，国防部网站，http：//www. mod. gov. cn/action/2017－10/29/content_4796016. htm。

② “中国为和平而来——习近平主席在联合国维和峰会上的讲话”，外交部网站，http：//www. fmprc. gov. cn/web/ziliao_674904/zyjh_674906/t1302559. shtml。

待命部队包括6个步兵营、3个工兵连、2个运输连、4个二级医院、4个警卫连、3个快反连、2个中型多用途直升机分队、2个运输机分队、1个无人机分队、1个水面舰艇分队，共10类专业力量28支分队。[①]

二是增加维和摊款。中国作为一个发展中国家，近年来较大幅度地提高了在维和行动摊款中的份额，加大了对联合国维和行动的财政支持。2015年，中国分摊的联合国维和摊款超过4亿美元，占联合国维和行动费用总额的6.34%，在联合国成员国中位居第六位。2017年中国的维和摊款达到联合国维和总额的10.2%，位列世界第二。多年来，中国维和人员出色地完成各类任务，行为优良，保持了“零违纪”“零遣返”的记录；在各个任务区高质量完成任务，创造了多项“中国速度”“中国质量”和“中国品牌”等优秀记录。[②] 在执行维和任务中，共有21名中国维和军人和警察献出了宝贵生命。

（四）中国参与联合国维和行动的初心

近年来，国际上对中国扩大参与联合国维和行动给予高度重视。综合看来，大多对此表示积极支持，但也有人对中国的动机进行质疑，宣称中国参加联合国维和行动是为了本国私利。实际上，中国维和人员是在联合国的统一指挥下行动，执行安全防卫等任务，全力保证相关联合国维和人员和平民的安全。

一是承担国际社会的共同责任。中国作为联合国安理会常任理事国，肩负着维护和平的崇高使命，参加联合国维和行动是从事一项维护世界和平大业的行动。中国执行的维和行动，是根据联合国的请求派遣，得到了当地政府的同意。在行动中，中国维和人员服从联合国的统一指挥。前联合国秘书长安南称：“中国参与联合国维和行动充分体现了中国热爱和平，积极参与联合国事务的负责任大国形象。”

---

① “中国军队完成8000人规模联合国维和待命部队注册”，2017年9月28日，国防部网站，http：//www.mod.gov.cn/topnews/2017－09/28/content_4793336.htm。

② “做维护世界和平的坚定力量”，《解放军报》2015年4月8日。

二是执行多样化的军事任务。新的历史使命要求中国军队不仅要应对传统安全威胁，而且要应对非传统安全威胁；不仅要捍卫国家的主权与安全利益，而且要维护世界的和平与发展。为此，中国军队将打击恐怖主义、维护稳定、应急救援、抢险救灾、国际维和等作为自己应承担的任务，是非战争军事思想的组成部分。

三是促进冲突地区的和平与发展。联合国维和行动对消除地区的冲突与动乱、促进建设持久和平发挥着至关重要的作用。中国参与联合国在非洲地区的维和行动对维护非洲地区的和平与稳定，促进非洲国家的发展起到了积极作用。

总之，联合国维和行动今后将作为联合国维护世界和平与安全的一个重要手段而长期存在。为此，联合国和国际社会应该进一步加强合作，促进维和行动的反应更加及时、行动更加有效、更加持续发展。中国参加联合国维和行动，体现了中国作社会主义国家、负责任大国的理念和风范，也是践行正确义利观的生动体现。联合国维和行动多部署在非洲不发达国家的动乱地区，那里的人们渴望和平与发展。中国参加联合国维和行动是在联合国统一指挥下帮助当地国家和人们平息动乱，恢复安宁，是要永远做发展中国家的可靠朋友和真诚伙伴。今后，随着自身实力和影响力的不断上升，中国将会在国际事务中发挥更加积极的建设性作用。

维和行动保护平民职责面临的困境与挑战

薛　磊*

进入21世纪以来，保护平民日益成为联合国和平安全领域各主要机构政策讨论中频繁出现的用语，2005年联合国成立六十周年时通过的《成果文件》中，就明确将预防和制止种族灭绝、反人类罪及战争罪等严重国际罪行作为联合国维和国际和平及安全的重要使命之一。秘书长还专门设立了预防种族灭绝特别顾问和保护的责任特别顾问等职位，每年向大会提交保护的责任相关报告。在大多数安理会授权实施维和行动的决议中，几乎都包括如下用语，即授权维和部队"面临紧迫的暴力威胁时动用所有必要手段以保护平民"。就其发展历史轨迹来看，这种关注的迫切性主要源于联合国在20世纪90年代所经历的一些重大挫败，例如卢旺达大屠杀及斯雷布雷尼查惨案等。然而，在联合国维和行动中，对于保护平民职责的进一步强化也增加了联合国维和特派团的任务强度和复杂程度，在履行安理会授权过程中维和特派团面临新的困难和挑战。总体来看，维和行动在履行保护平民职责过程中，将面对目标困境、制度困境、法律困境及能力困境等四方面主要问题，需要从安理会决策阶段、联合国秘书处政策制定和实施阶段，到最后的维和部队实地执行授权阶段进行更为全面的系统性思考和研究。

* 薛磊，上海国际问题研究院助理研究员。

一、多重目标的相互平衡

（一）维和行动授权的多重目标设定

2015 年，联合国和平及安全领域启动一系列评估进程，其成果体现为以下几项主要报告，即联合国秘书长设立的维和行动高级别独立评估小组报告以及以此为基础的秘书长报告；建设和平委员会成立 10 年政府间审议报告；2000 年关于妇女、和平及安全的安理会 1325 号决议执行情况评估报告等。这些报告对指导联合国和平行动顺利实施的重要原则再次加以重申和强调，并就联合国应对复杂安全形势挑战也提出变革举措，为联合国和平行动未来发展提出方针指引和目标设定。与此相呼应，2015 年联合国发展峰会正式通过《2030 年可持续发展议程》，为全球发展进程设定了新的路径和目标。在这种背景下，对保护平民目标在维和行动中的大力倡导和推动，实际上在一定程度上为维和行动设定了一种多重目标的授权体系。在维和行动实践中，联合国特派团就面临这样的问题，即如何有效实现这一多重目标体系的有效协调，特别是确保不同目标实现手段和方式的协调一致性。针对这一问题，不同的政策选择将可能导致结果的差异性，甚至最终影响联合国维和行动的成效。

（二）政策优先性存在潜在冲突可能性

如上所述，在多重目标体系之下，政策执行路径的差异性将可能直接影响到政策效果。首先需要明确的是，绝大多数联合国维和行动所面对的首要目标是确保东道国和平进程顺利推进。在和平进程推进过程中，各种政治、经济、社会的必要条件需要逐步达成，以确保和平进程得以巩固，这其中当然也包括对东道国民众生命财产安全的基本保障。因此，从原则及理论上而言，保护平民目标与在东道国推进和平进程的其他目标是相辅相成的，包括推进和平谈判和政治对话进程，促进东道国经济发展，推动东道国国内社会和解进程，消除内战及武装冲突造成的种族或民族对立情形等。然而，需要看到的是，和平进程本身是一个阶段性历程，很难一蹴而就地在东道国达成持久和平状态。在这种情况下，联合国在推动东道国和平进程时就面临目标及政策优先排序问题，在实践中经常遭遇到的可能不是多种目标及政策的相互协调，而是政策效应的相互对冲或抵消。在以往的冲突解决及冲突后国家重建实践中，经常产生的如“和平与正义”等矛盾复合体就说明，多种目标及政策在和平进程的不同阶段往往存在相互之间的紧张关系。这也是强调保护平民目标时必须深入思考的问题。

（三）综合权衡保护平民的政策措施及手段

联合国高级别独立评估小组的报告再次指出，政治进程在维和行动中应被置于主导地位。在冲突预防及和平重建进程中，政治进程作为冲突解决的手段和目标，始终应被置于中心地位。尽管冲突地区安全形势及挑战的复杂性呈现日益上升趋势，但不能由此淡化政治途径解决冲突这一首要前提，更不能过分强调军事因素并将军事手段置于首位。这一点同样适用于维和行动履行保护平民职责的行动。目前较为一致的意见是联合国不应负责对各种暴力行为的最初应对，在这方面区域组织具有特别的优势，但其中的军事原则应被置于一个包含和平行动所有要素的更为广泛和全面的原则之下，从而创造目标的一致性。① 同时，还应综合看待冲突预防、和平行动以及建设和平等多阶段和平促进行动。社会的短期冲突后恢复与长期可持续发展路径之间也应形成相互配合协调关系。这为建设和平行动与联合国发展系统以及多边开发银行活动的对接及合作提供了新的思路和可能性。和平与发展的关联性日益受到关注。世界银行出版的《2011 年世界发展报告》将“安全、冲突与发展”作为其主题，对发展与安全之间的相互关联性进行了充分论证。其关注点主要在三个方面：暴力的恶性循环、不同类型暴力行为之间的相互关联以及跨境暴力行为。2030 年可持续发展

---

① “International Peace Support Operations: How Can the Capacity Challenges Be Met?” Wilton Park Conference, 4 June - 7 June, 2007.

议程的目标16“公正、和谐和包容社会”也明确将消除冲突及促进和平纳入其中，“大规模武装暴力和不安定局面将对国家发展造成毁灭性打击，影响经济增长，往往导致不同社区之间长达几代人的对立”，“可持续发展目标旨在显著减少一切形式的暴力行为，与政府和社区合作寻求解决冲突与不安定局面的长久之计”。这说明，在当今全球化社会中，安全、冲突与发展已经成为相互紧密交织、不可分割的问题，实现保护平民目标必须把握全局、综合施策。

二、维和行动性质、原则及指挥实施体制的兼容性

（一）维和行动基本原则的差异性

从维和行动实践来看，围绕维和行动基本原则所存在的分歧或争议已经延伸至维和行动的实际部署和运行进程中，并对维和行动使命目标的达成产生了不同程度的影响。传统的维和行动以“当事方同意”“自卫”以及“中立性”作为三项基本原则，其特点在于强调冲突涉及各方的共同同意、武装部队的完全自卫性（仅配备轻武器）、中立性以及任务的简单性（隔离冲突双方或几方）。然而，在当前的维和行动指导原则及其实地部署中，这三项基本原则的限定已经受到重大冲击。随着联合国维和行动使命日益针对一国内部发生的内战或武装冲突，以往以国家中心的模式日益受到挑战。鉴于内战或者武装冲突中派别林立，联合国应致力于获得各主要武装派别的支持，鼓励非政府武装团体参与和平进程。从维和行动的目标及其实践来看，这种努力有其合理之处，冲突各方的支持及参与有利于联合国维和部队顺利部署以及履行其使命，特别是对于实现保护平民的目标具有重要意义。然而，相对于传统的维和行动，强调以保护平民为核心使命的维和行动的突出特点在于注重强制措施的施行，从而在特征上更加接近第七章所规定的执行和平行动。在这一授权模式下，维和部队得以采取措施以确保行动自由，以及防止所谓“破坏者”威胁到维和使命的实施或

者更广泛的和平进程。[①] 这种侧重于强制措施以至于使用武力手段的倾向，将严重偏离维和行动的基本原则，实践中也可能导致维和部队成为武装冲突的直接参与者，从而既威胁到维和人员的生命安全，又放弃了联合国维和特派团以往具有的相对中立的优势，而这一点恰恰是联合国得以在东道国国内冲突中促成和平协议及推进和平进程的基础。

（二）联合国维和行动授权范围的模糊性与复杂性

如上所述，保护平民目标为维和行动设定了特殊的单一目标，并往往将其置于多重目标集合中的优先地位。然而，维和行动并非传统意义上的军事行动，其目的也并不在于击败或消灭敌对方。如果遵循对其赋予过高程度任务目标的强势维和模式，维和行动的基本宗旨和目标势必会模糊或混淆，实践中也往往会影响到和平进程的顺利进行。这种复杂性与模糊性因素的增加，首先体现在联合国安理会授权用语的模糊性上。从安理会决议对特定用语的选择来看，如果使用"所有必要手段"这类用语，一般就被理解为对于使用武力的授权。但是，安理会决议通常是经由安理会中的政治磋商进程产生的，在多数情况下，这就意味着政治妥协的进程，也决定了安理会维和行动授权决议本身就存在一定程度模糊性。在传统的维和行动基本原则和执行模式背景下，这种模糊性对维和行动实践的影响较为有限，但对于以保护平民为核心的维和行动却并非如此。尤其是安理会相关决议往往仅规定某些具体的军事行动模式，例如增强维和部队的威慑力度，但在这些具体的任务模式之外，并未提供更为明确的目标，使得维和部队在实践中很难明了安理会授权所要达到的战略性目标。[②] 对于所要达成目标及手段的模糊性表述也导致维和任务的复杂性程度大为上升。以南苏丹为例，联合国维和部队在负责大量人口聚集的难民营的安全保障及秩序维护方面，承担了繁重且复杂的任务，这必然会增加未来维和部队顺利

---

① Thierry Tardy, "A Critique of Robust Peacekeeping in Contemporary Peace Operations", *International Peacekeeping*, Vol. 18, No. 2, April 2011, p. 152.

② Ralph Mamiya, "Protection of Civilians and Political Strategies", International Peace Institute, May 2018, p. 4.

完成授权且撤出任务区的困难。

（三）维和实践中应采取可行且有效的措施保护平民

首先，应着重加强维护东道国法律和秩序，保护平民免于各种暴力形式威胁。在保护平民方面，应有别于西方国家比较热衷谈论的所谓保护的责任，也即保护民众免于严重违反国际人道法的罪行。从当前和平行动实践来看，更多的侧重点应放在预防多元化暴力威胁方面，包括跨国有组织犯罪、恐怖袭击以及严重刑事罪行等。通过增强联合国和平行动中维和警察的构成以及对当地警察能力的培训工作，提升联合国特派团与东道国政府执法机构在预防和打击各种犯罪方面的有效性，以此为和平重建及经济发展进程提供有利的环境。

其次，加强联合国总部及特派团层面的情报收集及分析工作。联合国和平行动实践中，经常暴露出对当地情况，如各武装派别及社会构成，特别是一些动态性和趋势性情况欠缺了解的问题。产生这一问题的重要原因之一是联合国总部与特派团相互之间情报交流及沟通不足，和平行动的授权以及诸多行动指导方针都是由总部机构制定产生，并未更多征询具体国别层面联合国特派团人员的意见；同时，总部层面也欠缺对特派团上报情报信息的深度分析整合能力。因此，一方面在和平行动计划制定方面应更加向特派团层面倾斜；另一方面应进一步加强情报交流及分析能力，也可考虑借助安理会主要大国的情报收集能力。

最后，增强在冲突重建进程中早期恢复阶段的快速介入。基于对各种暴力活动相互关联性、危险性及其溢出效应的认识，早期介入有助于消除暴力活动的经济社会根源。在这方面，应增强联合国发展系统与世行等多边开发银行之间的伙伴关系，世界银行等在发展领域富有经验，并且拥有更为充足的用于发展援助的资金准备，这些机构相互之间加强协调合作，不但有助于解决早期介入的风险问题，而且其充足的资金保证将会进一步确保早期介入和早期恢复的效果。应充分发挥这些机构独有的早期介入和杠杆效应，带动其后的发展援助资金及私营部门投资进入。

三、维和行动与国际人道法的矛盾与协调

(一) 传统维和行动与国际人道法的关系

就一般情况而言，传统的联合国维和行动与国际人道法之间存在一种微妙的关系。从两者各自的性质来看，国际人道法主要涉及在战争武装冲突状态下对各交战方行为方式及范围的限制与制约，而传统的维和行动从其授权及实施方式来看，维和部队从一开始就并非以交战者身份参与到战争与武装冲突中。这一实质性差别使得多数维和部队出兵国以及联合国本身会将维和部队与国际人道法的关系基本上视为关联度有限。根据 1999 年由秘书长发布的关于联合国授权武装力量遵循国际人道法问题的声明，国际人道法的适用范围明确地局限于以交战者身份直接参与武装冲突以及维和部队出于自卫目的而使用武力的情形。同时，秘书长的声明还明确指出，在涉及违犯国际人道法的情况时，相关武装人员或维和人员应由其派遣国在国内法庭上进行审理。① 可以看到，这一声明对于维和部队涉及国际人道法的情况做出了严格限定，与其中指出的由安理会授权的执行和平行动不同，维和行动仅在存在实际使用武力的情况下才涉及到国际人道法的适用问题。通常情况下，依据联合国与相关东道国签署的《驻军地位协定》，维和部队人员涉嫌违法时，原则上只能由派遣国根据其国内法规定进行审理。然而，由于近些年披露出一些维和任务区维和人员的性侵问题，目前国际社会有很大呼声要求加强对此类罪行的审理和处罚，联合国也在考虑不再单纯依靠派遣国国内法庭的审理，可能会设立联合国特别法庭以有效处理此类案件。当然，这一类案件一般情况下也不被视为国际人道法适用的情形。

---

① "Observance by United Nations Forces of International Humanitarian Law", United Nations, Secretary – General's Bulletin, ST/SGB/1999/13, 6 August 1999.

（二）新任务模式下维和行动面对的法律挑战

就使用武力的界限和范围而言，传统意义上的维和部队一般被严格限制在自卫和自保的范围内。然而，目前的维和部队日益奉行所谓的“积极自卫”原则，即除了保护自身的安全之外，还可以将这一范围扩展至其执行任务的领域中，例如维护安全区或者实施人道主义救援，都可以以武力保障其使命得以顺利执行。相对于传统的维和行动，当前经常实施的维和行动的突出特点在于注重强制措施的施行。从近些年维和部队的授权和部署情况来看，有一些已对以往一贯遵循的中立与自卫特征造成重大的突破，事实上在积极介入冲突各方的争端乃至武装冲突。2012 年安理会授权在联合国刚果（金）稳定团之下建立“干预旅”就是一个明显的例子。该干预旅隶属于联合国刚果（金）维和部队，但其主要职能在于支援刚果（金）政府打击东部基伍省反叛武装的军事行动。最近的一个例子是安理会针对南苏丹安全形势恶化授权成立的“地区保护武装”，其主要职能是在内战中保护南苏丹平民免于伤害。联合国干预旅在其授权成立之初就引发了国际社会对相关法律问题的争议及质疑。干预旅所遵循的交战规则（Rules of Engagement）与传统维和部队所遵循的规则存在实质性差别，其内容更接近于通常的军事作战任务中适用的交战规则，该规则更为直接地针对“敌对武装力量”，而不是通常情况下维和部队使用武力时需要针对的“敌对行为”。[①] 在 2016 年红十字国际委员会向联大高级别会议提交的声明中，还特别强调了拘押问题，也即在执行保护平民职责时对非政府武装人员采取强制措施。就以往维和实践来看，一般不会出现这样的情况，这实际上是干预旅等新的维和行动授权模式所引发的新问题，主要问题在于被拘押者是否应享有国际人道法赋予的相应被保护的权利，以及拘押设施及看守人员是否符合国际法的规定。[②] 总之，随着联合国维和行动更多

---

① Scott Sheeran and Stephanie Case, “The Intervention Brigade: Legal Issues for the UN in the Democratic Republic of Congo”, International Peace Institute, November 2014, p. 5.

② “Peacekeeping Operations”, ICRC Statement to the UN, 2016, see https://www.icrc.org/en/document/peacekeeping - operations - icrc - statement - united - nations - 2016.

地以武力手段实现保护平民目标，维和部队与国际人道法之间的相互关系也在发生实质性变化，如果军事手段的加强和频繁使用这一趋势不加以改变，联合国维和行动必然会面临更多的国际人道法制度及规则的约束。而针对维和人员违犯国际人道法以及对东道国平民犯下的罪行，未来也可能被迫启动国际刑事法院这一国际刑事司法机构来审理相关罪行，这可能将是众多维和人员派遣国所不希望看到的情景。

四、多重任务设定与执行能力之间的差距

（一）资金、人员、装备物资保障约束

从维和行动实践来看，复杂性及强制性因素的增加，将可能造成维和部队所承担任务超越其实际执行能力的状况。从目前联合国安理会授权部署的维和行动来看，以保护平民为核心任务的维和行动一般需要耗费大量的维和行动预算资金，特别是联合国派驻刚果民主共和国、南苏丹、马里以及中非共和国的维和特派团。尽管总体上而言，联合国维和行动支出在逐渐减少，这主要来源于联合国在科特迪瓦、利比里亚以及海地等三个国家维和任务的顺利结束。目前的维和预算已经由前几年的约80亿美元下降到68亿美元，这也在一定程度上呼应了美国政府对于削减包括维和经费在内的联合国经费的要求。作为联合国维和行动预算最大的出资国，在特朗普“美国优先”的政策指引之下，美国政府对维和行动预算提出非常苛刻的要求，这将可能严重影响维和部队在实地履行其授权和使命的能力。[①] 同时，在维和人员储备及培训方面，联合国一直着力于提升其待命安排机制的有效性，在这方面中国的表现较为突出，目前已经达到承诺的维和人员储备水平，即8000人维和待命部队和两个储备维和防暴警队。然而，总

① Richard Gowan, “Peace Operations in 2017 – 18: Balancing Conflict Management and Political Approaches as an Era Comes to a Close”, *Global Peace Operations Review*, Center on International Cooperation, p. 19.

体来看，目前所需的素质能力较强的维和人员配备还不尽如人意，特别是在多个被披露的维和人员性侵案背景下，需要更为严格的筛选机制。但是就联合国维和人员构成的现状而言，这又可能构成对维和人员来源的重大限制。从武器装备角度来看，传统上以轻武器配备为主的维和部队，如果要完全执行复杂程度较强的保护平民职责，特别是在过多强调以军事手段保护平民的情况下，需要配备火炮等重武器装备，并辅之以无人机等先进技术手段。2018 年 1 月 22 日，联合国发布《提高联合国维和人员安全》报告，维和部队在复杂安全环境下遭受伤亡的情形时有发生。而就其保护平民职责而言，一个经常提及的问题又会浮现出来——“谁来保护保护者?”总体来看，维和部队在执行复杂程度较高的安全任务时，其能力及相关支持条件都还较为有限。

（二）维和部队派遣国的意愿及能力不足

随着维和行动具备更多的强势维和的特征以及使用武力情形的日益频繁，维和部队派遣国也面临重大抉择，这必然会影响到其未来参与维和行动的积极性。对于维和部队的派遣国政府来说，本国维和人员的安全保障从来都是至关重要的问题，因为其安危可能影响到国内民众对该国政府外交政策的支持度，任何维和人员伤亡的消息都会极大影响该国民众的情绪和看法。因此，在实践中，派遣国一般会在本国维和部队执行任务范围、部署地域以及相关国家和地区安全环境等方面给予高度关注。联合国驻刚果（金）的干预旅就是一个例证。在安理会授权成立这一特殊的维和部队之后，不少维和人员派遣国都表达了相关疑虑，特别是关于这一授权对于该国维和人员的安全可能产生的影响。其中也有一种观点认为，干预旅实际上是安理会授权的执行和平行动，因而不能也作为维和行动的一部分，否则有可能导致多数处于较为中立状态的维和部队也成为刚果（金）非政府武装团体攻击的对象。在保护平民目标成为维和行动核心任务之后，维和部队派遣国面临着承担联合国维和使命方面的重大挑战：一方面，更多的以军事手段介入东道国地方武装冲突以执行保护平民使命，必然会引发针对维和部队的武力攻击行为的增加；另一方面，如果维和部队在面临复杂安全形势时，未能有效执行保护平民使命，则必然会面临国际社会的诸多指责。这种两难处境长期内必然会对维和部队派遣国的派兵意愿产生重大负面影响。

综上所述，随着联合国维和行动将保护平民目标更多地置于核心地位，其引发或产生的相关困境或挑战需要联合国维和行动的参与各方进行深刻反思和论证。从维和行动授权层面来看，联合国安理会需要为维和行动设定更为明确且务实的目标及授权范围，需要更多强调政治手段在实现各项目标时的首要地位，应更加注重目标、手段及能力之间的相互平衡及协调。从联合国秘书处相关部门决策层面看，一方面需要更深入了解相关东道国的国内情况和情报，掌握实时动态变化；另一方面则应当及时向安理会各主要成员国通报形势变化，加强意见立场的沟通协调。从实地执行授权层面来看，则需要联合国特派团以秘书长特别代表为主的领导层加强与东道国政府及当地民众的交流，提升与东道国各武装派别的接触层级，同时应更多注重维和部队在维护当地秩序方面的贡献，慎重对待使用武力的情况，并且要获取当地各个政治派别的理解和支持。当然，当今的联合国维和行动面临着日益复杂的安全形势，很难通过简单的政策措施和行动得以解决，在这种形势下执行保护平民职责就成为更为艰巨的任务，这需要自上而下的决策者和执行者对维和行动具有更为清楚的认知，在目标及政策出现相互冲突的情况下做出正确选择，从而推动和平进程向着长远来看与保护平民目标相互协调一致的方向发展。

论国际人道法在联合国维持和平行动中的适用*

蒋圣力**

针对“第二期联合国索马里行动”中维和部队不加区分地对平民进行攻击、轰炸的行为，“联合国组织刚果民主共和国特派团”等维持和平行动中维和人员对冲突地区的妇女和儿童进行强奸、性侵的行为，以及“第二期联合国索马里行动”等维持和平行动中维和人员虐待被俘和被拘押者的行为，国际社会在越发强烈地要求联合国维持和平行动应当遵行国际人道法的同时，对应当追究维持和平行动违反国际人道法的法律责任的呼声也越来越高。①

对此，在笔者看来，确定并追究联合国维持和平行动违反国际人道法的法律责任并非易事，首先就必须解决国际人道法是否适用于联合国维持和平行动，或者说，维持和平行动是否应当受到国际人道法的法律约束这一问题。这是因为：只有在国际人道法确实适用于联合国维持和平行动，从而使维持和平行动应当受到国际人道法的法律约束的前提下，才可能有维持和平行动的某一或者某些具体行为违反国际人道法一说，并且相应地产生违反国际人道法的法律责任。由此，国际人道法对联合国维持和平行动的适用，是维持和平行动违反国际人道法的法律责任据以成立的前提。

---

* 原文发表于《西部法学评论》2018 年第 2 期，《人大复印资料（国际法学）》2018 年第 8 期全文转载。

** 蒋圣力，华东政法大学科学研究院助理研究员、博士。

① 有观点认为，联合国维持和平行动违反国际人道法的法律责任成为当前国际组织的责任问题的主要内容。参见黄瑶：“国际组织责任规则与国家责任规则之比较”，《法学评论》2007 年第 2 期，第 61 页。

一、国际人道法适用于维持和平行动的法理基础

针对国际人道法是否适用于联合国维持和平行动这一问题，国内外学界一直存在争议，并且，持否定态度的观点一度占据多数。例如，有学者认为，即便是在维持和平行动介入到冲突当事方之间的武装冲突中的情况下，由于维持和平行动本身具有中立的立场，因此其仅是单纯地“介入”而并未实际地参与以冲突当事方中的任意一方为敌对方的武装冲突；而这就使得适用于处于敌对状态中的冲突当事方的国际人道法不应对其适用。①另有学者认为，维持和平行动是在得到联合国安理会授权的前提下使用武力的，因此其对武力的使用是合法的、正当的；而倘若对维持和平行动适用国际人道法，那么便会使为执行维和任务而使用武力的维和部队被降格至与侵略者相同的地位。②

上述两种学者观点分别从维持和平行动的中立性特征，以及维持和平行动对武力的使用所具有的合法性和正当性出发，认为国际人道法不应适用于维持和平行动。这种观点在对国际人道法之于维持和平行动的可适用性持否定态度的学者中较为典型。③ 不过，在笔者看来，基于法理的角度，上述两点实际上均无法否定国际人道法可适用于维持和平行动。具体而言：

首先，中立性是维持和平行动被人为地赋予的一项特征，是维持和平

---

① Evan T. Bloom, “Protecting Peacekeepers: the Convention on the Safety of United Nations and Associated Personnel”, *American Journal of International Law*, Vol. 89, 1995, p. 624.

② D. W. Bowett, *United Nations Forces: A Legal Study of United Nations Forces*, London: Stevens & Sons, 1964, p. 229.

③ Daphna Shraga, Ralph Zacklin, “The Applicability of International Humanitarian Law to United Nations Peacekeeping Operations: Conceptual, Legal and Practical Issues”, in Umesh Palwankaar ed., *International Committee of the Red Cross Symposium on Humanitarian Action and Peacekeeping Operations*, ICRC, 1994, pp. 39 - 48.

行动应然的价值取向;[①] 而暂且不论这一特征是否已经在维持和平行动的实践情形中被突破，即便维持和平行动具有中立性特征，并由此使得维和部队在冲突当事方之间的武装冲突中不致成为具有“敌对性”的冲突一方，也仍然不影响国际人道法对其的适用。这是因为：根据作为现行国际人道法主要组成部分的1949年《日内瓦四公约》共同第二、第三条的规定，国际人道法得以适用于战争和其他任何武装冲突，包括国际性武装冲突和非国际性武装冲突；而根据有学者就前南国际刑庭“塔迪奇案”进行分析后指出的，上述《日内瓦四公约》共同第二、第三条的规定所称的“武装冲突”即是指冲突当事方使用武力的情形。[②] 由此，无论维持和平行动介入的是国家之间的国际性武装冲突，还是一国之内不同种族或者派系之间的非国际性武装冲突，其都属于应当适用国际人道法的“武装冲突”的范畴。

同时，诚如有学者指出的，武装冲突作为一项法律状态的形成，仅以客观事实为依据，而无论冲突各方的主观认识如何；即无论处于冲突中的各方是否具有相互敌对的主观认识，只要其在处理相互关系的过程中使用了武力，那么便应当认为武装冲突已经形成，并且相应地应当适用国际人道法。[③] 是故，无论维持和平行动是否具有中立性，也无论其在武装冲突中是否作为具有“敌对性”的冲突一方，只要其介入到应当适用国际人道法的“武装冲突”中并且使用了武力，那么国际人道法便应当得以对其适用。是故，维持和平行动是否具有中立性并不影响国际人道法对其的适用。

其次，维持和平行动对武力的使用所具有的合法性和正当性同样无法排除国际人道法对其的适用。在维持和平行动实际地介入到冲突当事方之

---

① 维持和平行动所具有的中立性特征源于维持和平行动所应遵循的三项基本原则（即同意原则、中立原则、非为自卫不得使用武力原则）中的中立原则。关于上述三项基本原则的具体内容，可参见联合国维持和平行动部和外勤支助部于2008年发布的《联合国维持和平行动原则与指导方针》第3.1节的规定，http://www.un.org/en/peacekeeping/documents/capstone_eng.pdf。

② C. Greenland, “International Humanitarian Law and the Tadic Case”, *European Journal of International Law*, Vol. 7, 1996, p. 265.

③ Geoffrey S. Corn et al., *The Law of Armed Conflict: An Operational Approach*, New York: Wolters Kluwer & Business, 2012, pp. 72, 80.

间的武装冲突中的情况下，尽管其对武力的使用得到联合国安理会的授权，但是仅就使用武力的事实而言，维持和平行动对武力的使用和冲突当事方对武力的使用是并无二致的；而这就使得在维持和平行动中使用武力的维和部队应当与冲突当事方具有相同的法律地位，并且均应受到国际人道法的法律约束。①

否则，诚如有学者指出的，在武装冲突中，倘若一方受到国际人道法的法律约束而无法享有相应的权利，另一方却在享有权利的同时无须遵行相应的法律，那么这显然是有失公平的；② 并且，倘若无法得到冲突各方的平等适用和相互遵行，那么国际人道法本身也会因此而失去意义。③ 更为严重的是，倘若维和部队拒绝遵行国际人道法，那么还将可能导致与其相对的冲突当事方也拒绝遵行国际人道法，从而对国际人道法的价值造成极大的损害。④

是故，在武装冲突中，无论冲突各方对武力的使用是否具有合法性和正当性，其都不得免于承担国际人道法上的法律义务或者剥夺其他任何人基于国际人道法而应当得到的保护；而对于维持和平行动而言，联合国安理会对其使用武力的授权同样不得排除国际人道法对其的适用。

二、国际人道法适用于维持和平行动的事实基础

除了上述法理基础之外，国际人道法对维持和平行动的适用还有着较为充分的事实基础，主要包括多项维持和平行动的实践情形和相关的联合国法律文件。

首先，多项维持和平行动的实践情形实际上已经突破了维持和平行动

---

① 孙萌：《联合国维和行动违法责任研究》，知识产权出版社2006年版，第26页。

② H. Lauterpacht, "The Limits of the Operation of the Law of War", *British Yearbook of International Law*, Vol. 30, 1953, p. 26.

③ Major Bialke, "United Nations Peace Operations: Applicable Norms and the Application of the Law of Armed Conflict", *Air Force Law Review*, Vol. 50, 2001, p. 43.

④ Patricia S. Rambach et al eds., *Report of the Conference on Contemporary Problems of the Law of Armed Conflicts*, 1971, p. 98

本应具有的中立性。

有学者在对《日内瓦四公约》共同第二、第三条关于国际人道法的适用的规定进行了深入研究的基础上，提出国际人道法对维持和平行动（具体为维和部队）的适用应当以满足下列条件为前提：其一，在维和部队介入时，武装冲突业已存在并且正在进行；其二，维和部队在既存的武装冲突中，实施了与冲突当事方相敌对的军事行动；其三，维和部队所实施的军事行动旨在为冲突当事方中的一方提供支持；其四，维和部队实施上述军事行动所依据的是联合国向冲突当事方中的一方提供支持的正式决定。[①]

对此，倘若从应然的角度看，由于基于前述维持和平行动的中立性特征，即便维和部队介入到武装冲突中，其也应当不具有“敌对性”，因此上述国际人道法适用于维持和平行动的第二至四项前提条件似是并无法被满足的。然而，倘若从实然的角度看，多项维持和平行动的实践情形则可以清楚地表明，维持和平行动所应具有的中立性已经被突破。例如，在“第二期联合国索马里行动”中，针对索马里境内支持艾迪德的武装派别对维和部队发起的攻击，联合国安理会通过了第 837（1993）号决议，[②]授权维和部队采取一切必要手段，对上述这一“进攻和公开挑衅的行为”进行回击，从而促使维和部队对支持艾迪德的武装派别实施了大规模的报复性和惩罚性的军事行动。又如，在“联合国波黑特派团”中，维和部队不仅一方面以默许的方式袒护穆族，对其针对塞族开展的一系列攻击不加禁止，另一方面还积极地对塞族进行攻击，包括基于联合国秘书长的授权而通过北约对塞族的军事目标进行轰炸。[③]

由此可见，在上述维持和平行动中，维和部队不仅与冲突当事方中的一方处在相互敌对的状态，而且表现出刻意支持、袒护冲突当事方中的一

① 特里斯坦·费拉罗著，尹文娟译：“国际人道法对多国部队的可适用性及其适用”，红十字国际委员会东亚代表处编译：《红十字国际评论——多国行动与法律》，法律出版社 2015 年版，第 116 页。

② http：//www.un.org/zh/documents/view_doc.asp？symbol = S/RES/837（1993）.

③ 慕亚平、陈晓华：“世纪之交议维和——对冷战后联合国维持和平行动的评价与思考”，《法学评论》2001 年第 6 期，第 67 页。

方而反对、打压另一方的明显倾向；同时，其所实施的具有“敌对性”的军事行动，也均是以联合国安理会决议或者联合国秘书长授权作为依据的。是故，应当认识到：诚如有学者指出的，随着重型武器装备和武力使用的越发频繁，维和部队以及维持和平行动本身在武装冲突中的中立地位已经在事实上被极大地动摇了；[①] 而在此基础上，由于维持和平行动的实践情形也已经满足了前述国际人道法适用于维持和平行动的各项前提条件，因此国际人道法即应当得以适用于维持和平行动。

其次，多份不同层面的联合国法律文件均明确规定维和部队应当遵行国际人道法；而维和部队对国际人道法的遵行即意味着，国际人道法应当得以适用于维持和平行动。

其一，就对所有维持和平行动具有普遍拘束力的联合国法律文件而言，根据时任联合国秘书长科菲·阿塔·安南于 1999 年 8 月 6 日发布的《秘书长关于联合国部队遵守国际人道法的公告》第 1.1 节的规定，[②] 国际人道法适用于在武装冲突中作为战斗人员的维和部队，即只要维和部队介入到武装冲突中并且针对冲突当事方使用了武力，那么其便应当遵行国际人道法。

而尽管根据由联合国大会第 A/RES/49/59 号决议通过的《联合国人员和有关人员安全公约》的立法精神，处于武装冲突中的维和人员作为非战斗人员应当具有平民的法律地位，并应当与平民一样受到保护，但是结合该《公约》第二条第二款和上述《公告》第 1.2 节的规定可以推知，[③]

---

① Major Bialke, “United Nations Peace Operations: Applicable Norms and the Application of the Law of Armed Conflict”, *Air Force Law Review*, Vol. 50, 2001, p. 19.

② 《秘书长关于联合国部队遵守国际人道法的公告》第 1.1 节规定：“本公告所述的国际人道主义法的基本原则和规则适用于武装冲突情况下作为战斗人员积极介入此种冲突的联合国部队，……”, https://documents - dds - ny. un. org/doc/UNDOC/GEN/N99/230/41/IMG/N9923041. pdf? OpenElement)。

③ 《联合国人员和有关人员安全公约》第二条第二款规定：“本公约不适用于经安全理事会根据《联合国宪章》第七章授权作为执行行动、有任何参与人员作为与有组织的武装部队作战的战斗人员、并适用国际武装冲突法的联合国行动。” http://www. un. org/zh/documents/view_doc. asp? symbol = A/RES/49/59。《秘书长关于联合国部队遵守国际人道法的公告》第 1.2 节规定：“本公告的颁布不影响 1994 年《联合国人员和有关人员安全公约》所规定的维持和平行动成员的受保护地位，也不影响其作为非战斗人员的地位，只要其有权受到关于武装冲突的国际法给予平民的保护。”

《公约》关于应当将维和人员作为平民进行保护的规定，与《公告》关于维和部队作为武装冲突中的一方应当遵行国际人道法的规定之间是并不冲突的——在维和部队虽然介入了武装冲突但却未针对冲突当事方使用武力的情况下，由于维和人员并未成为《公告》所指的“战斗人员”，因此其就应当被视为国际人道法意义上的平民，并应当基于《公约》的规定得到与这一法律地位相应的保护；① 而在维和部队不仅介入到武装冲突中，并且针对冲突当事方使用了武力并由此成为了冲突一方的情况下，由于维和人员已经成为不再受《公约》规定保护的战斗人员，因此其即应当根据适用于战斗人员的《公告》的规定遵行国际人道法。由此，但凡维和部队介入到武装冲突中并且使用了武力，其便应当遵行国际人道法。

其二，在联合国与发生冲突的东道国缔结的关于维和部队的法律地位的协定中，通常都会就维和部队与东道国双方应当相互遵行国际人道法做出承诺。事实上，在 1988 年之前的“传统维持和平行动”时期，尽管基于中立原则，维持和平行动被要求不得介入冲突当事方之间的武装冲突，但是在诸如“联合国第一期紧急部队（中东）”和“联合国驻塞浦路斯维持和平部队”中，联合国与派遣武装部队参与实施上述维持和平行动的派遣国仍然对遵行适用于军事人员的国际人道法做出了承诺。② 而基于维持和平行动自 1988 年起开始越发频繁地介入武装冲突并且使用武力的事实，联合国在与东道国缔结关于维和部队的法律地位的协定时，便通常会在具体条款中就维和部队将在充分尊重适用于军事人员的国际人道法的基础上实施军事行动做出承诺；与之相应地，东道国也会在具体条款中承诺其将在任何时候都充分尊重规范了军事人员待遇的国际人道法，并在此基础上对待处于武装冲突中的维和人员。并且，尽管上述条款并未被纳入前述联合国秘书处于 1990 年编制的“联合国与东道国之间维持和平行动部队地位协定范本草案”，但在实践中，自联合国与卢旺达共和国为实施“联合国卢旺达援助团”而于 1993 年 11 月 5 日缔结了关于维和部队的法律地位

---

① ［比利时］让-马里·亨克茨、［英］路易斯·多斯瓦尔德-贝克编著，红十字国际委员会编译：《习惯国际人道法：规则》，法律出版社 2007 年版，第 112—114 页。

② Robert C. R. Siekman ed., *Basic Documents on United Nations and Related Peacekeeping Forces*, Dordrecht: Martinus Nijhoof Publishers, 1989, pp. 168, 78.

的协定，并在协定中将上述条款纳入其中起，此后的联合国与东道国之间的维和部队法律地位协定便均纳入了上述条款。[①]

综上所述，在维持和平行动并未介入冲突当事方之间的武装冲突，或者虽然介入了武装冲突但却并未使用武力的情况下，国际人道法并不得适用于维持和平行动；而在维持和平行动不仅介入到武装冲突中并且使用了武力的情况下（在当前的维持和平行动中，这种情况占据多数），国际人道法则应当得以对维持和平行动适用。

三、国际人道法适用于维持和平行动的具体内容

国际人道法指的是，基于国际人道主义，为处于战争或者武装冲突中的受难者（包括但不限于武装部队的伤病员、战俘和平民）提供必要保护的国际法规范。一般认为，现行国际人道法的法律渊源主要为前述1949年《日内瓦四公约》及其1977年两个《附加议定书》。[②] 此外，倘若在构成传统战争法的国际公约中也包含了关于保护战争或者武装冲突受难者的规定，那么相关国际公约同样应当被视为国际人道法的法律渊源，例如就战俘待遇和平民保护做出了原则性规定的1907年《陆战法规和惯例公约》等。[③]

对此，应当注意的是，尽管如前所述地，在维持和平行动介入了冲突当事方之间的武装冲突并且针对冲突当事方使用了武力的情况下，国际人道法应当得以对维持和平行动适用，但是这并不意味着在国际人道法得以对维持和平行动适用的情况下，上述以国际公约作为主要法律渊源的国际

---

① 卡塔琳娜·格伦费尔著，梁洁译：“国际人道法的可适用性及其适用：联合国背景下的视角”，红十字国际委员会东亚代表处编译：《红十字国际评论——多国行动与法律》，法律出版社2015年版，第184页。

② 1949年《日内瓦四公约》即《改善战地武装部队伤者病者境遇之日内瓦公约》《改善海上武装部队伤者病者及遇船难者境遇之日内瓦公约》《关于战俘待遇的日内瓦公约》和《关于战时保护平民之日内瓦公约》；1977年两个《附加议定书》即《日内瓦四公约关于保护国际性武装冲突受难者的附加议定书》和《日内瓦四公约关于保护非国际性武装冲突受难者的附加议定书》。

③ 王虎华主编：《国际公法学》（第四版），北京大学出版社2015年版，第569页。

人道法的所有原则、规则均得以适用于维持和平行动。这是因为:

联合国并非上述《日内瓦四公约》及其两个《附加议定书》,或者其他包含了国际人道法规范的国际公约的缔约方,并且,其作为国际组织,也并不具有成为诸如上述公约的缔约方的主权国家或者正在争取独立的民族的法律地位。由此,基于“条约不约束非缔约方”的法理原则,上述各项公约中的每一项具体规定都无法直接对联合国及其维持和平行动产生法律拘束力。并且,根据联合国法律事务厅在其于 1972 年发布的《联合国司法年鉴》中指出的,基于联合国职能的有限性和维持和平行动的特殊性等,《日内瓦四公约》中的诸多具体规定并不适用于维持和平行动,而维持和平行动相应地也无法承担《公约》中的所有国际人道法义务。[①] 是故,并非现行国际人道法的所有原则、规则均得以适用于维持和平行动。

当然,联合国的法律地位和维持和平行动的特殊性并不影响现行国际人道法的普遍性法律原则和精神对维持和平行动的适用;易言之,在上述作为国际人道法的主要法律渊源的各项公约中,存在着若干具有普遍性的法律拘束力的国际人道法原则和精神,不仅得以约束公约缔约方,还得以约束包括联合国在内的非缔约方。[②] 在实践中,针对红十字国际委员会一再对其提出的关于维和部队应当遵行《日内瓦四公约》,维和人员对武力的使用应当被置于国际人道法的规范之下的要求,联合国虽然未曾做出过明确的肯定答复,但却也在诸如前述与东道国缔结的维和部队法律地位协定中,要求维和部队尽可能谨慎地遵行《日内瓦四公约》中的普遍性法律原则和精神。[③] 对此,诚如国际和平学会(International Peace Academy)在其于 1984 年出版的《维持和平人员手册》中所总结的:联合国从未正式

---

① Office of Legal Affairs, *United Nations Juridical Yearbook*, United Nations, 1972, p. 153, http://legal. un. org/docs/? path = ../unjuridicalyearbook/pdfs/english/by _ volume/1972/chpVI. pdf&lang = E.

② Daphna Shraga, Ralph Zacklin, “The Applicability of International Humanitarian Law to United Nations Peacekeeping Operations: Conceptual, Legal and Practical Issues”, in Umesh Palwankaar ed., *International Committee of the Red Cross Symposium on Humanitarian Action and Peacekeeping Operations*, ICRC, 1994, p. 47.

③ Umesh Palwankar, “Applicability of International Humanitarian Law to United Nations Peacekeeping Operations”, *International Review of the Red Cross*, Cambridge: Cambridge University Press, 1993, p. 229.

承诺维和部队将遵行包括《日内瓦四公约》在内的各项国际人道法公约的具体规定，但在“联合国第一期紧急部队（中东）”“联合国驻塞浦路斯维持和平部队”和“联合国组织刚果民主共和国特派团”等维持和平行动中，其都曾要求维和部队在实施军事行动时须遵行国际人道法的普遍性法律原则和精神。[①] 是故，在国际人道法得以对维持和平行动适用的情况下，现行国际人道法的普遍性法律原则和精神应当均得以适用于维持和平行动。

不过，诚如有学者指出的，虽然联合国对维和部队须遵行国际人道法的普遍性法律原则和精神的要求，大致勾勒出得以适用于维持和平行动的国际人道法的内容范围，但是由于这一旨在使维持和平行动有限适用国际人道法的做法终究仅是一项折中的选择，加之所谓的“普遍性法律原则和精神”又太过抽象，因此在实践中，国际人道法对维持和平行动的适用是存在着严重的不确定性的。[②] 是故，为解决上述国际人道法适用于维持和平行动的具体内容缺乏确定性的问题，联合国自1995年起便开始与红十字国际委员会就起草专门适用于维和部队的国际人道法规范展开了合作，并在参考了红十字国际委员会提交的相关草案的基础上，最终发布了前述《秘书长关于联合国部队遵守国际人道法的公告》。[③] 对此，应当认识到：尽管未能对“维持和平行动”与“强制执行行动”做出应有的区分，也未能对国际人道法得以适用的前提条件（即维和人员如何转变为战斗人员）和时间期限（即国际人道法于何时开始适用于维和部队以及得以适用多长时间）等进行明确的规定，但值得肯定的是，该《公告》对何为维和部队应当遵行的国际人道法的“普遍性法律原则和精神”的阐述确实是较为详尽周全的——根据《公告》的规定，维和部队应当保护平民（第5节），限制作战方法和方式（第6节），给予平民、失去战斗力的武装人员（第7

---

① International Peace Academy, *Peacekeeper's Handbook*, New York: Pergamon Press, 1993, p. 363.

② 孙萌：《联合国维和行动违法责任研究》，知识产权出版社2006年版，第26页。

③ Garth J. Cartledge, "Legal Constraints on Military Personnel Deployed on Peacekeeping Operations", in Helen Durham, Timothy L. H. McCormack eds., *The Changing Face of Conflict and the Efficacy of International Humanitarian Law*, the Netherlands: Kluwer Law International, 1999, p. 121.

节)、被拘押者（第 8 节）和伤病员、救护人员（第 9 节）以人道待遇。同时，上述维和部队所应遵行的国际人道法的具体规则实际上也正是国际人道法适用于维持和平行动的具体内容。

四、维持和平行动违反国际人道法的具体情形

从多项维持和平行动的实践情形来看，维持和平行动（具体表现为以维和部队为主）所实施的违反国际人道法的行为主要包括以下几种情形：

其一，违反了国际人道法关于保护平民的要求。根据《公告》第 5.1 节和 5.4 节的规定，维和部队在任何时候都应当清楚地区分平民和战斗人员，以及平民目标和战斗目标，只得对战斗人员和军事目标采取军事行动，而不得对平民或者平民目标进行攻击；并且，维和部队不得采取可能不分青红皂白地攻击平民和军事人员的军事行动，也不得采取可能会附带造成平民丧生或者对平民目标造成的损害与预期的军事利益相比明显失当的军事行动。然而，在“第二期联合国索马里行动”中，却出现了多次维和部队不加区分地对平民和冲突当事方武装人员进行攻击、轰炸的行为：基于前述联合国安理会第 837（1993）号决议的授权，1993 年 6 月 12 日，维和部队对索马里境内支持艾迪德的武装派别的营地实施了大规模轰炸，造成 50 余名平民丧生；同年 7 月 12 日，维和部队对混杂着冲突当事方武装人员的平民进行了扫射，再次造成 54 名平民丧生；同年 9 月 9 日，维和部队对索马里摩加迪沙的一处平民聚居地进行了轰炸，又一次造成 203 名平民死亡，另有 35 名平民受伤。[①]

其二，违反了国际人道法关于给予平民人道待遇的要求。根据《公告》第 7.1 节的规定，维和部队不得杀害平民或者对平民实施酷刑、残害肢体等残忍行为，不得对平民进行集体惩罚或者报复，不得将平民劫为人质，不得强奸平民、强迫平民卖淫或者对平民实施性攻击、性侮辱和有损

---

① Richard D. Glick, Lip Service to the Laws of Wars: Humanitarian Law and United Nations Armed Force, *Michigan Journal of International Law*, Vol. 17, 1995, p. 53.

人格的行为，不得奴役平民，不得对平民进行掠夺；此外，《公告》第7.3节和7.4节还规定，维和部队应当对平民中的妇女和儿童予以特别保护，尤其应当保护妇女免受强奸、被迫卖淫或者其他任何形式的猥亵攻击，以及保护儿童免受任何形式的猥亵攻击。然而，在自1988年之后开始的维持和平行动中，维和人员强奸、性侵冲突地区的妇女、儿童的行为却屡见不鲜。例如，在“联合国埃塞俄比亚和厄立特里亚特派团”中，就曾发生过丹麦籍的维和人员性侵一名年仅13岁的厄立特里亚女童的事件；[①] 而在“第二期联合国索马里行动”中，意大利籍的维和人员强奸索马里妇女的照片影像更是被主流媒体向全世界公布。[②]

其三，违反了国际人道法关于给予被拘押者人道待遇的要求。根据《公告》第8节（c）、（d）项的规定，维和部队应当比照《关于战俘待遇的日内瓦公约》的相关规定，给予被拘押者人道待遇，尤其应当保障被拘押者得到食品、衣物、卫生和医疗照顾的权利，以及在任何情况下都不得对被拘押者实施酷刑。然而，在“第二期联合国索马里行动”中，维和人员违反上述规定虐待被拘押者的行为却十分严重。有证据证明，为逼迫被拘押的冲突当事方武装人员提供有关其所属武装派别的藏匿地点等信息，意大利籍的维和人员不仅不为被拘押者提供食物和饮水，甚至对被拘押者实施了烟头烧烫、电击、捆绑在装置倒刺的铁丝网上等形式的酷刑。更为严重的是，在该项维持和平行动中，还发生了一起一名16岁的索马里少年因被怀疑参与了对加拿大维和部队驻地的攻击而被加拿大籍的维和人员拘押，并且最终被虐待致死的事件。

总而言之，联合国维持和平行动既是联合国为维持国际和平与安全而在实践中创设的方法，同时也是一项抽象的国际法律行为。由此，在使维持和平行动切实地发挥维持国际和平与安全的作用的同时，也应当注重对其在国际法各个领域中的合法性进行检验。针对当前国际社会越发关注维持和平行动的国际人道法责任的现实，明确国际人道法在维持和平行动中

---

① C. Chinkin, “Rape and Sexual Abuse of Women in International Law”, *European Journal of International Law*, Vol. 5, 1994, p. 326.

② Natalia Lupi, “Report by Enquiry Commission on the Behavior of Italian Peacekeeping Troops in Somalia”, *Yearbook of International Humanitarian Law*, TMC Asser Press, Vol. 1, 1998, p. 378.

的可适用性是十分重要且关键的——在肯定了国际人道法确实得以适用于维持和平行动的基础上，可以明确维持和平行动的国际人道法责任的归属和承担，从而在为因维持和平行动违反国际人道法的行为而受到损害的国家及其国民提供救济的同时，也使得维持和平行动实际地受到国际（人道）法的规制。

可持续和平视角下联合国和平行动退出机制的构建*

毛瑞鹏**

可持续和平视角强调通过采取跨行业和一体化的方法实现持久性和平。构建和平行动退出机制是实现可持续和平的重要方法，通过合理的规划、控制和协调机制，将化解冲突根源作为和平行动规划的立足点，并在各方共同参与基础上开展进程评估，以防范陷经济最优偏好，是和平行动有序过渡和退出的重要保证。

一、联合国和平行动面临的退出压力

2017 年以来，联合国终止、变更和压缩了多项和平行动。2017 年 4 月 13 日，安理会决定结束持续了 13 年的联合国海地稳定特派团（联海稳定团），军事部队在 6 个月内撤离海地。在联海稳定团终止后，联合国新组建由警务人员组成的联合国海地司法支助团继续在海地执行和平行动的任务。① 同年 6 月 29 日，联合国安理会通过决议分阶段大幅压缩联合国和非盟共同负责的南苏丹维和行动规模。根据决议，达尔富尔混合行动中的军事人员和警务人员数量将分别缩减 44% 和 27% 。② 6 月 30 日，联合国安理

* 本文得到国家社会科学基金项目“特朗普政府的联合国政策及中美互动研究”（项目编号 18BGJ060）的资助。

** 毛瑞鹏，上海国际问题研究院全球治理研究所副研究员、博士。

① 联合国安理会第 2350 号决议，联合国文件，S/RES/2350，2017 年 4 月 13 日。

② 联合国安理会第 2363 号决议，联合国文件，S/RES/2363，2017 年 6 月 29 日。

会又决定终止持续了 13 年的科特迪瓦行动（联科行动）。联科行动开始于 2004 年 4 月，最初任务是促进科特迪瓦各方执行 2003 年 1 月签署的和平协定，在科特迪瓦 2010 年总统选举再度陷入严重内乱后，联合国维和人员担负起保护平民、提供斡旋、监督落实停火协定以及改革安全部门等职责。① 此外，安理会在 2017 年 3 月决定将部署在刚果民主共和国的维和部队的上限从 19815 人减少到 16215 人。② 维和行动的缩编和终止引起国际社会对于联合国是否过早退出或者削减幅度过大的质疑，也引发对维和人员撤离后冲突再次燃起的担忧。

事实上，联合国和平行动正面临大幅削减的压力，美国政府是主要的推动者。唐纳德·特朗普（Donald Trump）政府上台后便提出削减对联合国维和预算的支持。根据特朗普政府 2017 年 5 月提交国会审议的 2018 财年预算报告，美国对国际维和行动的预算计划将削减 51.4%（表 1）。美国是联合国维和预算最大的贡献国，承担大约 28% 的预算，它不仅要求缩减甚至终止一些正在实施的维和任务，而且要求将美国维和摊款比例降至 25%。因此，如果不从过渡和退出机制上加以控制，联合国和平行动及国际和平与安全势必会受到严重破坏。根据分析，后续很可能还会有更多的联合国维和行动面临缩编甚至终止压力。

表 1　美国“对国际维和行动的贡献”账户预算数额（单位：亿美元））

	2016 财年	2017 财年（估值）	2018 财年（请求）	增加/减少（比例）
持续性经费	6.66	6.65	2.69	-3.96（-59.6%）
海外应急行动经费	17.94	17.94	9.27	-8.67（-48.3%）
合计	24.60	24.59	11.96	-12.63（-51.4%）

资料来源：United States Department of State, *Congressional Budget Justification: Department of State, Foreign Operations, and Related Programs, Fiscal Year 2018*, https://www.state.gov/documents/organization/271013.pdf, p. 184.

① 联合国网站，http://www.un.org/zh/peacekeeping/missions/unoci/index.shtml。

② ALJAZEERA, “UN Votes to End Haiti Peacekeeping Mission in October”, April 14, 2017, http://www.aljazeera.com/news/2017/04/votes-haiti-peacekeeping-mission-october-170413162903710.html.

过渡和退出机制对于实现联合国维和行动的宗旨具有重要价值，在联合国的维和实践中受到充分重视，这集中体现在安理会在多个不同时期召开专门会议研讨维和行动的“退出战略”（Exit Strategies）。[①] 然而，国内外学术界对联合国和平行动的过渡和退出问题的系统研究还非常缺乏。国外学者运用制度主义理论和比较分析方法对此问题加以研究。英国学者理查德·卡普兰（Richard Caplan）主编的《退出战略与国家建设》（*Exit Strategies and State Building*）一书从殖民管理、和平行动、国际领土管理和军事占领等四个方面研究退出战略，提出国家建设是退出战略中的关键目标。[②] 德国学者吉塞拉·希尔施曼（Gisela Hirschmann）从组织学习的角度解释联合国维和行动的退出战略如何从20世纪90年代以选举为基础的路径转变为以建设和平为核心的路径。有研究发现，在这一过程中，联合国秘书处关于建设和平作用的认识和重视起到了关键作用。[③] 荷兰学者桑德·达伦伯格（Sander Dalenberg）等分别比较了联合国和北约领导的在阿富汗的行动在退出战略方面的区别，认为北约的行动以项目为导向，而联合国的行动更加重视进程导向。[④] 中共中央党校国际战略研究所谢磊2015年的博士论文是国内学术界对退出战略为数不多的专门研究之一。该论文以干预后的正义为指标分析了国际干预行动的退出战略，并以联合国在东帝汶和索马里的退出战略作为案例进行了讨论。[⑤] 然而，该文未能就联合国和平行动已有经验及安理会和秘书处维持和平行动部等机构关于退出机制的相关决策进行分析。本文综合利

---

① 联合国文件中文版使用的表述是“撤离战略”或“撤出战略”。作者认为表述为“退出战略”更为合适，这是因为exit strategy最早是用于商业上的一个术语，属于企业战略的一种，意指把发展潜力小或者无发展前途的行业或公司退出市场，或者投资者在获得期望中的利润后退出投资。同时，考虑到引用的准确性，在使用联合国文件时仍然保留“撤离战略”或“撤出战略”的表述。

② Richard Caplan ed., *Exit Strategies and State Building*, Oxford University Press, 2012.

③ Gisela Hirschmann, “Organizational Learning in United Nations' Peacekeeping Exit Strategies”, *Cooperation and Conflict*, Volume 47, Number 3, 2012, pp. 368 - 385.

④ Sander Dalenberg and Marenne Mei Jansen, “The Ways of Leaving: A Comparative Case Study on Exit Strategies of a UN and A NATO Led Mission”, *Netherlands Annual Review of Military Studies*, 2015, pp. 217 - 245.

⑤ 谢磊：“国际干预行动中的退出战略研究”，中共中央党校国际战略研究所博士论文，2015年。

用联合国秘书处、维和行动部、外勤支持部等机构出台的相关文件，分析和平行动过渡和退出的内涵与架构，从而就如何确保和平行动退出有利于实现可持续和平提出若干思考。

二、不同阶段和平行动的任务及类型

联合国和平行动的最终目标应是为实现可持续和平创造有利条件。一般而言，联合国和平行动经历了从维持和平向建设和平并最终向自行运作和维持稳定的社会过渡。为此，和平行动发展成一个多阶段、多层面的系统性任务。

和平行动大体可以分为冲突预防、危机管理、建设和平等三个阶段，每个阶段又包含了安全、政治与发展三个层面。和平行动是对不同阶段和不同层面的统筹协调。预防冲突以维护和平与稳定为目标，重在早期介入；维护和平旨在为遭受冲突的国家提供安全、政治及早日开展建设和平方面的支助；建设和平以加强政治安全建设与发展能力为总体目标，推动冲突局势向发展重建转型；可持续和平突出强调与可持续发展相互依存、相互促进。[①] 2017 年 1 月 24 日，联合国召开题为“构建可持续和平：2030 年可持续发展议程与可持续和平之间的协同效应”的高级别对话会。[②] 此次会议意味着，国际社会认识到维持和平的最佳手段是实现包容性和可持续发展，联合国为维护国际和平与安全将采取一套跨行业、全面和一体化的方法。

基于联合国和平行动任务和授权的差异，安理会在部署和平行动时通常面临如下几种选项：

一是维和特派团（peacekeeping mission）。当安理会认定某一局势对区域或世界的和平与安全构成威胁时，通常首先派出维和特派团。特派团旨

① 中华人民共和国常驻联合国代表团网站，http：//www. fmprc. gov. cn/ce/ceun/chn/hyyfy/t1488306. htm。

② “联大主席：让 2030 年可持续发展议程成为可持续和平的有效途径”，人民网，2017 年 1 月 25 日，http：//world. people. com. cn/n1/2017/0125/c1002 - 29048939. html。

表 2　联合国和平行动的任务

类型	主要任务
实现基本安全	包括监督停火、保护平民、实行法治、复员与前战斗人员重返社会、安全部门改革、排雷等
推进政治和解进程	包括促进包容各方的对话与和解、参与选举进程、提高国家各级政府的冲突管理能力等
提供基本服务	包括供水和卫生、保健和初级教育、支助境内流离失所者和难民安全和可持续地回返和重返社会等
提高政府治理能力	包括帮助恢复国家各级政府的核心职能，特别是基本公共行政和公共财政
促进可持续发展	包括创造就业机会和提供生计、为复员的前战斗人员创造就业机会、恢复基本的基础设施等

资料来源：作者自制，参考《秘书长关于冲突结束后立即建设和平的报告》，联合国文件，S/2009/304，2009 年 6 月 11 日。

在提供基本安全，其任务主要包括：监督停火、保护平民、实行法治、复员与前战斗人员重返社会、安全部门改革及排雷等。例如，南苏丹 2013 年 12 月爆发危机后，安理会 2014 年 5 月 27 日通过第 2155（2014）号决议，决定增强南苏丹特派团，并授权特派团保护平民、监测和调查人权情况、为送交人道主义援助创造条件和支持执行停止敌对行动协议。①

二是政治特派团（special political mission）。政治特派团的任务包括：调解争端，报告各方遵守停火承诺情况，支持政治进程与和平协定，承担支持选举进程、宪法改革和全国与地方和解工作等。政治特派团与维和特派团的不同之处主要在于，其不部署武装部队进驻当事国，而是只安排观察员等非军事人员。例如，联合国安理会 2016 年 9 月 13 日通过的有关联合国哥伦比亚政治特派团授权问题的决议就明确规定，特派团将向哥伦比亚 40 个地点派遣约 450 名观察员及部分文职人员。②

三是建设和平特派团（peace - building mission）。建设和平特派团致力于维持东道国的长期和平，降低冲突复燃的可能性，是维和行动与驻地协

① 联合国文件，S/RES/2155，2014 年 5 月 27 日。

② 联合国文件，S/RES/2307，2016 年 9 月 13 日。

调员制度之间的一项临时安排，由建设和平支助办事处（peace - building support office）和建设和平综合办事处（integrated peace - building office）具体负责。2010 年 2 月，联合国秘书长执行代表兼联合国塞拉利昂建设和平综合办事处主任米夏埃尔·冯德舒伦堡（Michael von der Schulenburg）指出，与驻地协调员制度（resident coordinator system）相比，建设和平综合办事处的优势在于它仍然拥有政治授权，这使它能够进行政治干预并采取预防冲突的措施。[①] 建设和平特派团对于和平行动的过渡以及确保实现可持续和平具有关键性作用。

三、和平行动退出机制的内涵

从可持续和平的视角来看，联合国和平行动的过渡和退出问题本质上是，如何确保在联合国维和行动缩编甚至结束后东道国仍然能够保持和平局面。部署维和行动已被证明是恢复和平与秩序的有效手段之一，但成功的维和行动也恰恰是充分完成了其使命因此可以放心退出的行动。此外，由于联合国长期处于维和经费无法满足维和需求的短缺状态，合理的过渡和退出机制既是必要的，对于维护更大范围的和平事实上也是有益的。

1948 年以来，联合国在世界范围内已开展了 68 项维和行动，其中完成 53 项，正在进行 15 项。[②] 联合国维和行动虽为遭受冲突困扰的国家实现持久和平创造了条件，但并非所有维和行动的终止都是合理的。20 世纪 90 年代联合国在索马里和卢旺达的行动便是典型的例子。前者由于完全没有对维和部队撤离后的局势进行评估和做出后续安排，故以彻底的失败告终；而后者则被削减为一支象征性的部队，面对种族灭绝行为束手无策。正如联合国前任秘书长潘基文所言："维和任务不应当超出必要的时间，

① 联合国安全理事会会议记录，联合国文件，S/PV. 6270，2010 年 2 月 12 日。

② 截至 2017 年 8 月 31 日数据。联合国网站，http：//www. un. org/zh/peacekeeping/operations/。

但也不应当在不成熟的情况下撤离，而不得不在重新爆发冲突后再次返回。”① 为此，建立一套有序的退出机制，以避免在联合国和平行动缩编或退出后，冲突国家或地区再次陷入战乱、破坏脆弱的稳定局势尤为重要。2010 年 2 月 12 日，在安理会第 6270 次会议上，就“联合国维持和平行动：过渡和撤离战略”项目发表的安理会主席声明对实施这一战略提出：总体目标是根据实际情况为可持续和平创造条件，以便能够重新配置或撤出联合国维持和平特派团；安理会承诺与其他利益攸关方协商，定期评估维和行动的编制、任务和组成，以便于根据已取得的进展或实地情况的变化，酌情做出必要调整；按阶段规划军事、警察和其他建设和平任务，规定明确目标，考虑过渡所需满足的当地条件。②

在此基础上，本文认为，联合国和平行动过渡与退出机制可以定义为：安全理事会根据秘书处、维和行动部等相关职能机构关于和平行动东道国实现持久和平的条件与保障做出的评估意见，同时与东道国政府等利益攸关方充分协调，在确保和平可持续的情况下将和平行动的任务重点由维护和平转向建设和平并最终结束行动的机制。这一定义包含以下五个基本要素：

第一，联合国和平行动过渡和退出的决定权属于安理会。依据《联合国宪章》的规定，安理会负有维持国际和平与安全的主要责任。维和行动的部署、授权和终止由安理会决定。同时，联合国秘书处和维和行动部有责任确保安理会的决定建立在对实现持久和平的实际进展的诚实评估的基础之上。③

第二，联合国和平行动过渡与退出的根本目标是实现东道国的持久和平。和平行动的过渡与退出不是目地本身。联合国负责维持和平行动的前副秘书长阿兰·勒罗伊指出，和平行动的过渡和退出应当是支持一个国家摆脱冲突的一项连贯战略的一部分，其本身并非目的。④ 为此，不应把和

---

① UN News Centre, “Successful UN Peace Operations Must Consider Their Exit at the Outset, Say Top Officials”, February 12, 2010, http://www.un.org/apps/news/story.asp? NewsID = 33754#.WaTj3MKz7IU.

② 《联合国安全理事会主席声明》，联合国文件，S/PRST/2010/2，2010 年 2 月 12 日。

③ 参照 Department of Peacekeeping Operations of the United Nations, *United Nations Peacekeeping: Principles and Guidelines*, 2008, pp. 88 – 89。

④ 联合国安全理事会会议记录，联合国文件，S/PV. 6270，2010 年 2 月 12 日。

平行动的退出战略同退出期限混为一谈。“退出战略必须服务于一个确切的总目标，而不是一个武断、自我强加、人为的期限。”[①]

第三，和平行动的过渡和退出应开展充分协调。必须尊重东道国的主体地位。联合国维和行动需经主要冲突当事方同意方可部署，“同意原则”是联合国维持和平行动的一项基本原则。听取东道国的意见和就过渡和退出问题与东道国达成谅解，有利于确保安理会得到必要的评估信息，也有利于确保建设和平的各项措施得到落实。为使联合国和平行动及其过渡和退出战略取得成功，各行为体之间需要彼此开展合作。

第四，和平行动过渡和退出的判定标准是和平局面的持续。安理会在做出过渡和退出决定时，决定性因素应当是东道国是否具备实现持久和平的条件，而非政治或经济因素。联合国维和行动曾多次因政治干扰而发生过早退出的问题。荷兰常驻联合国代表在2000年11月写给秘书长的信中就对此评论道：安理会一些重要成员以本国利益为出发点，而没有对当事国冲突的解决做出更坚定的承诺。[②] 这就要求安理会在做出过渡或退出决定时，应当建立在一套可靠的评价体系的基础上以衡量条件是否成熟。

第五，联合国和平行动是一个多层面的系统工作。联合国和平行动包括维和特派团、政治特派团、建设和平支助办事处及综合办事处等多个层面。联合国和平行动应当支持当事国从冲突阶段经冲突后阶段再迈向巩固和平阶段。此外，和平恢复过程具有渐进性、非线性特征，决定了联合国和平行动各层次之间并非简单的依次递进关系，而是一个综合体系。以拉赫达尔·卜拉希米（Lakhdar Brahimi）为主席的联合国和平行动小组2000年8月完成的改革联合国和平行动的报告，就维护和平与建设和平之间的交互关系以及维和部队撤离提出的意见认为，维持和平人员在复杂的行动中努力维持一个安全的当地环境，而建设和平人员则努力使这种环境得以自主维持；只有在这样一种环境下，维持和平部队才能撤离，这使得维持和平人员与建设和平人员成为不可分割的伙伴。[③]

---

① 美国，联合国安全理事会会议记录，联合国文件，S/PV. 4223，2000年11月15日。

② 荷兰，联合国文件，S/2000/2072，2001年11月6日。

③《联合国和平行动问题小组的报告》（“卜拉希米报告”），联合国文件，A/55/305，2000年8月21日。

四、和平行动退出机制框架的构建

联合国和平行动的过渡和退出机制包含多项内容，本文拟从规划、控制和协调三个方面加以分析。对实现可持续和平的最终目标而言，规划是起点，控制是保障，协调是手段。

一是规划机制。联合国前秘书长科菲·安南2001年4月20日的报告《没有战略，就无法撤离：安全理事会决策和联合国维持和平行动结束或过渡》指出："一项好的撤离或过渡战略取决于一项好的进入战略。"[①] 这涉及坚持早期介入原则，即在准备开始一项和平行动时，就充分考虑拟授权的行动是否有助于化解冲突的根源，实现可持续和平。为了确保在维和行动结束后，各项建设和平的工作能够继续开展，"必须在最早阶段支持政治进程和国家体制，尤其是提供法治、安全和建设和平援助"。[②] 因此，在安理会就维和行动进行规划时，就应一并考虑建设和平的任务，以此保证和平行动有序过渡和退出。

二是控制机制。关于联合国和平行动转型和退出战略的讨论有时容易转向一种对所谓最优配置的追求，这是一种经济最优偏好。然而，应当提防这一偏好的不利影响，转型和退出不应以减少维和费用为目的，转型和退出也非目标本身。此外，过渡和退出也不由预先确定的时间表决定，而应由要实现的进程来决定。控制机制是联合国和平行动转型和退出机制的核心，它主要体现为通过制定基准监督特派团的加强、缩编和撤离工作，也包括采取必要的补救措施，使因维和人员离开而造成的伤害最小化。

联合国和平行动的过渡或退出的讨论面临三种情况：任务完成；任务失败；任务部分完成。[③] 每一起冲突往往具有复杂的背景和根源，因此难以找到统一的标准来确定可持续和平的进程和实现程度。对国家间的冲突

① 联合国秘书长的报告，联合国文件，S/2001/394，2001年4月20日。

② 安全理事会主席声明，S/PRST/2010/2，2010年2月12日。

③ 相关讨论参见：联合国秘书长的报告，联合国文件，S/2001/394，2001年4月20日。

而言，当两国都同意解决其冲突、尊重彼此的政治独立和领土完整以及确认它们所划定的共同边界时，国际和平就可持续。然而，在处理本质上属于国内性质的冲突而设立的多层面的和平行动时，其因涉及军事、政治、人权、民警和司法等多个组成部分，目标广泛，往往难以评估其业绩。尽管如此，2008 年联合国维持和平行动部和外勤支助部共同制定的《联合国维和行动：原则与指南》提出，判断和平巩固进程充足以至可以将特定任务责任移交出去的关键标准包括：没有严重的暴力冲突和大规模的人权侵害；完成前战斗人员的复员和恢复或建立负责任的国家安全制度取得进展；国家武装力量和国家警察有能力提供安全和维持公共秩序；建立一个独立和有效的司法和惩治体系方面取得进步；恢复国家权威和全国范围内提供基本服务；无家可归者重新安置和整合；合法政治制度建立。① 第二种情况是，在某种情况下，安理会认定局势出现根本变化，或者往往由于有关方面不遵守协议，特派团无法做出积极贡献，因而选择退出。这时，需要寻求能够代替联合国维持和平行动做出积极贡献的其他行动，其中人道主义机构继续开展工作虽不足以替代维持和平，但对于减少维和行动撤出带来的影响十分重要。第三种情况是，维和行动在某些方面做出积极贡献，在其他方面却陷于进退两难的境地。秘书长的报告提出：维和行动是否对陷于危机的人民的生活产生了积极的影响？该国的境况是不是比没有联合国维持和平行动时要好？如果撤出该行动，所取得的成果能否持续？②

三是协调机制。协调可以实现两方面的作用，一是使关于和平行动缩编或撤离的决定建立在更加全面、客观的信息基础之上，二是保障和平建设得到各方共同参与和配合。联合国和平行动涉及多方面的力量，除安理会、维持和平行动部外，还包括联合国大会（尤其是财政与管理委员会）、秘书处、联合国难民事务高级专员办事处、联合国人权事务高级专员办事处、联合国开发计划署、世界银行、国际货币基金组织等联合国系统各机构，以及维和部队派遣国、区域组织、各双边和多边人道主义和开发机构

① 参见 UN Department of Peacekeeping Operations, and UN Department of Field Support, *United Nations Peacekeeping: Principles and Guidelines*, 2008, pp. 88 - 89。

② 联合国秘书长的报告，联合国文件，S/2001/394，2001 年 4 月 20 日。

等行为体。维持和平行动能否成功撤离，取决于联合国系统是否相互配合、相互兼容。为了实现和平行动的顺利过渡，安理会需要与东道国及其他利益攸关方协商，定期评估维和行动的编制、任务和组成，以便于根据已取得的进展或实地情况的变化，酌情做出必要调整。[①]

总而言之，确保和平行动的有序过渡和健康退出对于巩固和平成果，避免冲突重燃，具有重要作用。联合国维和行动的经验表明，在缺少退出战略的情况下，强行缩编和结束一项行动很可能会付出严重代价。联合国预防性部署部队（联预部队，1995—1999 年）曾负责监测前南斯拉夫的马其顿共和国动荡的边界，安理会于 1999 年认定联预部队已完成任务，于是结束了这次行动。然而后来的形势表明，如果当时允许联预部队继续存在，尽管缩小其规模，武装叛乱集团从科索沃境内基地挑战边界的行动就有可能避免。1994 年，在安理会决定大幅度削减，而非扩大联合国卢旺达援助团的规模之后，卢旺达发生严重的种族灭绝。拖到后来，当国际社会对人道主义危机承担责任时，援助难民的费用大大超过了加强援助团所需的费用。[②] 因此，在准备缩编或退出一项和平行动时，遵守退出机制对于避免维和人员过早撤离导致冲突再燃具有重要价值。

事实上，人们常常因经济或政治原因而倾向于缩减或结束一项和平行动。维和行动建立、过渡和退出的决定权均掌握在安理会的手中，常任理事国对此议题拥有否决权，这就使得和平行动的过渡和退出决定在一定程度上是政治性的，而不仅是技术性的。这就要求安理会常任理事国承担起大国的责任，以实现可持续和平为出发点来思考和平行动的过渡和退出问题。美国特朗普政府大幅削减国际维和预算的做法，将不可避免地对联合国和平行动产生消极影响。面对结束维和平行动的要求，安理会应在成员国之间并同部队派遣国等利益攸关者进行坦率的讨论，对照和平进程的基准，探讨延长任务、撤出或大幅度削减联合国规模的理由。唯有在过渡和退出机制上加以管控，才可能将终止一项行动的损失降至最低。

① 安全理事会主席声明，联合国文件，S/PRST/2010/2，2010 年 2 月 12 日。

② 联合国秘书长的报告，联合国文件，S/2001/394，2001 年 4 月 20 日。

试论东亚维和合作模式选择与中国的参与

王　涛*

联合国维和行动是国际社会维护和平与安全的重要举措，区域和次区域维和合作则是维和领域的重要内容。随着维和行动的发展，北欧、西非和东非等地区形成了一些具有自身特色的维和合作模式。那么，作为对国际安全和中国周边安全有着重要影响的东亚地区，在维和合作模式选择方面受到哪些因素的影响？在该地区建立具有现实可行性的维和合作模式应具有哪些主要特征？中国在参与东亚维和合作过程中需要着重考虑哪些问题？本文旨在对这些问题进行探讨。

一、具有代表性的区域维和合作模式

联合国维和行动已有70年历史，合作性是维和行动的重要属性。随着维和行动的发展，区域和次区域维和合作也在不断深化。其中，北欧、西非和东非的维和合作颇具特色，其合作模式对于东亚维和合作或多或少具有借鉴作用。

（一）北欧模式——联合行动，内部分工

北欧四国——芬兰、瑞典、挪威、丹麦开展维和合作由来已久。早在

* 王涛，解放军国防科技大学国际关系学院国际维和培训与研究中心主任、副教授。

联合国维和行动初创时期，北欧国家即成为中坚力量，并以联合方式共同参与维和行动。1956 年，丹麦和挪威向联合国第一期紧急部队（UNEF I）联合派遣了 1 个营，成为北欧国家以实际行动协调维和政策与行动的重要标志。

在长期的维和实践中，北约四国逐渐建立健全了相互协调、各自分工的合作机制。1964 年，四国组建了联合国军事事务北欧国家委员会（NORDSAMFN），作为参与维和行动的联合计划机构。1998 年 7 月，四国国防部建立了军事和平支援北欧协作机制（NORDCAPS），作为参与维和行动的协调机构（冰岛于 2003 年加入该机制）。① 此外，北欧四国还建立了北欧国家经济工作委员会，协调解决四国参与维和行动的财务保障问题。

在维和训练方面，北欧四国的合作独具特色。长期以来，四国在维和培训方面有着内部分工：芬兰负责培训军事观察员，瑞典负责培训维和部队参谋军官，挪威负责培训维和部队后勤军官，丹麦负责培训维和部队中的宪兵。② 从实际效果看，维和合作已成为北欧四国发挥国际影响力的“力量倍增器”，使四国成为国际安全领域中不可忽视的“中等国家”力量。

（二）西非模式——依托西共体集体安全机制联合实施维和行动

西非国家经济共同体成立于 1975 年 5 月，共有 15 个成员国，分别是：贝宁、布基纳法索、多哥、佛得角、冈比亚、几内亚、几内亚比绍、加纳、科特迪瓦、利比里亚、马里、尼日尔、尼日利亚、塞拉利昂和塞内加尔。1981 年，西共体签署了《防卫互助议定书》，由尼日利亚、加纳、冈比亚、马里和多哥组成“常设调解委员会”，可视情决定建立“停火监督团”，作为西共体监督停火和维持和平的力量。这也是西共体开展维和合作的开端。

---

① Birger Heldt，Peacekeeping Contributor Profile：Sweden，*Providing for Peacekeeping*，September 2012.

② 中国国际战略学会军控与裁军研究中心：《当代国际维和行动》，军事谊文出版社 2006 年版，第 431 页。

1997 年，西共体在洛美会议上决定建立预防冲突、处理和解决机制。1999 年，西共体首脑会议通过了《关于冲突预防、处理、解决、维和与安全机制议定书》。2000 年 12 月举行的第 23 届西共体首脑会议决定加大维和行动力度，完善维和合作机制，并签署了《关于预防、处理和解决冲突及维护和平与安全条约》的执行议定书，包括成立被称为“西非安理会”的“调解与安全理事会”。[①] 西共体维和合作机制由此得到进一步加强。

在实践中，西共体先后在利比里亚、塞拉利昂、几内亚比绍、科特迪瓦、马里实施了多项维和行动，并组织实施了维和常规任务培训、决策规划及早期预警等，还与联合国和非盟在维和行动中保持着密切合作。但不足之处在于，西共体成员国大多贫穷落后，人员、装备等资源有限；法语成员国与英语成员国长期存在矛盾，影响了维和合作的有效开展；因地区冲突背景复杂，西共体维和行动常常采取强力手段，有时会背离中立原则。

（三）东非模式——以维和训练合作提高应对地区安全问题的能力

东非维和合作注重通过训练合作提高维和能力，从而更有效地应对和解决地区安全问题。其中，肯尼亚在该区域维和合作中作用突出。肯尼亚在东非国家中安全形势和经济基础相对较好，但也受到周边地区武装冲突和动荡局势的影响。鉴于此，肯在国际维和培训过程中非常重视贴近地区安全问题实际，在维和培训对象方面以非洲特别是东非国家维和人员为主。自 2001 年成立以来，肯尼亚国际和平支援训练中心培训的 7000 余名学员中有 76% 来自东非国家。肯在维和培训课程设置、案例选择和专题讨论等方面，主要针对东非地区的维和行动和地区安全问题，如非盟—联合国达尔富尔混合行动、东非国家在维和行动中的任务与挑战等。

肯尼亚作为英联邦成员国，在政治、经济、军事、文化、教育等方面

---

① 参见西非国家经济共同体网站，http：//www. ecowas. int/。

与英国有着千丝万缕的联系，在维和培训方面也有突出表现。肯尼亚维和培训的基本理念与英国接近，包括接受英国提出的“和平支援行动”和“强力维和”等概念。英军东非和平支援组（BPST－EA）部分人员还常驻在肯尼亚国际和平支援训练中心营区，组织、指导、协助并参与中心的维和培训工作，并为培训和研讨活动提供资金。①

二、东亚维和合作实践

东亚地区开展维和合作的时间和程度虽然不及北欧、西非等地区，但也在积极探索、努力推进，并且取得了一些进展，主要体现在维和政策研讨和维和训练合作与交流等方面。此外，有些东亚国家还在探讨建立联合维和部队，也引起了域内域外国家的广泛关注。

（一）积极开展维和政策研讨

维和政策研讨是东亚国际维和合作的重要内容。特别是在东盟地区论坛框架内，维和专家会已成为其中的重要议题。2013年10月16日，东盟地区论坛第6届维和专家会在北京召开，主题为“加强培训务实合作，提升维和训练水平”。出席会议的包括来自联合国和东盟地区论坛22个成员国的80多名代表，重点围绕“联合国维和行动面临的挑战”等议题开展交流讨论。联合国负责维和事务的副秘书长苏和在会上表示，联合国各出兵国需要加强合作，共同提升维和部队训练水平，应对和完成多样化维和任务。②

此外，东亚国家还在双边层面开展维和政策研讨。例如，中国政府与印尼政府在2015年3月26日发表的《联合声明》中表示，双方认识到中

① 王涛：“肯尼亚国际维和培训情况分析”，《外国军事学术》2016年第8期，第45—47页。

② 黎云：“东盟地区论坛第6届维和专家会在京召开”，新华社，2013年10月16日，http：//www.xinhuanet.com//2013－10/16/c_117748850.htm。

国和印尼在联合国维和行动中的重要作用，欢迎各自扩大参与联合国维和行动的努力，中方欢迎印尼提出的“维和愿景4000”等。[①] 由日韩两国专家组成的“新时代共同研究项目”小组曾于2013年12月24日向两国政府提交报告，认为日韩合作“能够超越东亚，扩展至全球水平”，并提议将合作扩展到联合国维和行动领域。日本外务省官员称，政府“将把报告内容反映到政策之中”。[②]

（二）扎实推进维和训练合作与交流

维和训练合作与交流是许多国家特别是发展中国家开展维和合作的重点领域，也是目前东亚维和合作的重要内容。在这方面，中国发挥的作用不可或缺，特别是举办和联合承办了多项具有较大影响力的维和联训活动。2014年6月，中国国防部维和中心承办了为期12天的维和教官国际培训班，以推广最新维和训练标准和培训模式，提高联合国维和行动相关出兵国维和训练水平。参训人员主要来自亚太地区的联合国维和行动出兵国，包括马来西亚、韩国和巴基斯坦等。[③] 2015年10月，中国人民武装警察学院承办了为期15天的东盟国家维和警察能力建设培训班，参训学员来自文莱、老挝、缅甸、马来西亚、菲律宾、新加坡、泰国、越南等8个东盟成员国。此次培训加大了中国与东盟各国在国际维和方面的交流力度，实现了共同研究国际维和课题的愿望，并为未来开展维和行动能力建设合作奠定了良好基础。[④] 中国还于2009年6月与蒙古国共同举行了代号为“维和使命”的维和联合训练，分为理论研讨、共同训练、综合演练三个阶段。据中国国防部介绍，这是中国军队首次与外军举行以维和为主题的

---

① 《中华人民共和国和印度尼西亚共和国关于加强两国全面战略伙伴关系的联合声明》，新华社，2015年3月26日，http：//www. xinhuanet. com/2015 -03/26/c_ 127625705. htm。

② 关超：“日韩专家汇总报告建议两国在维和行动上合作”，环球网，2013年12月25日，http：//world. huanqiu. com/exclusive/2013 -12/4694819. html。

③ 贾玉省、吕德胜：“联合国维和教官国际培训班在京开班”，《解放军报》2014年6月17日，第4版。

④ 陈双宝：“东盟国家维和警察能力建设培训班在学院开班”，《武警学院学报》2015年第10期，第2页。

联合训练，是中蒙两军深化务实合作的具体体现，有利于锻炼和提高两军共同执行维和任务的能力。①

此外，东盟国家也在强化本区域内维和训练合作。马来西亚于1996年建成了东南亚首个维和训练中心，最初主要向东南亚各国开放。②东盟国家政府还曾在东盟首脑会议上提出，将在2015—2022年之间建立网络，将东盟各国维和力量连接起来，并开展联合训练、经验分享等，以扩大东盟在联合国维和领域的影响力。③

（三）探讨建立联合维和部队

近年来，随着东亚维和合作的有效开展，一些东亚国家特别是部分东盟成员国开始探讨建立联合维和部队的可行性。马来西亚国防部副部长阿都拉欣曾于2015年2月10日公开表示，希望在东盟框架内建立区域维和部队。他指出："联合维和部队将成为防止东盟内部冲突的有效机制，将会对联盟成员国之间的军事合作产生积极影响，并促进东盟成员国加强一体化进程，巩固国际和平与稳定。"④同年3月18日，马来西亚国防部长希沙姆丁在兰卡威国际海事与航空展上再次呼吁东盟国家建立联合维和部队，解决地区领土争端，加强彼此团结，并提议就联合维和部队的规模和配置等具体问题进行进一步商榷。

对于建立东南亚乃至东亚地区联合维和部队的提议，美国表示欢迎。美国国务院发言人莎琪2015年3月18日在例行简报上声称："美国欢迎在亚太地区为加强安全做出的共同努力，其中包括来自东盟以及东盟成员国

---

① 孙奕："中国与蒙古国举行'维和使命—2009'维和联合训练"，新华社，2009年6月25日，http：//www. chinanews. com/gn/news/2009/06 -25/1749629. shtml。

② 熊平："马来西亚准备为联合国维和行动做更多贡献"，新华社，2006年5月4日，http：//news. sina. com. cn/w/2006 -05 -04/22299779791. shtml。

③ 王海清："东盟希望在国际事务中发挥更大作用"，新华社，2011年5月9日，http：//world. huanqiu. com/roll/2011 -05/1680024. html。

④ Prashanth Parameswaran，Malaysia Wants an ASEAN Peacekeeping Force，*The Diplomat*，February 21，2015.

之间的努力。”① 不过，也有学者表达了不同的看法。俄罗斯科学院东方学研究所副所长德米特里·莫夏科夫认为，联合打造维和部队，是该地区各国推进一体化进程的重要步骤，但在东盟地区并没有需要动用维和部队的现实需要。只有在东盟成员国就某种局势具有共同立场的情况下才可以动用维和部队，但东盟国家在该地区相关领土争端问题上并没有统一的立场。新加坡国际战略研究所亚洲执行董事蒂姆·赫胥黎则表示："东盟国家之间在安全问题上并没有那么互信。只有东盟国家建立好信用机制，才能谈合作。”②

三、影响东亚维和合作模式选择的主要因素

由此可见，区域和次区域维和合作模式选择既取决于维和行动与维和任务的本质属性，也受到相关地区具体情况的制约。东亚地区不同于北欧、西非和东非，有着自身独特的特点，尤其体现在合作理念与意愿、合作机制、合作资源等方面，这也会对该地区维和合作模式的选择产生影响。

（一）合作理念与意愿

经济全球化和区域化的浪潮使东亚各国面临着空前的发展机遇，因此各国安全政策都着眼于保持和平稳定的国际和地区安全环境，防止地区安全形势恶化。这不仅是东亚各国最基本的共同安全利益，也从根本上决定了各国开展维和合作的理念和意愿。

共同安全和合作安全是东亚国家开展维和合作的重要理念基础。其中，“共同安全”的观点认为，国际体系中所有国家在安全上相互依存，应当相互保证共同生存，尊重对方的安全关切，合作与互惠理性是建立稳

---

① “美媒：马防长呼吁东盟建南海联合维和部队，美称欢迎”，《参考消息》2015 年 3 月 19 日，第 8 版。

② Victor Bernard, Is It Time for a Peacekeeping Force for ASEAN? *The Asian Foundation*, February 3, 2016.

固安全体系的最佳基础。[①] 合作安全则超越了传统的军事安全，涵盖了政治安全、经济安全和社会安全等领域，强调渐进性和灵活性，旨在建立信任措施、开展预防外交，最终建立解决冲突的机制。共同安全与合作安全理念有许多相似之处，特别是两者均以共同的安全利益为基础，拒绝“安全困境”的观点，在成员参与上具有非排他性。

近年来，许多东亚国家秉持共同安全和合作安全理念，在维和方面表现出积极主动的合作意愿。特别是2015年3月第九届东盟防长会议提出建立东盟维和部队的倡议。[②] 该维和部队如果能够建立，并用于帮助冲突地区稳定局势，提供人道主义援助，无疑将加强东盟成员国乃至东亚国家之间的团结协作，为东亚维和合作提供成功范例。

不过，东亚维和合作在理念和意愿方面也面临着一些制约和干扰因素。一是“霸权稳定论”仍有影响，特别是美国推出“亚太再平衡”战略，强化在东亚的军事同盟体系；日本则希望借助美国亚太战略，逐步建立地区主导地位。二是利用维和谋求“一己私利”。特别是日本借参加联合国维和行动之机让自卫队走出国门，并不断扩充军备，修改和平宪法，向世界表达争当“政治大国”的愿望。

（二）合作机制

基于安全合作机制开展机制化建设是维和合作模式的重要内容，也是区域维和合作的重要特点。东亚地区安全合作已有数十年的历史，不仅建立了一定的合作基础，也形成了一些安全合作机制，其中最重要的有三个，分别是“东盟地区论坛”“亚太安全合作理事会”和“亚洲安全会议”。东盟地区论坛是目前东亚地区最具“官方”色彩的安全合作机制，论坛成员涵盖所有东北亚和东南亚国家，还包括一些邻近国家（印、巴、澳）和区域外国家（美、俄），论坛的专长是非传统安全领域，但缺乏解

---

① Raimo Vayrynen, *Multilateral Security: Common, Cooperative or Collective?*, Palgrave Macmillan UK, 1999, p. 58.

② Aiswarya Lakshmi, Malaysia Proposes ASEAN Peacekeeping Force, *Marine Link*, March 19, 2015.

决核心安全问题的能力和机制。亚太安全合作理事会是由民间主导的多边安全领域学术研讨和政策对话机制，涉及内容广泛，并坚持包容性原则，组织了多个工作组，就如何应对区域安全挑战问题进行探讨。防务政策官员、前官员纷纷以私人身份参与该机制。亚洲安全会议（香格里拉对话）属于半官方对话机制，参与者包括政府高官、官方智库和民间研究机构专家学者等，对话议题涉及许多重大现实问题，既回避官方交流敏感性，又能通过“学术研讨”方式直通官方，从而增强了实际操作的灵活性。这些合作机制的建立和发展，将为东亚维和合作机制化建设奠定坚实基础。

目前，东亚安全机制的特点是多层次、多形式、多样化，但尚未建立起真正意义上的地区性集体安全机制。有学者提出，东亚国家近期应保持这种多层次、官民交叉的对话框架和交流平台，积极凝聚共识，尝试建立非传统安全多边反应机制。[①] 因此，如何基于开放式的安全合作理念，在尚存潜在安全冲突的东亚地区建立相互信任的安全基础以及有效的维和合作机制，将是近期东亚维和合作面临的重要现实问题。

（三）合作资源

东亚国家的经济和军事资源为该地区开展维和合作提供了重要保障。在经济资源方面，近几十年来，随着出口导向型经济的发展模式不断深化，许多东亚国家（和地区）迈上了快速发展的道路——先是香港地区、台湾地区、韩国和新加坡等“四小龙”；再是印尼、马来西亚、泰国和菲律宾等“四小虎”；特别是20世纪70年代末以来，中国实行改革开放政策，经济发展的成就举世瞩目。联合国2017年12月11日发布的《2018年世界经济形势与展望》报告称，全球经济增长趋强，但东亚（和南亚）地区仍是世界上最具经济活力的区域。[②]

---

① 参见姜志达：“亚洲新安全观及其秩序意涵：规范的视角”，《和平与发展》2014年第5期，第1—11页。

② The United Nations, World Economic Situation Prospect 2018, New York, December 11, 2017, p. 7, https://www.un.org/development/desa/dpad/wp-content/uploads/sites/45/publication/WESP2018_Full_Web-1.pdf.

在军事资源方面，一些东亚国家的军事实力同样位居世界前列。据美国《福布斯》双周刊网站2016年12月28日报道，在“环球军力”网站公布的军力排行榜上，中国排名第三，日本排名第四，韩国、马来西亚和越南分别排名第六、第八和第九。在该数据库对世界126个国家或地区的军事力量分析中，上述东亚国家的排名均在前20位以内，领先于欧洲和中东许多国家。该项排名的依据是武器储备、军队规模和需要时可调用的兵力。①

在维和资源投入方面，东亚国家做出了重要贡献。在维和出兵国排名方面，根据联合国2017年12月的统计数据显示，中国、印尼、蒙古国和马来西亚位居世界前30名。② 在2016—2018年维和出资国排名方面，中国和日本分别位居世界第二和第三。不过，东亚国家中既没有像印度、巴基斯坦和孟加拉国那样的传统维和出兵大国，也未能实现西方国家的维和效益——虽然派遣维和人员较少，但把持着维和行动中的关键岗位，从而影响了东亚在维和领域的地位。

四、具有现实可行性的东亚维和合作模式的主要特征

基于东亚地区维和合作理念与意愿、合作机制和合作资源方面的实际情况，该地区在维和合作模式选择上应依托现有安全合作机制，以政策研讨为主，强调多边主义，从而有助于维和合作的稳定健康发展。

（一）依托现有安全合作机制，辅以会议决议与相关协议

加强机制建设，是世界许多区域和次区域维和合作的重要举措。例

① How East Asia Got 6 of the World's Most Powerful Armed Forces, *Forbes*, December 28, 2016, http://www.forbes.com/sites/ralphjennings/2016/12/28/taipei-to-hanoi-east-asias-top-5-militaries-ex-china-and-their-one-goal/.

② https://peacekeeping.un.org/sites/default/files/summary_of_troop_contributing_countries_by_ranking.pdf.

如，非洲在维和合作方面非常注重规范化和制度化建设，不仅建立了和平与安全理事会作为非盟集体安全和早期预警机制的核心与解决冲突问题的常设性决策机构，还建立了专家小组和非洲常备部队，为维和合作机制的建设和发展提供了制度与机构保证。然而，就东亚地区情况而言，在维和合作机制建设方面还需考虑到两个具体情况：第一，东亚地区不同于非洲，目前安全形势总体稳定，近期基本没有在本地区实施维和行动的可能，建立专门维和合作机制的迫切性不强；第二，东亚国家对于建立集体安全组织和联合部队的接受程度不一。就目前而言，组建由东亚集体安全组织统一指挥和管辖的维和部队存在很多困难，有主权让渡问题、军队条令统一问题、出兵员额与费用分摊问题，此外还有域外大国介入和历史矛盾问题。

更重要的是，中国及其他东亚国家倡导的合作安全，更多地强调安全合作的非正式性和灵活性，主要采取对话和磋商的形式，对制度化进程态度谨慎，加之东亚各国普遍重视平等协商一致原则和不干涉原则，东亚合作安全制度化建设的难度进一步增加。因此，东亚地区在维和合作方面可更多地考虑依托东盟地区论坛等现有安全合作机制，辅以会议决议与相关协议，建立类似于西共体的维和合作机制还为时尚早。正如李克强总理在第十一届东亚峰会发表讲话时指出的："东亚国家应高度重视区域安全架构问题，创新地区安全理念，构建反映地区现实、符合各方需求的区域安全架构。"①

（二）以政策研讨为主线，辅以训练合作与学术交流

不少东亚国家是联合国维和行动重要贡献国，对维和行动的发展有着重要影响，维和政策研讨也已成为东亚维和合作的重要内容。例如，中国与东盟已建立了维和研讨会议机制，就维和政策问题进行交流和探讨。在 2007 年"中国—东盟维和研讨会"上，马晓天副总参谋长针对联合国维和行动面临的新矛盾和挑战提出相关主张，包括：维护和加强联合国在国际

① 李克强："在第十一届东亚峰会上的讲话"，《人民日报》2016 年 9 月 9 日，第 1 版。

安全事务中的权威地位以及在维和行动中的主导作用；在保证联合国主导作用的前提下，充分发挥地区组织的积极作用；坚持以和平手段解决争端；坚持被实践证明行之有效的维和基本原则，等等。[①]

从东亚维和合作近期的发展情况看，维和训练合作在本地区经济和军事资源的支撑下，表现出更强劲的动力。孙建国副总参谋长曾在2013年东盟地区论坛第六届维和专家会上发出倡议："要支持联合国在维和训练中的主导作用，发挥区域组织在维和训练中的协调作用，挖掘各国维和训练机构的互补作用，从而共同提高各国维和部队的整体训练水平和遂行维和任务的能力。"[②] 2016年3月，中国军队首次参加东盟"10+8"防长扩大会维和与扫雷行动联训联演，达到了增强参与意识和互信、交流经验与成功做法的目的。[③] 从长远看，东亚维和训练合作在训练对象选择方面可考虑借鉴东非模式，即以本地区国家的维和人员为主；在训练方式方面可考虑适当借鉴北欧模式，注重协调性与互补性。

（三）强调多边主义，以多边促双边

多边主义是依据普遍行为原则，协调三个或三个以上国家的制度形式。[④] 多边主义是多边安全模式中的核心概念。东亚维和合作需要强调多边主义，因为多边主义模式对东亚维和合作具有重要意义。首先，多边主义在利益维护上更具普遍性。它不同于均势合作中的针对性和排他性，更强调开放性和包容性，强调维护各行为体的共同利益和地区的整体利益，符合东亚维和合作的根本出发点。其次，多边主义在运作上体现公平性。它以各方平等协商作为前提条件，具有很高的权威性，也符合东

---

① 黎云："中国—东盟维和研讨会在京举行"，新华社，2007年11月19日，http://news.163.com/07/1119/18/3TMBKENB000120GU.html。

② 黎云："东盟地区论坛第6届维和专家会在京召开"，新华社，2013年10月16日，http://www.xinhuanet.com//2013-10/16/c_117748850.htm。

③ 邵敏、周海保、徐杨："中国军人扬威国际演兵场——我军首次参加东盟'10+8'防长扩大会维和与扫雷行动联合演习"，《环球军事》2016年第8期，第38—39页。

④ John Gerald Ruggie (ed.), *Multilateralism Matters: The Theory and Praxis of an International Form*, New York: Columbia University Press, 1993, p. 11.

亚维和合作需要遵循的基本原则。第三，多边主义有助于促进国家之间对合作规则的集体认同，有助于巩固东亚维和合作的基础，并保持健康的发展方向。

东亚维和合作可在坚持多边主义的基础上，以多边合作促进双边合作的发展。一方面，东亚国家经济相互依赖的程度不断提高，经济合作日益深化，从而促进了政治和安全领域的互动，并且逐步形成了建立在共同利益基础上的新安全观。以经济合作促进共同利益，和平解决争端，维护地区安全稳定，并在此基础上增进双边关系，正成为东亚各国的共识。另一方面，东亚各国更加重视开展多边安全对话与合作，将建立多边安全合作框架作为安全政策的基本取向，并以此作为发展双边合作关系的重要渠道。例如，东盟地区论坛不仅有效地将东南亚国家团结在一起，共同维护和促进区域和平、发展与繁荣，也为相关国家之间化解矛盾、避免或缓解冲突、开展安全合作提供了重要平台。

五、中国参与东亚维和合作可能需要着重考虑的问题

参与东亚维和合作是中国维和事业发展的必然要求，也是开展多边外交、发展睦邻友好合作关系的重要途径。在东亚维和合作中，中国需坚持国家外交和国防政策原则，积极倡导中国的维和理念，努力拓展和深化对外安全合作关系，并妥善应对可能出现的“中国威胁论”与“中国责任论”，以更好地维护国家形象和发挥国际影响。

（一）在东亚维和合作中积极倡导中国的维和理念

中国参与东亚维和合作的基本模式需始终遵循联合国维和行动和国际法基本原则，并且积极倡导中国的维和理念。特别是在合作的非针对性和非干涉性方面，中国需坚持原则立场，努力推动东亚维和合作的健康发展。

在包括维和合作在内的多边安全合作问题上，中国始终奉行不结盟、

不对抗、不针对其他国家和地区的安全合作模式。中国在东盟地区论坛和上海合作组织框架内开展的安全合作，就是这种模式的范例。中国与东盟之间的“战略伙伴关系”被定义为“非结盟性、非军事性和非排他性的”关系。[①]“结伴而不结盟”原则也是长期以来中国参与区域和次区域安全合作的一项基本原则。

强制性干预是当今维和领域重要的争议问题。美国等西方国家积极鼓吹“人权大于主权”“有限主权论”“保护责任论”等论调，企图“假维和之名，行干涉之实”。一些区域组织虽然将尊重主权和不干涉作为组织原则，但也包含了在特定条件下对成员国进行强制干预的安排。例如，《非洲联盟宪章》在保留“不干涉内政”原则的同时，规定了“非漠视原则”，即在必要时有权对战争罪行、反人类罪行等实施政治和军事干预。但在实践中，非盟的此类干预行动会引起有关国家和派别的反对，导致非盟维和机制的权威性受到挑战。相比之下，中国在涉及武力使用或者强制性干预的问题上始终坚持尊重主权和不干涉原则，不仅获得广泛的国际认同，也能够为更多国家所接受。

（二）通过参与东亚维和合作拓展和深化对外安全合作关系

东亚维和合作应成为中国拓展和深化对外安全合作关系的重要平台。中国可着重在以下两个方面努力开展工作。一是着力推动非传统安全合作机制建设。非传统安全合作是中国参与区域安全合作的主要内容，“合作重点包括禁毒、反海盗、反恐、打击武器走私、反洗钱、打击国际经济犯罪和网络犯罪等”。[②] 而随着国际安全形势的发展，维和行动需要更多地应对非传统安全威胁，努力避免非传统安全问题加剧冲突战乱地区的紧张局势和破坏建立持久和平的基础。为此，中国可以借助东亚维和合作的平台，在可能的情况下逐步拓展合作领域，将合作范围扩展到影响地区安全

① 《中华人民共和国与东盟国家领导人联合宣言——面向和平与繁荣的战略伙伴关系》，2003 年 10 月 8 日签署于印尼巴厘岛。

② 国务院新闻办公室：《中国与东盟关于非传统安全领域合作联合宣言》，新华社，2002 年 11 月 4 日，外交部官网：https：/www. fmprc. gov. cn/ce/cech/chn/xwss/t115254. htm。

的相关非传统安全领域，使维和合作更好地发挥维护地区和平稳定、推动安全合作深入发展的作用。

二是借力发展双边合作关系。从近年的形势看，多边合作机制成为各国双边关系发展平台渐成趋势，维和合作也不例外。一方面，中国可借助多边维和会议和论坛的平台作用，与相关国家防务部门领导人进行双边交流，进而寻求建立机制性的关系；另一方面，中国可利用多边维和联训联演的机会，促进部队官兵与外军同行增进了解，密切关系，加深友谊，进而推动发展建设性、合作性、务实性的新型军事关系。

（三）有效应对可能出现的“中国威胁论”与“中国责任论”

中国积极参与联合国维和行动，积极参与国际和地区维和合作，在赢得国际社会广泛赞誉的同时，也可能会受到一些负面论调的干扰，较为典型的是“中国威胁论”和“中国责任论”。在“中国威胁论”方面，虽然中国政府屡次重申“和平崛起”“构建和谐国际秩序”与“和平共处五项原则”等主导原则，坚持联合国维和行动基本原则，但仍有一些国际观察家将中国参与维和行动与维和合作视为增强“软实力”与扩大军事存在的战略举动。[①] 在“中国责任论”方面，美国等西方国家提出，为避免中国走过去“崛起”大国的老路，希望将中国纳入到以西方价值观为基础的国际体系中，共同担负起与西方国家要求和利益相一致的责任，其实质是借助中国崛起来维持其占据主导地位的国际秩序，要求中国对西方长远利益负责的单向责任。[②]

对于这些负面论调，中国需预做准备，妥善应对。一方面，中国需在东亚维和合作中继续加强与相关国家的沟通和交流，阐明立场，增信释疑，让外界更客观地了解中国维和政策和维和事业的发展方向，更深刻地理解中国参与维和行动、开展维和合作的宗旨目标和应该担负的责任。另

① 陶郁：“中国积极参与维和，国际社会看法复杂”，《青年参考》2012 年 4 月 25 日，第 2 版。

② 参见徐进：“如何看待中国的国际责任”，《中国科学报》2013 年 11 月 4 日，第 7 版。

一方面，中国也需针对一些西方国家的不当解读，[①] 进一步加大对外宣传力度，进一步提高中国维和工作的透明度，通过和平实践更好地展现自己的和平理念与和平力量。

① 2006 年 9 月 18 日，温家宝总理宣布："应联合国的要求，中国政府决定把向联合国驻黎巴嫩临时部队（UNIFIL）派遣的工程兵和医疗保障部队增至 1000 人。" 这是中国自参加联合国维和行动以来派出维和力量规模最大的一次，也引起了一些西方国家的猜疑。美联社对此评论称："中国此举意在扩大在中东地区的国际存在，并且为获取当地能源利益提供支持。" 中国参与联合国在海地实施的维和行动，被美国政界、军界和学术界的一些人士称为"中国介入美国后院的开始"。2014 年 6 月，中国同意向南苏丹增派维和人员，美国《世界政治评论》刊文称："此举加强了中国的策略调整，从'不介入'转向了'主动缔造和平'。" 分别参见：李诗佳："中国决定把向黎巴嫩派遣的维和部队增至 1000 人"，新华社，2006 年 9 月 18 日，http://news.sina.com.cn/w/2006-09-19/002910049265.shtml；China to Boost UN Peacekeepers in Lebanon to 1, 000, *AFP*. September 18, 2006；Gonzalo S. Paz. Rising China's "Offensive" in Latin America and the U. S. Reaction. *Asian Perspective*, Vol. 30, No. 4, 2006, p. 102；"中国向南苏丹增派维和人员是调整'不介入'政策?"，《参考消息》2014 年 6 月 19 日，第 8 版。

联合国妇女、和平与安全议程的贡献、问题与对策思考

康焕华*　隋亚平**

2000 年，联合国安理会通过了关于妇女、和平与安全问题的第 1325 号决议。近二十年来，随着形势的发展变化，联合国继续通过决议，建立机构，组织力量，制定国际公约，敦促各国政府修改和制定法律，为保护和提高妇女权益、促进男女实质平等进行了不懈努力，取得了巨大进步，做出了重大贡献。尽管如此，这离联合国的目标还存在很大差距，还存在一系列问题亟需解决。

一、重大贡献与成就

联合国安理会通过了 8 个关于妇女、和平与安全的决议，将妇女问题与世界和平和安全联系起来。一方面，安理会积极推动妇女在维护和促进世界和平与安全方面发挥积极作用；另一方面，强调保护妇女权益，特别是严厉打击武装冲突中的性暴力。

（一）安理会通过的关于妇女、和平与安全的决议

2000 年，安理会通过第 1325 号决议。这是安理会关于武装冲突对妇

* 康焕华，中国人民警察大学维和培训中心副教授。
** 隋亚平，中国人民警察大学维和警务硕士生。

女的重大和独特影响的第一份决议。该决议强调妇女作为积极力量平等和充分地参与预防和解决冲突、建设和维持和平的行动的重要作用；呼吁各会员国确保妇女平等和充分地参与维持和促进和平与安全的一切努力；敦促所有方增加妇女的参与，并将社会性别平等的观念纳入维持和平与安全行动的各个方面。

2008 年，安理会通过第 1820 号决议，针对冲突中的性暴力，明确指出性暴力作为战争手段对妇女、和平与安全的影响；强调冲突中的性暴力构成了战争罪；要求武装冲突各方立即采取适当措施（包括对部队进行培训、强制执行纪律等），保护平民免受一切形式的性暴力。

2009 年，安理会通过第 1888 号决议，作为第 1820 号决议的延续，授权维持和平特派团在武装冲突期间保护妇女和儿童免遭性暴力，并请秘书长任命一名武装冲突中女性问题特别代表。

2009 年，安理会还通过了第 1889 号决议，作为第 1325 号决议的延续，呼吁进一步加强妇女参与维护和平的进程，并制定各项指标，以衡量第 1325 号决议取得的进展。

2010 年，安理会通过第 1960 号决议，进一步深化了反对性暴力的妇女、和平与安全议程。

2013 年，安理会通过第 2106 号决议，强调所有会员国和联合国实体必须采取更多措施，执行第 1960 号决议的内容，消除有罪不罚现象。该决议申明：性别平等，维护妇女的政治、社会和经济权利，是防止武装冲突后性暴力的核心。

2013 年，安理会还通过第 2122 号决议，强调第 1325 号决议执行情况的问责制，以及在预防冲突、解决冲突和冲突后建设工作中妇女参与的重要性，进一步强调了男女平等的至关重要性，以及女性在国际和平与安全进程中的权利。

2015 年，安理会通过第 2242 号决议，作为 2122 号决议的延续，同时纪念第 1325 号决议通过 15 周年。主要内容包括；呼吁会员国确保在预防和解决冲突的国家、区域和国际机构的决策层中增加更多妇女代表；鼓励会员国在妇女、和平与安全方面提供更多的资金；在联合国系统优先任命更多妇女担任领导职务，在 5 年内使联合国维和行动军事和警察特遣队中的妇女人数翻番；在打击性暴力犯罪和保护妇女权利方面，严重关切包括军事、文职和警察人员在内的联合国维和人员和非联合国部队人员进行性剥削和实施性暴力的指控，继续努力执行对不当行为“零容忍”政策；增强冲突和冲突后局势中妇女获得司法救助的能力，酌情补偿受害人；强力打击有罪不罚现象，通过适当手段追究相关人的责任；在新的国际形势下，呼吁会员国和联合国进一步把“妇女、和平与安全议程”“反恐议程”和“反对可滋生恐怖主义的暴力极端主义议程”统一起来，确保妇女和妇女组织参与反恐战略和反可滋生恐怖主义的暴力极端主义战略的制定工作，并发挥领导作用。

（二）联合国系统内的性别平等新战略

在联合国系统内各级人员构成上实现男女平等，是联合国推动妇女平等参与国际事务的重要体现。联合国为此进行了近二十年的努力，有了很大进步。2017 年，秘书长古特雷斯上任后，更是提出了“男女比例平等（gender parity）战略”，并承诺到 2021 年在高级领导层实现男女比例平等，2030 年之前在整个系统内实现男女比例平等。2017 年 1—9 月，秘书长任命了 32 名高级管理人员，其中 17 名为女性，15 名为男性，使高级管理队伍（SMG）中的女性比例达到 44%，男性比例降为 56%。2017 年 1 月，性别平等问题被列为第一次执行委员会会议议题。会议决定成立工作组，为实现承诺而制定可行的战略及详细、明确的工作进程和时间表。工作组由来自 30 个部门的人员组成，分成 5 个工作小组，对成功的经验、现有的政策、过去的报告进行审阅，提出建议，形成战略草案。

（三）联合国维和行动中的性别战略

2014 年，联合国维和行动部、外勤支持部制定了第一个性别战略。该战略遵循“妇女、和平与安全”的系列决议，针对已经改变的环境，提出建立联合国促进两性平等和妇女赋权的实体（联合国妇女署），重申其在监督执行安全理事会第 1325 号决议方面的授权；设立负责与冲突有关的性暴力问题的秘书长特别代表（SRSG－SVC）办公室，向维和任务区派遣妇女保护顾问（WPAS）等。该战略明确了如下事项：

1. 收集维和行动中所取得的成果、经验和教训，消除维和行动部、外勤支持部在性别工作制度化方面的关键差距；

2. 在已经改变和进一步发展的形势下，重新设定维和行动中的性别架构；

3. 将关注点重新调整为如何在维和行动中开展性别平等工作，重点是在任务区实现性别主流化；

4. 阐明并强化各部门、各级别维和人员的定位和职责，并为妇女、和平与安全议程的执行提供指导；

5. 重视联合国妇女署和秘书长特别代表领导下的冲突中性暴力办公室在“妇女、和平与安全”问题中的重要作用，并通过联合国妇女、和平与安全议程相关问题协调网络来促进协同工作；

6. 推动深层数据收集、分析和报告，通报该战略实施的进展、结果和影响。

随着联合国维和行动中的性别战略的实施，参与联合国维和行动的女性人员的比例逐步提升。1957 年至 1989 年的 32 年间，参加维和行动的女军人和女警察总共只有 20 人，2017 年达到 4059 人。联合国维和任务区的女性领导人，2006 年只占 2%，目前已达 25%。女警察的比例从 2009 年的 7%（900 人）上升到 2017 年的 10%（1230 人）。近年来，孟加拉国和印度等国向联合国任务区派出成建制女子警队，她们在保护平民、预防和打击性暴力、促进当地女性参与建设和平等方面发挥了积极的作用。联合国维和行动部举办多期国际女性军官培训班，目的是提高她们的综合能力和素质，使之成为联合国维和军事领导岗位的后备人选。维和行动部警察司选拔和招募处也在积极推动选拔更多的女性警察到联合国总部和任务区任职，如 2017 年上半年在加拿大举办了高级女警官培训班，目的是提高女警官的管理能力和综合素质，同时为建立人才库做准备。

一些特派团的维和行动中也纳入了性别视角，并取得了一些经验和成果，如为应对强奸和绑架案件，苏丹达尔富尔维和人员在供水路线周边和拾柴时段开展武装巡逻，在居住地周边也部署了定期的夜间巡逻，为妇女和女童提供安全保卫。在利比里亚，特派团不断努力扩大解除武装、复员和重返社会（DDR）项目的合格标准，从而将武装部队中的女性纳为实施对象，在完成解除武装、复原和重返社会进程的101000人中，有22000余名妇女和2000余名女童。

（四）联合国制止冲突中性暴力行动

除通过决议制止冲突中的性暴力外，2007年联合国还实施了“联合国制止冲突中性暴力行动”。该项目联合了13个联合国机构，是为加强协作和问责、支持各国在防止性暴力和有效应对幸存者需求而进行的联合行动。该行动已经付诸实施，如为第一个“打击刚果民主共和国境内性暴力行为的全面战略”“利比里亚性暴力问题的政府——联合国联合方案”的拟制和实施提供了支持。

2008年，潘基文秘书长发起了“团结起来消除暴力侵害妇女行为”的运动。该运动旨在将诸多联合国机构联合起来，并连同个人、社会和政府等力量，防止和消除世界范围内战时及平时一切形式的侵害妇女的暴力行为。

2010年，根据安理会第1888号决议，秘书长任命玛戈特·瓦尔斯特伦女士为负责冲突中性暴力问题的秘书长特别代表。她在2010年3月就职后，将其工作概括为几大重点：消除有罪不罚现象；赋予妇女权力；提高各方对性暴力行为是冲突的手段及其后果的认识；确保联合国系统制止冲突中性暴力行为的行动更加协调连贯。

2015年，联合国大会宣布将每年6月19日设立为“消除冲突中性暴力行为国际日”。2016年的国际日强调为性暴力受害者提供及时援助和医疗支持、法律援助、心理支持、经济支持，并与社区中存在的污名化现象做斗争，以促进受害者的康复。

联合国积极推进妇女、和平与安全议程，在维护和促进世界和平与安全方面发挥了积极作用。联合国还强调保护妇女权益，特别是严厉打击武装冲突中的性暴力，取得了巨大成就。

二、严峻问题与挑战

联合国在推进妇女、和平与安全议程的过程中面临着很多问题和挑战，特别是以下三个方面的问题尤为突出、严峻。

（一）女性参与维持和建设和平的人数离联合国目标有很大差距

联合国积极倡导和鼓励会员国派遣更多女性参与联合国维和行动。一方面是为了发挥女性维和人员的独特作用，使她们在维护和平和建设和平进程中做出积极贡献；另一方面是为女性做榜样，促使更多当地女性参与本国的建设和发展。联合国的目标是：提高女性维和人员占整个维和人员的比例，2020 年女性维和军事人员占全体维和军事人员的 10%、女性维和警察占全体维和警察的 20%，2030 年女性民事维和人员占全体民事维和人员的 50%。要实现这些目标，联合国将面临内部、会员国、女性自身等诸多方面的困难。

1. 联合国内部的问题

目前，在联合国民事维和人员中，女性占 28.3%。这个比例在 2000 年联合国安理会通过第 1325 号决议以来没有明显提升。而且，不同级别的女性比例还存在很大差异，级别越高，比例越小。从 2005—2015 年 10 年的增长速度来看，P3 级岗位女性人员需要 24 年达到 50%，而 D2 级岗位女性人员则需要 703 年达到 50% 的比例。要改变这种现状，需要付出艰辛的努力。

从联合国特派团的实际情况看，有些由男性主导的领域，如后勤、安全、信息通讯技术及工程等领域，女性人员占比很小。在任务区设计时，特派团很少考虑女性的需要，如卫生、医疗设施、妇科设施等。在宣传维和行动时，将很多任务区夸为男性的天下。

2. 会员国方面的问题

会员国在选派女性军人和女性警察方面存在顾虑，女性自身在参加维和行动时也有客观困难。

（1）派出女性军事人员状况。联合国维和行动部设定的参与维和行动的维和部队中女性军人（军官和士兵）的人数目标是达到10%，女性军事观察员和参谋军官的比例达到15%。但是，从各国军队的实际状况看，女性军人的比例低是普遍现象，多数国家的女性军人仅10%左右或不足10%。部分国家，如美国、英国、法国、德国、澳大利亚等，女性军人比例较高。2016年底，法国军队中女性军人比例为15.3%，是欧洲国家中最高的。截至2015年6月，德国军队中女性军官比例为11%，澳大利亚为12.8%，而她们在军队中主要从事医护、通讯等保障工作，从事作战工作的人员比例更低。而且，各国出于对女性的保护，也不愿意将女军人派到条件艰苦、风险较大的联合国任务区工作。因此，很多国家派出的维和部队、军事观察员、参谋军官中，女性比例根本达不到联合国的目标要求。

（2）派出女性警察状况。联合国维和行动部设定的女性维和警察的人数目标是2020年达到维和警察总数的20%。2015年，女性维和警察所占比例为10%，要达到20%的目标几乎不可能。目前，世界各国女警察所占比例只有极少数国家在20%以上，大部分在10%左右。而且，各国在派遣警察参加维和行动时，都会考虑任务区的艰苦环境和危险因素，对派遣女警察并不积极，有的国家甚至不派女警察参加维和行动，这就造成维和行动中女警察所占比例比国内女警察所占比例还要低的状况。印度、孟加拉国派出成建制女警察后，维和女警察所占比例明显上升，2015年达到10%。因此，参与维和行动的女警察所占比例取决于会员国是否鼓励女警察参与维和行动。

3. 女性自身方面的问题

不管是女性军人还是女性警察，她们组建家庭后要哺育子女，要承担更多的家庭事务。而且，女性天生比男性具有更强的家庭责任感，她们既承受着繁重的工作压力，同时还承受着较大的家庭压力。由于性别原因，许多女性存在心理上的弱点，如易动感情、心理脆弱等。还有部分女性对应承担的工作角色把握不住，逐渐对自己的工作潜力失去自信，对自己的职业所抱的成就动机和成就期望也越来越低，对参与维和行动没有兴趣。有些女性虽然有机会选择到联合国任务区执行维和任务，但考虑到会长时间远离孩子、老人，无法照顾家庭，她们只得放弃机会，不再参与维和行动。

（二）冲突中性暴力犯罪依然猖獗

据联合国新闻2014年4月9日讯，由联合国人权高专办公室和联合国刚果民主共和国稳定特派团联合撰写的一份报告指出，在过去几年中，由这两个机构人员组成的联合国刚果民主共和国联合人权办公室对3600多名强奸和性暴力受害者进行了登记。报告显示，一些性暴力具有系统性犯罪的性质，且大多数犯罪从未得到追究。2016年，联合国组织刚果民主共和国稳定特派团核查了514起冲突中性暴力案件，受害人包括340名妇女、170名女童、3名男子、1名男童。同年，联合国人口基金报告了2593起在受冲突影响省份发生的性暴力案件。

2016年6月19日，联合国人口基金发表声明表示，阿拉伯地区目前已经出现几起在冲突中公然实施性暴力的事件。秘书长索马里问题特别代表兼联合国驻索马里援助团团长基廷（Michael Keating）也在当天发表声明指出，有数据显示，索马里2015年报告了7324个新增基于性别的暴力事件。幸存的女性中，74%是在国内流离失所者营地遭遇性暴力攻击的。

2017年7月，联合国人权办公室收集到的情况显示，在7月初南苏丹政府与反政府武装新的战斗爆发后的短短10多天内，在首都朱巴就发生了217起性暴力事件。

2018年4月17日，联合国常务副秘书长阿米娜·穆罕默德在联合国安全理事会上指出：2018年，在缅甸和其他冲突地区，大范围的性暴力威胁再次用作推进军事、经济和意识形态目标的手段，导致民众大规模流离失所。无论是男性还是女性，都在冲突中遭受了性暴力。性暴力也是拘留者通常遭受的酷刑之一。

（三）联合国维和行动性丑闻缠身

联合国维和行动中的性丑闻一直困扰着联合国，这与联合国在制止冲突中的性暴力形成强烈反差，使得全世界对于维和行动的公正性和效果产生怀疑和不信任，也不利于联合国开展维和行动，也不利于维护世界和平与安全。

在过去的几十年间，约有12.5万维和官兵被部署到全球16个地点，大部分位于非洲和中东。维和人员和当地人发生性交易甚至性侵害的丑闻频频发生。联合国内部监督事务厅的一份报告揭露，2008年至2013年，共有480起有关联合国维和部队对当地人进行性侵的事件被上报，其中1/3受害者涉及18岁以下的未成年人。据媒体透露的消息显示，被性侵的儿童都是当地人，最小的年仅8岁；站出来作为证人指证的儿童至少有6名，其中4名是受害者，另外2名是直接目击者，年龄在9岁到13岁之间。报告同时指出："此类性侵事件数量被严重低估，更无法确认到底有多少维和人员牵涉其中。"尽管联合国在维和人员管理上制定了行为准则和非常严厉的"零容忍"政策，但联合国维和行动中的性丑闻依然屡禁不止，主要有以下几个方面的原因。

1. 联合国没有刑事调查管辖权

联合国维和行动既不具有强制执行力，也不是纯外交手段，而是介于自愿和强制之间的一种特殊手段，唯有会员国才具备进行刑事调查和起诉被指控犯罪人的法律能力。由于联合国没有开展刑事调查的权力，加之维和人员构成的复杂性及维和人员具有外交豁免权，联合国维和人员犯罪问题较一般国际组织人员的犯罪问题更为复杂。如果罪行发生在东道国，该国无法起诉犯罪嫌疑人或追究犯罪人的责任，需要依赖嫌疑人本国进行起诉、追究。如果该国未将其刑法适用范围扩大到在东道国境内发生的罪行，就会出现管辖权漏洞。如果犯罪嫌疑人本国为了保护维和人员，不依法起诉犯罪嫌疑人，只做内部纪律处理，犯罪嫌疑人就非常容易逃避起诉。维和人员的犯罪成本低，是维和行动中性丑闻屡禁不止的一个主要原因。

2. 调查取证难度大

对维和人员不法行为的有效监督和调查，是一个关系到联合国国际责任的履行以及受侵害者能否获得适当救济的重大问题。然而，维和特派团内部的调查监督机制并不完善，一些主管人员和指挥人员实施纪律的执行力度很弱，纵容军队人员与普通居民不正当往来，甚至包庇和纵容手下人员犯罪。同时，还存在军警巡逻不够，一些维和人员没有接受关于行为守则的系统培训等情况。

犯罪发生后，一方面，特派团的调查程序非常繁琐，往往错过最佳调查时间。《民警和军事观察员风纪问题的指令》指出，“特派团的调查程序包括初步调查和调查委员会的调查”。只有初步调查表明有关行为严重失检的举报有充足的理由，特派团团长才会设立调查委员会。调查委员会再来确定事实，然后确定被调查事件的起因和责任。这些调查要耗费很长时间，即使展开调查，受害人也可能会因时间太长且受到惊吓而忘记了许多重要情节，从而错过了最佳的调查取证时间。

另一方面，调查人员的专业能力不强。有很多调查人员为业余人士，缺少调查技术方面的专业训练和经验，很可能违背程序方面的规定，忽略或遗失重要证据，对证据处理不当，导致证据不被法院接受。

此外，维和人员轮换率高。从事维和行动的人员、特别是实地维和人员经常轮换，加上主管人员或指挥官不配合，甚至故意阻碍调查，很多指控无法具体提出犯罪人的姓名，以至无法准确识别犯罪人。以上种种原因，导致联合国追究维和人员不法行为责任的意愿很难实现。

3. 当地妇女、儿童以性交易为生存手段

在联合国任务区，东道国由于多年战乱或冲突，广大民众流离失所，没有生活来源，完全靠政府或国际组织发放的救济物资而生存。当地无家可归的人居住在临时搭建的、简陋的棚屋组成的难民营里。难民营内秩序混乱，为一口食物而发生暴力抢劫的情况司空见惯。营内的妇女和未成年人难以在援助食品的抢夺中占到上风，就只能指望维和人员为她们主持公道，给予她们支持，或者索性从维和人员充足的口粮中分一杯羹。由于资源匮乏，为了生存，许多妇女和儿童常常用最后的资源——身体去寻求对自己及家庭的保护和帮助。而维和部队、维和人员通常有联合国供给的比较丰富的物质资源，因此在维和部队、维和人员居住地四周，经常有妇女、儿童主动向维和人员搭讪或索要食品或财物。如果维和人员不能做到洁身自好、严格自律，不约束自己的言行，很容易卷入性交易中而不能自拔。

三、对策思考

针对以上突出问题，联合国亟需采取相应措施，进一步推进妇女、和平与安全议程，充分发挥妇女在维护国际和平与安全中的积极作用，维护和提高妇女权益。

（一）多措并举，全面推动更多女性参与维持和平、建设和平的进程

一方面，要积极改变女性民事人员极缺的现状。联合国维和领域的民事人员包括联合国总部工作人员以及在特派团实地工作的人员。联合国的目标是：到2026年，维和领域民事人员中女性人员的比例达到50%。目前，维和领域女性民事人员比例不到30%，而且D级领导岗位女性极少。要改变这种现状，实现既定目标，难度很大，联合国必须采取必要的特殊措施。

其一，尽快开通D级女性人才选拔专门通道。联合国应当为D级女性领导人才的选拔开通专门通道，进行单独招聘；鼓励会员国积极推荐优秀的女性人才，申请联合国维和高级岗位；建立高级女性人才库，并定期对候选人员进行培训，提高其综合素质和领导水平，为将来应聘成功、走上领导岗位奠定基础。

其二，大力开展鼓励女性参与维和的宣传。积极进行任务区安全环境和女性维和人员在任务区工作生活形象的宣传、展示，吸引有志从事国际和平、安全、人道主义、保护平民等方面工作的女性。

其三，切实改善任务区工作和生活条件。提高营地工作、生活、待遇标准，完善妇女生活设施，实行灵活的工作安排和艰苦地区人员轮换等制度。

其四，积极建立广泛的女性人才储备库。快速建库，允许直接在库中选聘人才；开展只针对女性的岗位招聘，保证更多的女性成功申请到职

位；任务区岗位直接从人才库中选聘，不再走其他竞争程序。

其五，实现男女平等的目标，与决策者责任制挂钩。

另一方面，要努力增加维和女军事人员和女警察数量。

其一，明确规定各国派遣维和部队时女军人和女警察的最低比例要求，使各国政府高度重视并派出更多女军人和女警察参与维和行动。

其二，采取个人报名、会员国推荐的方式方法，建立女性中高级人才后备库，为她们申请任务区岗位创造条件，提高不同级别女性维和人员的比例。

其三，在维和人员不同岗位（如指挥官、军事观察员、参谋军官以及警察部门的各级岗位等）的配备上，规定女性人员的比例，保证更多的女军人和女警察积极参与维和行动。

其四，加强对女军官和女警察的维和专业培训。

（二）多方结合，严厉打击性暴力犯罪活动

针对性暴力犯罪猖獗的现状，联合国应采取多种严厉举措，充分聚集和发挥会员国、东道国、国际组织等各方力量的作用，共同打击性暴力行为。

其一，推动武装冲突的和平解决，从根源上消除冲突中性暴力的滋生土壤。联合国需进一步呼吁国际社会，坚持通过外交手段政治解决热点问题，通过谈判、斡旋和调解等方式和平解决争端。需切实落实安理会有关妇女、和平与安全的决议，在推动和平进程的各个阶段，发挥妇女的独特优势，照顾其安全关切，确保妇女享有充分参与权和决策权。

其二，大力支持东道国加强能力建设，以稳定助保护，以发展促平等，切实保障妇女权益。东道国对于预防和打击冲突中性暴力、保护本国妇女儿童负有首要责任。一方面，联合国需帮助东道国政府完善司法体系，协助东道国对犯罪行为进行调查，对犯罪人员提起公诉并使之得到惩罚。另一方面，联合国及国际社会需尊重东道国的主权和意愿，尊重东道国政府根据本国国情采取的各项措施，积极向东道国提供建设性帮助，增强其安全、经济、治理等方面能力建设，推动提高妇女地位，全面实现妇

女赋权。

其三，联合国各相关机构需形成合力，有效打击性暴力犯罪。安理会需履行维护国际和平与安全的首要职责，同联大、经社理事会、建设和平委员会和联合国妇女署等机构加强协调，根据自身授权和专业特长，合作应对妇女、和平与安全领域问题；要加强与有关区域及次区域组织的合作，发挥其专长及独特优势，为妇女、女童创造良好的生存环境。

（三）严格治理，严惩维和人员性侵害行为

针对维和人员对东道国妇女、儿童或男性的性侵害行为，联合国需采取更加严厉、有效的措施，要求维和人员派遣国严惩当事人，追究罪犯的刑事责任。

其一，成立专门机构，负责性侵害的调查和追究。针对维和人员的性侵害行为，联合国于2005年就推出了“零容忍”政策，但由于维和人员享有外交豁免权，对查实的性侵者只能采取遣返、记录在案的处理方式，真正对性侵者的处理，则由维和人员派出国有关部门进行。可见，对于性侵者的处理结果，联合国并不掌握。如果派出国对性侵者或本国部队（警队）的集体声誉进行“保护”，就会发生有罪不罚、违纪不纠的情况，从而纵容性侵害行为。因此，联合国需成立机构，专门负责性侵行为的调查和追究，对遣返回国的性侵者的处理结果进行跟踪，一追到底，以避免性侵者逃避纪律和法律的惩罚。

其二，加强问责制，追究性侵者上级指挥人员的领导责任。目前，联合国对于查实的有性侵行为的维和人员进行遣返处理，责成派遣国进行惩罚，而上级指挥人员并不负任何责任。维和人员性侵行为的发生，与维和人员的上级指挥人员的管理密切相关，特别是在维和部队或维和警队，有的指挥官包庇、纵容下属的违纪或违法行为，这也是导致维和人员实施性侵行为的原因之一。因此，联合国需出台严格的规定，一旦发现维和人员有性侵行为，不仅要追究当事人的责任，还要追究上级指挥人员的领导责任。只有这样，才能迫使各级指挥人员严格管理部队，管理下属，杜绝性侵行为的发生。

其三，积极发挥女性维和人员的作用，提高东道国女性的能力和素质。性暴力的受害者绝大部分是妇女和儿童，只有小部分为男性。由于社会偏见等因素，性暴力受害者经常不被家人和社会接纳，因而很多受害者会竭力隐瞒真相，不敢投诉或举报。有的受害者虽想求助或举报，但对被侵害过程难于启齿，或者求助无门，这也在一定程度上纵容了性侵害行为的发生。实践证明，在联合国任务区，很多妇女和儿童更愿意向女性维和人员求助，因为她们更具亲和力，容易获得受害女性的信任。女性维和人员在保护妇女儿童权益、援助冲突地区性暴力受害者等方面，能够起到男性替代不了的作用。同时，女性维和人员还能为当地女性树立榜样，引导她们成为自尊、自立、自强的女性，提高自身能力和素质，为消除性暴力做出积极贡献。

综上所述，妇女、和平与安全议程是联合国的一项重要任务。联合国前任维和行动副秘书长苏和曾经指出："没有妇女的安全和平等，就无法实现可持续的和平。至关重要的是，妇女应当被赋权，在冲突与和平的过渡进程中发挥核心作用。"该议程目前还面临诸多问题和挑战，仅仅依靠联合国组织的努力还远远不够，各会员国必须团结起来，采取积极有效措施，保护和提高妇女权益，缔造一个平等、和平、安全、发展的新世界。

参考文献

［1］联合国安理会决议：SCR1325，SCR1820，SCR1888，SCR1889，SCR1960，SCR2106，SCR2122，SCR2242。

［2］李英桃："安理会1325号决议：应对妇女、和平与安全问题的里程碑"，《中国妇女报》2015年8月25日。

［3］System - wide Strategy on Gender Parity，联合国，2017年9月。

［4］Gender Forward：Looking Strategy（2014 - 2018），联合国维和行动部/外勤支持部，2014。

［5］"联合国：性暴力仍用作战争与压迫手段"，http：//www.zaobao.com/realtime/world/story20180417 - 851572。

[6] “维和部队涉嫌性侵 联合国要求相关国家严惩”，http：//www.xinhuanet.com/world/2015-06/25/c_127946373.htm。

[7] “中国代表呼吁采取综合措施应对武装冲突中的性暴力问题”，http：//www.sohu.com/a/228515277_119955。

[8] 史惠宁：“联合国维和人员性侵丑闻背后的深层原因”，http：//www.guancha.cn/shihuining/2016_02_02_350028_s.shtml。

[9] “联合国维和人员性丑闻曝光：与200多女子性交易”，http：//m.ifeng.com/news/oMemzmtt/shareNews？aid=99071927。

从达尔富尔混合行动看维和行动保护平民的发展与不足

杨　宏*

自1999年安理会第1270号决议首次确认联合国维和部队对塞拉利昂内战中的平民负有保护责任以来，保护平民逐渐发展成联合国维和行动的核心任务。在联合国目前执行的15项维和行动中，有9项将保护平民作为维和特派团的核心任务。[①] 在2017年5月发布的第13份秘书长关于武装冲突中保护平民的报告中，秘书长指出必须“把保护平民放在联合国维和行动的优先位置”。[②] 虽然保护平民的重要性已得到确立，但实地执行情况却不尽如人意。维和行动中长期存在一种情况：在平民遭袭时不使用武力进行干预。[③] 这一点在执行了10年之久的非盟—联合国达尔富尔混合维和行动中表现得尤为明显。2014年7月，联合国发布了有关维和行动保护平民效果的评估报告。联合国内部监督事务厅审查了截至2013年7月31日负有保护平民任务的8个维和特派团在执行该任务方面的情况，这其中就包括非盟—联合国达尔富尔混合行动（以下简称“达尔富尔混合行动”）。达尔富尔混合行动自2008年1月1日开始正式运作，截至评估日期2013年7月31日，特派团已经在达尔富尔运作了5年多的时间。尽管在这期间不断

* 杨宏，怀化学院讲师、博士。

① Peacekeeping and the Kigali Principles, Global Center for the Responsibility to Protect, 2017, http://www.globalr2p.org/our_work/peacekeeping_and_the_kigali_principles.

② 联合国安理会：《秘书长关于武装冲突中保护平民的报告》，S/2017/414，2017年5月10日，第5段。

③ 联合国大会：《评价联合国维持和平行动保护平民任务的执行情况和成果》，A/68/787，2014年3月7日。

出现平民受到袭击的事件，但特派团没有为保护平民而威胁使用武力的情况；在预防工作失效和平民受到伤害时，特派团的保护工作效果很差。[①] 2016 年 6 月，国际难民权利计划（International Refugee Rights Initiative）发表了一份有关达尔富尔混合行动保护平民效果的报告。在实地访谈的基础上，该报告指出，接受采访的平民肯定特派团发挥了有限的作用，但他们更多地对特派团保护不力和缺乏干预意愿表示失望。[②] 作为规模仅次于联合国刚果民主共和国稳定特派团的第二大维和行动，达尔富尔混合行动部署的维和士兵和民事警察人数维持在 1.5 万左右，花费数百亿美元，但根据非政府组织和联合国的评估，特派团在保护平民方面得到的却是“差评”。鉴于达尔富尔混合行动是联合国维和史上首次混合维和行动，而且 2018 年是该特派团部署的第十年，本文试图分析达尔富尔混合行动在达尔富尔地区保护平民的经验教训，以探求其对于改进联合国特派团在实地保护平民的工作中具有的借鉴意义。

一、保护平民的发展及其定义

纵观联合国维和行动的历史，保护平民直到 21 世纪才逐渐成为维和行动最根本的任务之一。在传统的维和行动中，维和部队的任务是监督停火协议的执行和防止战事重启。保护平民是采取这些行动可能出现的一个结果，但并非它们的直接或近期目标。[③] 遵守维和行动三原则（即各方同意、公正与除非出于自卫和履行职责不得使用武力）的维和部队不必然采取行动保护平民，“斯雷布雷尼察的陷落”就是一个惨痛的教训。联合国驻波黑维和部队被要求遵守正常的维和作战规则，仅在自卫时使用武力，[④] 而

---

① 联合国大会：《评价联合国维持和平行动保护平民任务的执行情况和成果》，A/68/787，2014 年 3 月 7 日。

② No One on the Earth Cares if We Survive Except God and Sometimes UNAMID，International Refugee Rights Initiative，June 2016.

③ Tobias C. Berkman and Victoria K. Holt，The Impossible Mandate?，the Stimson Center，September 1，2006，p. 3.

④ 《秘书长关于波斯尼亚—黑塞哥维那局势的报告》，S/24540，1992 年 9 月 10 日，第 9 段。

且负责保护斯雷布雷尼察安全区的荷兰维和士兵被告知必须避免同塞族人对峙，执行任务与维和士兵的安全相比是第二位的。① 虽然维和士兵与塞族武装对抗不一定能阻止后者挟持保护区内的平民，也可能会导致维和部队和平民的伤亡，但由于维和士兵一枪未发，② 没有履行保护安全区的职责，被保护对象遭到了屠杀，这无疑严重损害了联合国维和行动的声誉。

鉴于传统的维和行动无法有效应对执行保护平民任务面临的挑战，安理会开始将保护平民作为维和行动的一个专门议题加以讨论。从 1999 年开始，保护平民问题在联合国维和行动中的重要性得到显著提升。1999 年 9 月，安南秘书长向安理会提交了第一份关于武装冲突中保护平民的报告，提出了若干旨在加强安理会和联合国在武装冲突中保护平民能力的建议。10 月，安理会通过第 1270 号决议，授权联合国塞拉利昂特派团“在部署地区于力所能及的范围内向面临人身暴力的紧迫威胁的平民提供保护”。③ 这是安理会首次授权维和特派团在武装冲突中保护平民。2000 年 8 月，《联合国和平行动问题小组的报告》（即《卜拉希米报告》）肯定了“维持和平人员（部队或警察）如果目击平民受暴力侵害理应有权以其可用的手段予以制止以维护联合国的基本原则”。④ 安理会在 2006 年 4 月通过的第 1674 号决议是保护平民问题的一个分水岭。该决议要求确保维和特派团的任务包括保护人身受到紧迫威胁的平民，并把该任务列为优先事项。⑤

虽然自 1999 年以来，安理会授权了多个维和特派团履行在冲突中保护平民的任务，但直到 2015 年，联合国维和行动部和外勤支助部才对维和行动中的“保护平民授权”（protection of civilians mandate）进行了定义：在不影响东道国政府的责任的情况下，在部署地区于力所能及的范围内，采

① 联合国大会：《秘书长依照大会第 53/35 号决议提出的报告：斯雷布雷尼察的陷落》，A/54/549，1999 年 11 月 15 日，第 471 段。

② 联合国大会：《秘书长依照大会第 53/35 号决议提出的报告：斯雷布雷尼察的陷落》，A/54/549，1999 年 11 月 15 日，第 472 段。

③ 联合国安理会第 1270（1999）号决议，S/RES/1270（1999），1999 年 10 月 22 日。

④ 联合国大会和联合国安理会：《联合国和平行动问题小组的报告》，A/55/305 - S/2000/809，2000 年 8 月 21 日，第 62 段。

⑤ 联合国安理会第 1674（2006）号决议，S/RES/1674（2006），2006 年 4 月 8 日。

取一切必要手段，包括使用致命武力，防止或应对针对平民的人身暴力威胁。[①] 同年 5 月 28—29 日，卢旺达政府在首都基加利组织了“维和行动中的平民保护”专题国际会议，联合国维和行动的十大出资国和 30 个主要的部队派遣国都参加了这次会议。针对维和行动中保护平民面临的挑战，会议通过了统称为《基加利原则》（Kigali Principles）的 18 项承诺，具体包括：在部署前，为部队、警察和指挥人员提供有关保护平民的培训；准备使用武力保护平民；避免保护平民中不应有的延迟，在紧急情况下，特派团指挥官可以不联系部队派遣国就授权使用武力保护平民；以及在东道国不采取有效措施或没有意愿履行其保护平民的责任时，根据交战规则，采取行动保护平民等。该原则基于自愿加入的基础之上。截至 2017 年 9 月，共有 41 个国家签署了该原则，这些国家向联合国维和行动派遣的部队和警察人数约占当前维和行动总兵力的 53%。[②] 联合国希望更多会员国签署该原则，秘书长在 2017 年保护平民报告中敦促会员国恪守《基加利原则》，指出该原则为执行保护平民任务提供了有效的指导。[③]

然而，即使联合国和国际社会大力推动保护平民议题的发展，2016 年 7 月的南苏丹朱巴袭击事件也再次凸显了保护平民在实地面临着巨大的挑战。在危机中，维和特派团采取了规避风险的做法，由于保护平民不力，潘基文秘书长在朱巴事件调查报告公布后不久就解除了特派团指挥官的职务。[④] 朱巴事件调查报告指出，维和行动部、外勤支助部和秘书长执行办公室应应对维和人员保护平民失败的问题。[⑤] 由此可见，保护平民议题在

---

① UN Department of Peacekeeping Operations/Department of Field Report, the Protection of Civilians in United Nations Peacekeeping, 2015, p. 13.

② Peacekeeping and the Kigali Principles, Global Center for the Responsibility to Protect, 2017, http://www.globalr2p.org/our_work/peacekeeping_and_the_kigali_principles.

③ 联合国安理会：《秘书长提交安全理事会的关于武装冲突中保护平民的报告》，S/2017/414，2017 年 5 月 10 日，第 59 段。

④ Samuel Osborne, “UN Sacks Commander of Peacekeeping Force in South Sudan after Ignoring Rape of Women”, Independent, November 2, 2016, http://www.independent.co.uk/news/world/africa/south-sudan-rape-un-commander-sacked-murder-sexual-assault-violence-government-soldiers-a7393456.html.

⑤ Executive Summary of the Independent Special Investigation into the Violence Which Occurred in Juba in 2016 and UNMISS Response, November 1, 2016, http://www.un.org/News/dh/infocus/sudan/Public_Executive_Summary_on_the_Special_Investigation_Report_1_Nov_2016.pdf.

发展了近二十年之后，在实践中仍然可能出现保护平民失败的情况，平民对维和特派团的期望和实际保护效果之间仍然存在较大的差距。

二、达尔富尔混合行动保护平民的成绩与不足

2003 年 2 月，达尔富尔地区的两支黑人武装“苏丹解放运动”和“正义与公平运动”对当地政府机构发动了武装进攻，达尔富尔危机爆发。① 为了防止危机扩散，非盟积极加以调停。根据《恩贾梅纳人道主义停火协议》（the Ndjamena Humanitarian Ceasefire Agreement），非盟在达尔富尔部署非苏特派团，监督协议的执行情况。由于非苏特派团的能力限制以及依靠西方发达国家提供资金和设备，当最大资助方欧盟停止资金援助后，非盟转向联合国寻求帮助，希望由联合国接管达尔富尔的维和工作。2007 年 7 月，联合国安理会通过第 1769 号决议，决定在达尔富尔部署非盟—联合国混合维和行动部队，以替换非盟部队。达尔富尔混合行动于 2008 年 1 月 1 日开始运作。2017 年 6 月 29 日，安理会通过第 2363 号决议，决定将特派团的任务期限延长至 2018 年 6 月 30 日，以及分阶段削减特派团的部队和警察人数。在进驻达尔富尔的第十年，联合国开始执行特派团的撤出计划。截至 2017 年 7 月，特派团共部署包括士兵、警察和民事工作人员在内的 19640 人，行动年度财政预算（2016 年 7 月至 2017 年 6 月）超过了 10 亿美元，② 约占联合国维和行动部同期核定预算 78.7 亿美元的 1/8。③

鉴于达尔富尔的冲突性质，联合国和非盟确定“达尔富尔混合行动的

---

① Adekeye Adebajo, *UN Peacekeeping in Africa: From the Suez Crisis to the Sudan Conflicts* (Boulder, Colorado: Lynne Rienner Publishers, Inc. 2011), pp. 202 - 203.

② UNAMID Facts and Figures, July 2017, https://unamid.unmissions.org/unamid - facts - and - figures.

③ “维持和平行动 2016 年 7 月 1 日至 2017 年 6 月 30 日期间核定资源”，A/C5/70/24，2016 年 6 月 22 日，http://www.un.org/zh/documents/view_doc.asp? symbol = A/C.5/70/24。

核心任务是保护平民”。[①] 为了执行保护平民战略，达尔富尔混合行动在2009年2月公布了第一号特派团指令（Mission Directive No. 1）。该指令列出特派团实施的三种保护平民的行动：预防性保护（preventive protection）、立即反应保护（immediate response protection）和后续保护（follow – up protection）。根据达尔富尔的实地情况，指令将长期保护行动排除在外，侧重于立即反应保护。[②] 根据该指令，预防性保护指特派团在部署地区为人道主义机构创建人道主义空间；立即反应保护要求特派团应对达尔富尔地区平民最常遭遇的12种侵害行为；后续保护主要指特派团部队和警察向联合国安全和安保部报告有关保护平民方面的事件，但不包括事后调查与采访受害者和证人。[③] 因此，衡量达尔富尔混合行动保护平民的效果应基于以上三种保护行动。结合案例分析和媒体报道，特派团在预防性保护方面取得了较大的成绩，但在立即反应保护方面效果很差。后续保护由于不涉及调查平民袭击事件，因此在保护平民方面没有发挥直接的作用。

虽然特派团指令将预防性保护限定为人道主义机构创建人道主义空间，但特派团因地制宜地实施了预防性部署，并取得了积极的成果。特派团在流离失所者营地周围安装探照灯和摄像头，以震慑潜在的袭击者。此外，特派团还首先执行了拾柴路线巡逻（firewood patrols），以护卫外出拾柴的妇女。预防性部署最成功的例子是在2009年2月保护穆哈吉瑞亚（Muhajiriya）镇。该镇先为反政府武装“正义与公平运动”攻占。政府军随后准备发动反攻夺回该镇，为此，政府军要求部署在此的196名维和士兵撤出该镇。维和士兵决定继续履行其任务，为该镇的3万名居民和流离失所者提供保护。[④] 政府军最终夺取了该镇，但维和士兵成功保护了该镇平民的安全。在该镇受到攻击时，非政府组织曾指出，维和部队这次绝不

① “达尔富尔混合行动的背景”，http：//www.un.org/zh/peacekeeping/missions/unamid/background.shtml。

② Cedric de Coning，Walter Lotze and Andreas Øien Stensland，“Mission – Wide Strategies for the Protection of Civilians：A Comparison of MONUC，UNAMID and UNMIS”，NUPI，2011，p. 8.

③ Victoria Holt and Glyn Taylor，Protecting Civilians in the Context of UN Peacekeeping Operations：Successes，Setbacks and Remaining Challenges，United Nations，2009，pp. 182 – 183.

④ Victoria Holt and Glyn Taylor，Protecting Civilians in the Context of UN Peacekeeping Operations：Successes，Setbacks and Remaining Challenges，United Nations，2009，p. 358.

能抛弃穆哈吉瑞亚镇的平民,[①] 应努力避免再次出现“斯雷布雷尼察的陷落”。[②] 在这个案例中，由于对穆哈吉瑞亚镇的争夺涉及到数万平民的安全，特派团在数量和装备明显不如苏丹政府军的情况下，拒绝了苏丹政府提出的要求，坚守了岗位。特派团最终没有屈从于东道国的意愿，为3万名平民提供了有效的保护。

特派团在立即反应保护方面则暴露了较大的问题，主要表现为：平民遭到袭击时，无法及时赶到事发地进行干预，以及即使在现场也不使用武力进行干预。当地平民对此最为不满。根据2014年联合国维和行动保护平民评估报告显示，平民认为，“即使预防工作做得好，也无法抵消其遭袭时不干预的错误”。[③] 立即反应保护最失败的例子是特派团在2013年3月没有保护参加和平会议流离失所者代表。3月24日，维和士兵护送流离失所者代表参加一个和平会议，车队中途被一群穿军装的士兵拦下。维和士兵的指挥官将武装人员误认为是政府军士兵，试图说服他们让车队通过，但车队随后被反政府武装包围。反政府武装人员登上运送与会者的车辆，胁迫司机将车开往反政府军的一个据点。代表们的财物，如手机、手表和现金等被抢劫一空，数名代表还遭到殴打。6天后，反政府武装释放了被绑架人员，将其交给了国际红十字会。受害者在事后指出，护送他们的维和士兵什么也没有做，任凭他们被武装分子绑走。联合国对该事件的调查也证实了上述说法，维和士兵没有采取措施阻止绑架，眼看着武装分子开走了载有流离失所者的巴士。[④] 类似不干预的事件屡见不鲜，特派团前发

---

① “Darfur: UNAMID Must Not Desert Civilians in Muhajeriya”, Amnesty International, February 3, 2009, https: //www. amnesty. org/en/press – releases/2009/02/darfur – unamid – must – not – desert – civilians – muhajeriya – 20090203/.

② “Muhajiriya: The Moment of Truth for UNAMID, the Obama Administration, and the United Nations”, Enough Project, February 2, 2009, https: //enoughproject. org/blog/muhajiriya – moment – truth – unamid – obama – administration – and – united – nations.

③ 联合国大会:《评价联合国维持和平行动保护平民任务的执行情况和成果》, A/68/787, 2014年3月7日，第15段。

④ Colum Lynch, “They Just Stood Watch”, *Foreign Policy*, April 7, 2014, http: //foreignpolicy. com/2014/04/07/they – just – stood – watching – 2/.

言人认为特派团在应对此类袭击事件时存在系统性失误。[①]

综上所述，虽然达尔富尔混合行动在立即反应保护方面表现得极为消极，但在预防性保护，特别是保护流离失所者营地方面取得了一定的成绩，因此很多平民选择留在较为安全的流离失所者营地。然而，大量平民滞留在流离失所者营地——有些人滞留的时间超过10年——证明他们没有得到有效的保护。[②]

三、达尔富尔混合行动对保护平民的借鉴意义

达尔富尔混合行动已经执行了10年之久，由于执行时间较长，特派团应有机会不断改进其保护平民的工作，但根据国际难民权利计划2016年6月的报告显示，特派团保护平民的工作被一些平民评论为“聊胜于无”（a little protection might be better than no protection at all）。[③] 未来肩负保护平民任务的维和行动应吸取达尔富尔混合行动的教训。

（一）保护平民的安理会授权不应设置妨碍履行该职责的限制

安理会的授权是维和特派团执行保护平民任务的合法性来源，授权决议在很大程度上决定了特派团执行保护平民任务的力度。对保护平民授权进行不合理的限制将对维和特派团执行该任务造成负面影响，《基加利原则》的第四条就指出，不应设置妨碍根据授权执行保护平民任务的规则或其他限制。[④] 根据逐案处理的原则，对达尔富尔混合行动而言，东道国的同意和合作不可或缺，但应加入惩罚条款，明确蓄意阻挠或破坏特派团行

---

① Aicha Elbasri，“We Can't Say All That We See in Darfur”，*Foreign Policy*，April 9，2014，http：//foreignpolicy. com/2014/04/09/we－cant－say－all－that－we－see－in－darfur/.

② No One on the Earth Cares if We Survive Except God and Sometimes UNAMID，International Refugee Rights Initiative，June 2016.

③ No One on the Earth Cares if We Survive Except God and Sometimes UNAMID，International Refugee Rights Initiative，June 2016.

④ The Kigali Principles on the Protection of Civilians，2015.

动将面临何种惩罚。联合国不应将混合行动的成败系于苏丹政府的配合，特别是考虑到苏丹政府及其支持的民兵组织在达尔富尔地区的人权记录，安理会应避免达尔富尔混合行动这种授权模式。

联合国和非盟对混合行动的任务规定以及安理会授权部署混合行动的第1769号决议对保护平民都进行了限制。2007年6月的《秘书长和非洲联盟委员会主席关于达尔富尔混合行动的报告》提出了混合行动的任务规定和框架。该报告列出的混合行动的拟议任务中，对保护平民有如下陈述："在不影响苏丹政府的责任的情况下，根据能力在部署地区内推动保护人身濒临暴力威胁的平民，防止对平民的攻击。"① 第1769号决议也规定在不妨碍苏丹政府履行责任的情况下保护平民。② 这样的限制条件使得达尔富尔混合行动保护平民的效力在很大程度上取决于苏丹政府的配合程度，但苏丹政府对特派团执行任务进行了蓄意阻挠；由于安理会决议没有惩罚条款，特派团实际上被置于一种困难的处境——执行任务的前提是对苏丹政府进行妥协。

联合国强调达尔富尔问题是一个政治问题，只能通过政治办法来解决，③ 但向苏丹政府做出了过多妥协，以换取其在政治解决达尔富尔问题上的合作。苏丹政府曾拒绝了非盟和联合国拟定的《部队地位协定》，对其进行了前所未有的、不合理的修改，如苏丹政府在开展安全行动时，可以在没有事先通知的情况下，瘫痪特派团的通讯系统；维和部队需要向苏丹政府通报部队和装备的所有调动情况。④ 此外，苏丹政府还有权决定特派团飞行员的国籍，特派团长期抱怨的缺乏直升机问题的根源就在于此。苏丹政府对特派团进行诸多限制造成的严重后果之一就是特派团航空能力不足，不具备实施立即反应保护所需要的投射能力。此外，由于这种前所未有的妥协，在执行保护平民任务时，如果国家部队本身被认为是肇事

---

① 《秘书长和非洲联盟委员会主席关于达尔富尔混合行动的报告》，2007年6月5日，第54段。

② 联合国安理会第1796（2007）号决议，S/RES/1769（2007），2007年7月31日。

③ 《秘书长和非洲联盟委员会主席关于达尔富尔混合行动的报告》，2007年6月5日，第125段。

④ Eric Frenkil, Peacekeeping in Slow Motion: Deploying Joint the AU/UN Hybrid Operation in Darfur, September 2015, https://www.researchgate.net/publication/282005871.

者，使用武力被认为不符合现实。[①]

维和行动本身已深受人权困境（human rights dilemma）[②] 的困扰，如果东道国本身是侵害方或者支持武装团体袭击平民，这种困境带来的问题将会更加严重。在达尔富尔，苏丹政府军及其支持的民兵组织应为该地区的不安全局势承担主要责任，如在2015年，有联合国报告指出，苏丹政府军在2014年摧毁了3000多个村庄，造成近50万人流离失所。[③] 然而，为了获得东道国的同意和支持，安理会决议为保护平民任务设置了不合理的前提，这注定了达尔富尔混合行动保护平民的低效性。有媒体在特派团部署一年后就指出，联合国对苏丹总统奥马尔·巴希尔一味妥协，一开始就注定了达尔富尔混合行动难逃失败的命运。[④]

对比达尔富尔混合行动与联合国刚果民主共和国稳定特派团（联刚稳定团）的授权决议，更容易发现安理会授权决议的重要作用。鉴于2004年发生的屠杀平民事件，联刚稳定团在伊图里省强制推行解除武装团体的武装，因而与反对这一举措的武装团体爆发武装冲突。安理会在2005年3月通过第1592号决议，进一步加强了特派团的授权，“强调授权联刚特派团动用一切必要手段，在其能力范围内和部队部署地区阻止以武力威胁政治进程的任何企图，确保面临迫在眉睫的人身暴力威胁的平民受到保护……根据任务规定，联刚特派团可利用警戒和搜索策略防范对平民的袭击，瓦解继续在这些地区使用暴力的非法武装团体的军事能力”。[⑤] 虽然达尔富尔和刚果民主共和国情况不同，但授权决议都发挥了阐明立场的作用，决定了特派团保护平民的力度。联合国维和行动保护平民评估报告也提出了类似的结论。安全理事会通过的决议使联刚稳定团在有关使用武力

---

① 联合国大会：《评价联合国维持和平行动保护平民任务的执行情况和成果》，A/68/787，2014年3月7日，第40段。

② 人权困境：联合国被迫与人权纪录不佳的行为方合作以推动和平进程，同时又监测这一进程的发展；同时实施这两种行动，使联合国处于两难的境地。参见 Note of Guidance on Integrated Missions，Note from the Secretary - General，January 17，2006。

③ Josh Butler，“Mass Rape Reported in Darfur as Conflict Escalates”，IPS News，http：//www. ipsnews. net/2015/02/mass - rapes - reported - in - darfur - as - conflict - escalates/.

④ Rebecca Tinsley，“The Failure of UNAMID”，the Guardian，January 1，2009，https：//www. theguardian. com/commentisfree/2009/jan/01/darfur.

⑤ 联合国安理会，第1592（2005）号决议，S/RES/1592（2005），2005年3月20日。

的言行上发生了决定性变化，这表明安全理事会的明确授权是决定了特派团在使用武力方面姿态的最重要因素。①

（二）配备资源以确保特派团有保护平民的能力和意愿

“资源和能力往往是保护平民方面的决定性因素。”② 要确保维和行动的有效性，维和特派团必须得到充足的配套资源。从军事角度而言，保护平民需要维和行动实现“速度和规模”的最佳组合。③ 但正如前文所述，由于苏丹政府的蓄意阻挠，达尔富尔特派团缺乏直升机，无法及时赶到现场保护受到威胁或正在遭受攻击的平民。资源决定特派团的干预能力，特别是在立即反应保护方面。实施立即反应保护需要特派团具备兵力投射能力。对达尔富尔混合行动而言，在与法国面积相当的路况极差的区域内执行任务，如果需要及时赶到平民遭到袭击的地点，特派团必须使用直升机，而且为了覆盖达尔富尔地区，特派团共需要 25 架直升机，包括 6 架攻击直升机、18 架运输直升机和 1 架民用直升机。④ 特派团指挥官马丁·路德·阿戈维将军（Martin Luther Agwai）曾指出，没有直升机，特派团注定失败。⑤ 可直到 2010 年 2 月，特派团才装备由埃塞俄比亚提供的 5 架军用战术直升机，此时特派团已运作两年之久。到 2017 年开始撤出达尔富尔之时，特派团也没有装备足量的直升机。

正如《卜拉希米报告》指出的，“如果一项行动的任务规定提及保护

① 联合国安理会：《秘书长提交安全理事会的关于武装冲突中保护平民的报告》，S/2017/414，2017 年 5 月 10 日，第 28 段。

② 联合国大会：《评价联合国维持和平行动保护平民任务的执行情况和成果》，附件一，A/68/787，2014 年 3 月 7 日，第 5 段。

③ Paul D. Williams, Enhancing Civilian Protect in Peace Operations: Insights from Africa, Research Paper No. 1, African Center for Strategic Studies, 2000, p. 21.

④ "Darfur Activists Urge World to Send Helicopters to UNAMID", Sudan Tribune, July 31, 2008, https://dev.sudantribune.com/All/Article/Index/7-31-2008-Darfur-activists-urge-world-to-send-helicopters-to-UNAMID/28094.

⑤ The AU-UN Hybrid Operation in Darfur: A Force Commanders Perspective on the Pitfalls, Challenges and Prospects of Mandate Implementation in a Complex Mission, ISS Seminar Report, October 1, 2008.

平民，就必须有执行该项任务所需的资源”。[①] 资源不足会挫伤维和特派团的士气，影响特派团执行保护平民任务的能力和意愿。2007 年 9 月，非苏特派团的士兵在哈斯卡尼塔（Haskanita）遭到袭击，伤员不得不等待 18 个小时，直到救援车队抵达。[②] 该事件凸显了直升机的重要性。达尔富尔混合行动接收了非苏特派团的士兵，哈斯卡尼塔袭击事件给特派团士兵留下了阴影。2009 年，美国总统苏丹问题特使斯科特·格雷申（Scott Gration）访问达尔富尔，与特派团指挥官帕特里克·尼亚姆伍姆巴（Patrick Nyamvumba）进行了会面。当得知维和士兵被武装分子抢走武器弹药和衣服却一枪未发，格雷申大为不解。特派团指挥官解释说，如果还击，可没有装甲部队和武装直升机来救我们。[③] 事实上，特派团认为自身力量薄弱，排除了使用武力保护平民的可能。[④] 由此可见，资源不足导致能力欠缺，能力欠缺又导致特派团没有干预平民袭击事件的意愿。为维和特派团配备执行保护平民任务所需的资源将是一个良好的开始，有利于打破这种恶性循环。

在资源和能力之外，干预意愿也很重要，有充足装备的维和部队还需要有保护平民的意愿。在达尔富尔，装备类似的来自不同国家的特遣队在保护平民方面表现出完全不同的干预意愿。根据国际难民权利计划的报告显示，卢旺达士兵保护平民的表现强于埃及士兵，埃塞俄比亚士兵很怕金戈威德（苏丹政府支持的一个民兵组织）。[⑤] 由于维和特派团普遍存在双重指挥权的问题，特遣队指挥官可能违背特派团指挥官的指令，使用武力保护平民或是对袭击事件不进行干预。因此，面对突发的袭击平民事件，是

---

① 联合国大会和联合国安理会：《联合国和平行动问题小组的报告》，A/55/305 - S/2000/809，2000 年 8 月 21 日，第 63 段。

② Andrew McGregor，“UN/African Union Peacekeepers in Darfur Unlikely to Succeed”，the Jamestown Foundation，November 8，2007，https：//jamestown. org/program/unafrican - union - peacekeepers - in - darfur - unlikely - to - succeed/ .

③ Colum Lynch，“A Mission That Set to Fail”，*Foreign Policy*，April 8，2014，http：//foreignpolicy. com/2014/04/08/a - mission - that - was - set - up - to - fail/.

④ 联合国安理会：《秘书长提交安全理事会的关于武装冲突中保护平民的报告》，S/2017/414，2017 年 5 月 10 日，第 45 段。

⑤ No One on the Earth Cares if We Survive Except God and Sometimes UNAMID，International Refugee Rights Initiative，June 2016，p. 20.

否干预的决策权在一定程度上掌握在特遣队指挥官的手中，对他们进行相关培训非常重要。在部队部署前，所有的指挥人员都应接受有关保护平民的培训，让他们有可能根据突发袭击事件的情况灵活地加以应对。部队派遣国往往缺乏对实地情况的了解，在突发袭击事件时，如向本国首都汇报并征询指示，可能得到保守的不符合实情的指示，从而延误干预时机。《基加利原则》第七条就建议，在紧急情况下，特遣队指挥官可以不征询派遣国的指示，命令部队使用武力保护平民。①

对于执行保护平民任务的维和特派团而言，资源、能力和意愿缺一不可。为特派团配备充足的资源，使其能够履行保护平民的职责是一个基本条件，资源、能力和意愿是成正比的，满足资源和能力这两个条件，有利于提高特派团的士气，并提升其进行干预的意愿。

总而言之，保护平民对联合国维和行动而言具有重要的意义。“当今所有联合国和平行动都有义务促进对平民的保护。这是一项全特派团的任务。”② 不仅如此，肩负保护平民任务的维和特派团还制定了特派团一级的保护平民战略。保护平民已经成为衡量维和行动成败的一条标准，维和行动的声誉已经和保护平民的成效联系在了一起，因此联合国秘书长古特雷斯在最新的保护平民报告中强调，“维和人员必须始终履行核心义务，在平民生命受到威胁时提供保护”。③ 为了加强未来保护平民的工作，达尔富尔混合行动在执行保护平民任务方面的经验和教训值得借鉴。由于针对平民的暴力行为和袭击往往是现代战争中蓄意采取的战术，④ 如果维和特派团不履行保护平民的责任，实施侵害的一方将通过袭击平民实现其目标，而这些目标往往与政治或和平进程背道而驰。混合行动虽然以保护平民为核心任务，但为了获得东道国的同意和合作，做出了过多的妥协，特派团为此付出了沉重的代价。维和行动诚然不能代替政治进程，但保护平民本

---

① The Kigali Principles on the Protection of Civilians, 2015.

② 联合国大会和联合国安理会：《联合国和平行动的未来：执行和平行动问题高级别独立小组的各项建议》，A/70/357 - S/2015/682，2015 年 9 月 2 日，第 17 段。

③ 联合国安理会：《秘书长提交安全理事会的关于武装冲突中保护平民的报告》，S/2017/414，2017 年 5 月 10 日，第 73 段。

④ 联合国安理会：《秘书长关于武装冲突中保护平民的报告》，S/2005/740，2005 年 11 月 28 日，第 13 段。

身就是构建持续的政治解决方案的组成部分。如果平民仍然面临暴力威胁，人身安全得不到保障，在这样的背景下取得的政治进程可能就是不稳定和难以维系的。联合国维和行动部和人道主义事务协调厅委托专家撰写的独立研究报告就指出，虽然建立长期的安全需要有效地执行政治协议，但在短期和中期内维护政治进程的可持续性则需要确保平民的安全。① 鉴于达尔富尔的教训，维和行动应将保护平民置于与推动政治进程同等重要的位置，实现冲突地区的长期安全与稳定可以从保护平民着手。

① Victoria Holt and Glyn Taylor, *Protecting Civilians in the Context of UN Peacekeeping Operations: Successes, Setbacks and Remaining Challenges*, United Nations, 2009, p. 341.

“可持续和平”与维和行动改革

陈楷鑫*

“可持续和平”在2012年时任秘书长潘基文的国际和平日纪念活动讲话中被首次官方提出。① 2016年，在杭州举行的二十国峰会上，潘基文秘书长阐释了可持续发展与可持续和平的关系。2017年9月13日，安理会在有关几内亚比绍政治僵局的会议上明确指出几政府需要采取行动落实既已商定的和平协议，实现持久和可持续的和平。② 可持续和平是联合国致力于实现的持久而不可逆转的和平状态，这种和平需要多样化的维持和平行动战略的支持，涵盖从预防冲突到建设和平的各个部分。可持续和平已成为新一轮维和行动改革的核心概念。

一、可持续和平的特性

（一）可持续和平的持久性

可持续和平强调的是和平的不可逆转（即长期和平）。历史的经验表明，持久的和平不能通过一次战争获得，武力军事强迫并不能带来持久性的和平，更谈不上和平的可持续。历史上的一些维和行动由于缺乏明确任

---

* 陈楷鑫，复旦大学国际关系与公共事务学院博士生。

① “联合国纪念国际和平日，呼吁‘为可持续未来创造可持续和平’”，http：//www. un. org/chinese/News/story. asp？NewsID = 18473。

② “安理会对几内亚比绍政治僵局表示关注”，http：//www. un. org/chinese/News/story. asp？NewsID = 28700&Kw1。

务表，冲突方政治谈判搁浅，矛盾却在不断激化，最终无奈使用强制性的武力手段促成了所谓的和平表象。但是，这样的和平并没有真正解决引发矛盾的关键问题，因此和平难以长久，容易再次爆发冲突。与此同时，冲突越来越多地倾向于国内，这些都要求和平以人的安全为优先导向，体现在对人的安全的保障和维护上。持久和平一方面有赖于新的安全思想，如中国提出的人类命运共同体的思想，即要在全世界倡导不分你我、共同繁荣的和谐秩序，将人的个体与人类全体相结合，推动人的可持续发展，促进可持续和平。同时，需要摒弃旧有的安全观念，如民主和平论、霸权稳定论、修昔底德陷阱等，这些旧有观念以国家军事安全作为首要安全目标，造成的结果只能是冲突对抗，违背和平初衷。另一方面，持久和平也有赖于国家间的沟通了解，建设广泛的交流渠道。畅通的政治谈判渠道有助于及时处理问题和缓解矛盾，避免误会带来的不必要的冲突升级。同样，民间广泛的交流可以加深相互间的持久的良性互动，增强经济、文化等方面的联系，减少不同文化间的敌视。转变安全观念，增加官方和民间的联系，用心经营来之不易的友好关系，有利于维持双边乃至多边的和平稳定局面，同时也可促进可持续和平实现。

（二）可持续和平的发展性

传统的和平概念相对于战争而言，意为战争状态的结束，但现在地区的战乱和动荡在某种意义上不是国家间的争夺，而是国内发展失败导致的后果。虽然从全球范围而言，全球化和科技推动的经济发展使民众生活水平逐渐提高，但是地区差异，特别是极端贫穷人口与富裕人口之间的差距却在不断拉大。在非洲、大洋洲等贫穷地区，当地民众不仅没有享受到现有的经济发展成果，反而承受着过度发展带来的诸如环境恶化、疾病蔓延等恶果。民众对政府的不满日积月累，在没有可观财政收入的贫穷国家，哪怕是突然爆发的传染病都有可能让能力脆弱的政府瞬间瓦解。自 2005 年安南的《大自由》报告发布以来，联合国对和平的概念逐渐扩展，和平不仅是放下武器、停止军备竞赛和大规模杀伤性武器的部署，而是更多地体现公平与正义、人权的保证和社会的发展，包括消除贫困和不平等、免受疾病困扰以及恐怖主义袭击等。可持续和平并非“制度性和平”，而是“发展性和平”，并不是仅靠外来的“民主制度”就能顺理成章地实现的和平，而是需要国际社会帮助发展，创造和平条件实现的和平。因此，和平稳定在很多国家需要可持续的发展作为坚强后盾。国际社会帮助有需要的国家进行国家建设，保证政府的职能有效发挥，是最直接有效的预防冲突的途径。为此，联合国致力于千年发展目标的建设，并且提出2030年可持续发展议程，在人权、发展、安全三大支柱行动框架下，消除贫穷人口、解决粮食供给、维护妇女权益、防治致命传染疾病等，以解决发展问题，促进和平条件的实现。

当民众能够自愿接受来自联合国和其他国际援助，消除心理隔阂和不信任感，并且这种发展援助能够带来当地的和平稳定时，这才是可持续和平真正实现的重要标志。反观目前一些维和行动，在一些任务区，由于矛盾焦点一直没有解决，维和行动久拖不决。同时，维和人员素质参差不齐，性贿赂和性侵犯事件时有发生，这些不仅让当地民众对联合国产生失望情绪，更无助于当地和平的实现。

二、维和行动改革的方向

2017年4月，古特雷斯秘书长提出将在9个领域进行改革：改善和平与安全架构、提高效率和责任、确定更加明晰的授权、使妇女发挥更大作用、加强计划和协调、提高现代技术应用、宣传维和的重要性、加强区域伙伴关系、确保获得充足和可预测的资金支持。[①] 结合可持续和平的特性，联合国维和行动可以重点从三个方向进行改革。

（一）可持续和平与区域伙伴关系建设

在实地行动中，维和行动的合作伙伴主要参与执行和平行动。由于

① “安理会会议：古特雷斯秘书长表示将在九大领域对联合国维持和平行动进行改革”，http：//www. un. org/chinese/News/story. asp？NewsID = 27863。

“非自卫不使用武力”的维和原则增加了“保护任务执行”的条件，《联合国宪章》第七章也允许国家经过授权合法使用武力，因此过分依赖武力的情况屡见不鲜。此外，在“主要冲突方同意”原则的指导下，为了确保维和行动高效执行，现在联合国存在一种倾向，即将游离于停火协议外拒不签字的“少数”冲突方定义为“破坏者”。出于保证行动任务完成、保护当地居民等需要，维和行动变成“反恐行动”，甚至以绞杀“破坏者”有生力量为目标，而不是仅仅停留在防御上。

这样导致的结果是，将平民保护、人道主义救助等工作都变成冲突管理进程中的附加品，保护平民不再是目的，目的仅仅是消灭和平进程中的阻挠因素。可持续和平是以人为本的和平理念，具有持久不可逆和通过发展促进的特点。因此，适应可持续和平的区域维和伙伴关系的改革，首先需要破除原有的“以解决冲突为导向”的旧合作基础。当今的维和行动已经发展为多层面的特派团，冲突的预防和管理随着维和职能增加而不再是主要的工作。相比寻求武力的直接干预，伙伴关系建立在帮助冲突地区的安保能力建设上更能保证地区和平的持久性。有鉴于此，安全部门改革应该被纳入伙伴关系改革的序列中，寻求合作伙伴加强当地安保建设。这种能力建设可以看作是“国家权力的延伸”,[①] 国家、区域组织等合作伙伴通过更多的文职人员进入政府部门，动员政府改革的政治意愿。同时，派出更多的军警人员进入当地安保系统，在与当地军警人员一道执勤的同时，对当地安保力量进行指导训练，以实际行动扭转军队警察在当地民众中的消极印象，重获信任。当地安保部门重建工作的完成是目前维和特派团可以撤出的重要参考项之一，因此安保部门改革是维和、建和与发展的核心要素。[②]

现今，人权、安全和发展三项联合国支柱行动齐头并进。从区域层面来看，以发展促和平是可以在区域合作伙伴层面实现可持续和平的又一途径。伙伴关系还可以拓宽思路，深入联合国安全事务的更多方面。通过区

---

① Jake Sherman, “Peacekeeping and Support for State Sovereignty”, *Annual Review of Global Peace Operations 2012*, Center on International Cooperation, p. 12.

② “潘基文：安全部门改革是维持和平、建设和平与发展的核心要素”，http：//www. un. org/chinese/News/story. asp? NewsID =21781。

域和全球科研院所在学科研究、技术革新等方面的理论和创新工作，伙伴关系同样可以帮助实现可预见未来的和平发展。① 一些联合国内部的纪律督查工作同样可以转变思路，邀请外部的合作伙伴参与监督。例如在打击性剥削和虐待工作中，外部专家的介入既有利于保证公正性，同时可以通过高科技手段更准确地获取信息。合作伙伴的加入对其他业务中违反联合国价值观、原则和条例的行为同样可以进行限制。2017 年 4 月，联合国秘书长同非洲联盟委员会主席签署一项协定，正式确定了两个国际组织在战略级别开展定期协商与合作的联合机制。此外，联合国与世界银行签署了一份《关于危机和危机后局势合作框架》，将双方的伙伴关系拓展到合作预防暴力冲突。可以预见，联合国的伙伴关系将在未来维和改革中取得更大的突破。

（二）可持续和平与维和行动架构改革

2017 年 9 月 20 日，秘书长古特雷斯向会员国提出关于和平与安全框架的改革建议，对联合国维和行动相关部门进行了大刀阔斧的整合：将原政治事务部与建设和平委员会整合为新的“政治与建设和平事务部”（DP-PA），将原维和行动部改为“和平行动部”（DPO）。前者综合了冲突预防、建立和平、可持续和平、和平与发展、人权合作等方面的政治事务，后者主要集中于维和行动实地的支持和协助工作。

这次古特雷斯提出的改革，有两点值得一提。第一，再次强调“保持和平”（sustaining peace），并以其包容更大范围的和平职能。2015 年《联合国和平行动问题高级别独立小组报告》中提出保持和平的概念，这次改革中的一个亮点是继续阐释这一概念并扩大建设和平的内涵。② 其目的是为了消除原来的四大框架行动与时间一一对应的思维惯性，将保持和平的时间段扩展到冲突前、冲突中和冲突后，同时也是为了弥补只侧重于“维持和平”与“建设和平”两者的“和平行动”的不足。由于保持和平涉

① 《建立全球伙伴关系：以基于原则的办法加强联合国与所有相关伙伴的合作》，A/RES/70/224。

② 《秘书长关于联合国工作的报告》，A/72/1，第 70—75 段。

及到冲突前、冲突中和冲突后三个方面，因此保持和平中的“和平”的内涵也有所扩大。相比建设和平的“和平”，保持和平除了需要保持和平的状态外，还意味着需要保持和平的渠道，即在冲突前和冲突中都不能放弃和平外交谈判解决冲突的方式，这无疑也是将预防性外交与建立和平工作整合进保持和平工作框架中，更强调以和平的政治途径来解决除实地维和以外的维和事务。从机构设置上看，将预防性外交、建立和平和建设和平工作整合进 DPPA 这一负责政治外交事务的部门里，同样有助于解决一直以来预防性外交与建立和平工作的诟病——预防性外交因长期缺乏机制支持而被人忽视，建立和平因依赖武力而失去合法性支持。这样，原有的四个框架上升为保持和平（预防性冲突、建立和平、建设和平）与和平行动（维持和平与外勤支助）两个方面，将政治谈判途径与实地维和职能区分开，在精简机构的同时明确分工，形成以秘书处为工作执行核心，政治与建设和平事务部负责政治和行政运营，和平行动部负责维和特派团等实地工作的“三角”架构。

第二，给予建设和平等工作更多执行权。原来的建设和平委员会所涉及的是和平状态下的安全事务，维和行动部涉及的是非和平状态下的安全事务。但是，由于建设和平委员会只是一个咨询机构，因此其下属的国家工作队本身也难以成为一个实效部门。事实上，国家工作队中联合国所扮演的只是一个平台的角色，真正起作用的还是参与这一平台的与联合国总部事先讨论商量好的合作伙伴——包括区域组织、非政府组织和其他私营部门。因此，长期以来，联合国负责和平状态下的事务实质上一直缺乏一个独立具有执行力的部门。对于此次的机构改革，古特雷斯赋予了建设和平以实权，使之成为具有执行能力的部门，这无疑是把长期“瘸腿”的状态纠正了过来。这样，不管是处理冲突爆发前的“暴风雨来临前的黎明”，还是处理冲突爆发后的“满目苍夷，百废俱兴”的社区，联合国都能更好地调配资源，在处理和平状态中的安全事务工作中占据主导权。

（三）提高妇女在维和建设工作中的地位和作用

可持续和平要求维和行动更加有效，同时强调包容性。提高妇女在建设工作中的作用，既要从联合国本身改革，增加女性维和人员比重，同时还要帮助维和任务区的当地政府和社会实现性别包容。2011 年联合国秘书处就提出，到 2020 年，女性担任参与处理冲突和冲突后局势的联合国实体的高级职位的比例不能低于 40%。截至 2017 年 6 月，正在部署的 23 个维和特派团中，所有军警总数为 96853 人，女性为 4240 人，占 4.38%。① 目前，联合国在刚果（金）、利比里亚、科特迪瓦、南苏丹、阿富汗等地的 8 个维和行动中都设置了性别平等问题顾问，在利比里亚、海地还部署了专门由女性组成的警察股。遭受冲突战乱的受害者大部分是妇女和儿童，在一些具有浓厚宗教色彩的地区和国家，女性不能与陌生男性接触。同时，维和人员性侵当地女性和儿童的事件时有发生，这些都极大地影响着联合国在当地的社会重建工作。因此，妇女充当联合国与当地受难人员的沟通桥梁的优势显而易见：可以对妇女开展集体搜查行动或个别的访谈工作，直接与妇女接触，提供指导和帮助等。

联合国也致力于帮助当地实现性别包容，促进妇女更好地为当地建设工作服务。2000 年安理会通过的第 1325 号决议应受到就提出妇女在武装冲突、排雷工作等方面应受到特殊保护，同时强调妇女在预防和解决冲突以及建设和平等方面的作用。2010 年 7 月联大决定建立妇女署，主张消除对妇女的暴力行为，并倡导地区国家让女性参与和领导安全事务、获得经济权力等。随着联合国工作的不断开展，对妇女的保护也深入到社区家庭。2015 年通过的大会决议第 482 号和第 490 号，分别对消除对妇女歧视、对性别歧视性的杀害女性的行为采取行动约束和严惩。妇女署全力支持当地妇女积极参与政治解决危机的进程，在多元化、自由和男女权利平等问题上多方呼吁。在科特迪瓦、肯尼亚等国，对妇女儿童的暴力调查法制正在逐步完善。在布隆迪、海地、缅甸等国，临时就业方案的 36%—60% 受益者是女性。② 2017 年联合国关于防止性剥削和性虐待特别措施的报告概述了四大主要行动：以受害者为重、终止有罪不罚、民间社会与外

---

① 数据来自联合国维持和平网页：性别数据，http：//www.un.org/zh/peacekeeping/resources/statistics/gender.shtml。

② 《秘书长报告：冲突后建设和平》，A/67/499 - S/2012/746，第 33 段。

部伙伴参与、改善宣传,① 这些充分显示了联合国对性侵犯问题的重视。

三、可持续和平与中国参与维和改革

联合国常务副秘书长阿米娜·穆罕默德在一次有关维和行动的公开辩论中强调，一个具有多样化内涵的维和行动是可持续和平议程实施的有效支持。多样化的维和行动包括预防、化解冲突和维持和平、建设和平以及长期发展。② 可持续发展与可持续和平在联合国工作框架中已然成为同一过程中的两个方面。以发展促和平，在和平中谋发展，是这几年联合国开展维和行动的主要工作思路。

中国一贯支持联合国进行合理且必要的改革。2017 年 9 月 20 日，中国外交部长王毅在参加联合国维和行动安理会高级别会议时就维和改革问题强调:《联合国宪章》的宗旨和原则是根基，推进政治解决是核心，构筑伙伴关系是后盾，实现可持续发展是良方。③ 中国作为大国，在维和行动的改革问题中应该从理念、伙伴关系、和平架构等方面发挥重要作用。

(一) 以中国新安全观引领维和行动理念改革

理念上，可以将中国所提新安全观融入可持续和平的观点之中。中国所提新安全观包括“互信、互利、平等、协作”,④ 摒弃对抗，谋求共赢。其与可持续和平有几点相似之处。其一，安全的本质应该是平衡发展的结果。这种发展平衡，从人与社会方面来看，不仅需要强有力的外交军事力量和经济力量，同时也需要有民众安居乐业的社会秩序和行政体制基础。

---

① 《防止性剥削和虐待特别措施：新办法》，A/71/818，第三至六部分。

② “联合国常务副秘书长：落实可持续和平议程需要从和平、发展与人权角度全方位入手”，http：//www. un. org/chinese/News/story. asp？NewsID =28632。

③ “王毅出席联合国维和行动安理会高级别会议”，http：//news. xinhuanet. com/world/2017 - 09/21/c_1121701945. htm。

④ 《中国关于新安全观的立场文件》，http：//www. fmprc. gov. cn/ce/ceph/chn/gfjs/t171555. htm。

这种基础需要结合当地的文化历史、经济水平而定，外部强制推行的所谓民主模式有可能会打破原有平衡而带来灾难；从人与自然平衡发展来看，贫穷与疾病是恐怖主义滋养的温床。过度发展造成的资源短缺、环境恶化会因安全问题之间日益交互影响的趋势而影响地区军事安全稳定。在联合国，传统的安全治理思路都是沿着“冲突发生后再治理”的思路进行的。近些年，“预防”和“巩固”成为维和行动两大优先发展方向，新安全观中的“两个平衡发展”可以给维和行动以启示。其二，安全治理的主体是平等多样的。中国的新安全观追求国家平等和以和平方式解决争端，这要求每个参与到安全治理的国家或者非国家行为体都相互尊重。新安全观在治理上不欢迎单边主义，而是基于像上海合作组织这样的国际组织平台，重视集体安全行动，以平等合作促安全。从这点上看，新安全观同样是合作安全观的一种。由于国家间存在各种各样的差异，因此包容并蓄是合作安全的前提。新安全观的主体多样还体现在其不针对第三方上。与传统的军事联盟不同，新安全观的安全合作不针对其他国家，不以共同对抗为基础。这点与集体安全机制相似。在联合国框架内，主要大国间全球性冲突不复存在，国家间的共同利益特别是安全利益日趋紧密。同时，全球相互依赖可以让小国将大国的影响视作机遇，大国之间也能形成合力以维护现有秩序。在这两个大背景下，联合国作为一个多边安全治理平台，利用国家间共同安全利益和相互依赖关系，保证合作安全的实现成为其重要职能。联合国安理会、联合国大会、秘书处及其下属安全相关部门，包括新成立的政治与建设和平事务部等，都是预防和处理冲突、维护和平环境的重要机构，维持并发展着联合国的多边集体安全机制。同时，其作为安全治理中的一个国际组织，提出“可持续和平”的发展理念，并结合2030年规划，在裁军、核不扩散、维和行动以及其他安全治理工作中表现出色。这些都与新安全观异曲同工。其三，安全是相对的而非绝对的。新安全观中第一个核心就是“互信”，是要摒弃社会制度的迥异和冷战思维的惯性思维，摒弃互相猜疑并相互通报重大行动。安全资源并非互为零和的有限资源，相反，相对的安全观可以减缓国家间咄咄逼人的较量，国家间的安全压力减轻，才能带来持久的国际和平环境。对联合国可持续和平工作而言，持久的和平依赖预防性外交工作的开展。对于地区冲突和矛盾，联合国应维护好已有安全治理机制的权威，不管是弱小国家还是不同冲突方，让其相信联合国安全治理的公正和有效，如此才不至于搁置谈判途径而付诸于极端武力。同时，对于与地区冲突爆发原因相关的大国，联合国也应发挥其政治谈判的作用，规制一些国家的行为，遵循《联合国宪章》及国际法和国际惯例，维持好现有国际秩序。

（二）以“和平发展观”建构联合国可持续和平思路

一直以来，联合国维和行动都遵循西方倡导的和平模式，将善治和人权作为实现和平的前提条件。西方模式思想的来源可追溯到亚当·斯密，其认为民主、自由经济与和平之间存在相互依赖的关系。[①] 有学者认为，这种民主和平中包含了一个前提，即自我维持的和平可以通过政治和市场的自由化达成：政治上，民主选举、尊重法治人权；经济上，实行自由市场经济。[②] 在西方国家强势话语权推动下，联合国的维和行动特别是建设和平方面，逐渐转向以自由制度为基础。前秘书长加利在《和平纲领（补编）》中提到，冲突后缔造和平最重要的目标是创建使和平体制化的结构。[③] 这种说法实质上是把“建设和平”与建设国家等同，将建设和平的最终目标定格在国家制度的建立，特别是自由主义国家的建立上，而非民众生活的切实提高上。[④]

将建设和平等同于建设国家，这显然不符合现在建设和平以人为本的理念。而且，像卢旺达、印度尼西亚等接受西方民主制度的民主国家，其国内都曾爆发大屠杀事件。反观中国，近四十年改革开放的经验充分体现了中国一直倡导的和平发展观——和平与发展互相促进，共同发展。对发

---

① Kathryn Sutherland (ed.), *An Inquiry into the Nature and Causes of the Wealth of Nations: A Selected Edition*, London: Oxford University Press, 1998, p. 23.

② Roland Paris, *At War's End: Building Peace after Civil Conflict*, Cambridge: Cambridge University Press, 2004, p. 5.

③ 《〈和平纲领〉补编：秘书长在联合国五十周年提出的立场文件》，A/50/60 - S/1995/1，第49段。

④ Oliver P. Richmond and Jason Franks, *Liberal Peace Transitions: Between Statebuilding and Peacebuilding*, Edinburgh: Edinburgh University Press, 2009, p. 182.

展而言，既需要国内和平，同时也需要国际和平。中国改革开放以来，党和国家领导人一直强调维稳的重要性。习近平在论述奋力实现第一个百年奋斗目标时，仍旧强调要维护和用好中国发展重要战略机遇期。[①] 中国经验表明，无论实行何种政治制度和经济制度，最根本的是要立足国情，利用好或者创造出和平的机遇，实现经济的可持续发展。

近些年，联合国秘书长及副秘书长多次在公开场合强调可持续和平与可持续发展的内在联系，“2030 年可持续发展议程”与“可持续和平”决议将在未来成为联合国建立更加安全和发展的世界的基础。[②] 古特雷斯秘书长在第 72 届联大上再次强调“保持和平”，就是打破原有和平与安全框架的时间顺序，将建设和平、预防性外交与建立和平归集在一起，以政治谈判方式覆盖整个维和行动进程。可以说，保持和平不再局限于冲突后的事务，更多的是一种预防手段。和平发展观与可持续和平都强调和平与发展的内在联系，中国的成功经验在联合国目前所倡导的和平发展主题中极具吸引力。推广中国方案，首先要做的就是帮助脆弱国家实现经济发展。目前中国主导的区域性机制，例如“一带一路”倡议、亚洲基础设施投资银行等都在帮助参与国家和地区搭乘中国快速发展的便车。在对外援助时，与西方国家附加政治条件的情况不同，中国提供的是纯粹甚至是无私的援助（有学者称之为“发展引导型”的援助），[③] 是在尊重领土主权平等前提下互不干涉的互惠模式。其次，要在联合国纠正一些西方国家对中国崛起和援助的误解。这种误解根源于残留的“欧洲中心论”，[④] 表现为将世界统一于欧洲的秩序和政治经济体制中，而其他国家和文明只能是被动的接受者，不然就是现行秩序的挑战者，并由此抛出“中国威胁论”这样具有攻击性的论调。和平发展的中国方案实质上与西方现行的建设和平国家方案并非完全冲突，两者都包含经济发展促进和平环境的内涵，只是西

---

① 习近平：《习近平总书记系列重要讲话读本》，人民出版社 2016 年版，第 61 页。

② “联大高级别对话：古特雷斯秘书长呼吁加强可持续发展与可持续和平之间的协同效应”，http://www.un.org/chinese/News/story.asp? NewsID=27450。

③ 张海冰：《发展引导型援助——中国对非洲援助模式研究》，上海人民出版社 2013 年版。

④ ［英］巴里·布赞、理查德·利特尔著，刘德斌主译：《世界历史中的国际体系——国际关系研究的再构建》，高等教育出版社 2004 年版，第 6 页。

方的落脚点定为国家制度的完善，而中国的和平发展的落脚点为人的全面发展。联合国提出将“人权、发展、安全”列为其三项支柱行动，而且近些年在发展和安全工作中都加入了人权事务工作。在这样的背景下，中国以人为本的和平发展观应该说更加适合联合国安全工作的开展。另外，以和平促发展虽然是一个漫长渐进的过程，但与现在联合国的“保持和平”工作更为适合，能提供一种更有助于当地经济和社会发展的援助模式，而不是仅仅向当地提供有偿贷款，甚至变相谋取私利。国际社会中相当一部分国家和国际组织不缺钱，缺的是长久援助的耐心和正确平等看待主权与人权关系的眼光。习近平主席 2015 年在联合国维和峰会上庄严提出的要与联合国协商成立“中国—联合国和平与发展基金”的承诺，将是未来中国推行和平发展中国方案的关键步骤，也是中国帮助维和行动改革的切实举措。

第 72 届联合国大会的主题是“以人为本：在一个可持续的星球上努力使人人享有和平与体面的生活”。新上任的秘书长古特雷斯雄心壮志地进行维和改革，其“第一把火”就是和平与安全框架改革。他的改革将秘书处、政治与建设和平事务部以及和平行动部三个负责维和事务的部门形成三角架构，在精简部门的同时明晰了政治谈判与实地维和两大工作的分工。从目前来看，实际效果有待检验。同时，国际社会期待古特雷斯秘书长在 2017 年 4 月提出的其他维和改革内容能够陆续开展，并在未来十年呈现一个不一样的维和行动。

第二部分

第三届联合国研究青年论坛获奖论文

欧盟与联合国在维和行动中的跨组织合作评析*

蒋圣力**

为保障所实施的维和行动不致陷入霸权主义和强权政治的泥潭，欧盟对于维和行动的合法性始终予以高度重视。由于将维和行动置于联合国的框架下是为使其具备合法性所必须满足的首要条件，因此在联合国框架下实施维和行动，或者说，与联合国合作开展维和行动，是欧盟为实施维和行动所应采取的最佳模式。① 不过，应当认识到，基于组织章程、基本制度、成员构成和利益需求等诸多方面的差异，欧盟与联合国在对实施维和行动的整体政策和具体方式的选择上将不可避免地会产生分歧。倘若不对上述分歧进行有效的化解，而是任由两者自行其是地实施各自的维和行动，那么两个国际组织互相对对方维和行动的干涉和影响将不仅使得维和行动本身无法发挥应有效果，还可能给原本就已动荡不安的局势带来更加严重的危机。② 因此，在实施维和行动的各个方面尽可能地与联合国协调一致，并在此基础上进行跨组织合作（inter - organizational cooperation），是欧盟得以顺利实施维和行动的基础和前提。

---

* 本文为2016年中国联合国协会委托课题“欧盟在联合国维和行动领域的经验、对我启示及中欧合作的探讨”阶段性研究成果。

** 蒋圣力，华东政法大学科学研究院助理研究员、博士。

① 孔刚：“十年维和路 欧盟在行动”，《世界知识》2013年第7期，第34—35页。

② Joachim A. Koops, Effective Multilateralism in Peacekeeping, Capacity - Building and Crisis Management: The Challenge of Inter - Organizational Cooperation, *Studia Diplomatica*, Vol. LXII, 2009, p. 27.

一、欧盟与联合国的跨组织合作情况概述

包括时任欧盟理事会对外关系与欧洲邻国政策委员的瓦尔德纳（Benita Ferrero－Waldner）在2005年联合国世界峰会上发表的讲话在内，[①] 越来越多的欧盟决策者开始认识到并且公开表示，欧盟与联合国应当是多边主义下的“天然伙伴”（natural partners）。[②] 尤其是进入21世纪后，随着欧洲一体化的不断深入及欧盟对外战略扩张的逐步展开，欧盟更加重视自身在国际事务中的影响和作用，而其相应采取的主要举措之一，便是着力于加大对联合国事务的参与力度，通过加强与联合国的跨组织合作，提升自身在联合国诸多重要领域的集体影响力和话语权，从而实现其成为“国际机制的主要照管者”和“多边主义的先行者”的目标。

（一）欧盟在联合国的法律地位

1974年10月11日，欧盟的前身——欧共体经由联合国大会第3208号决议而被授予观察员地位。[③] 由此，欧共体虽然不享有对联合国各项事务进行表决的投票权，但成为包括联合国大会在内的、联合国及其相关机构的各项会议和论坛的“充分参与者”（full participant），从而得以较为充分地参与到联合国事务的磋商、议定过程中。

欧盟自1993年11月1日正式成立起，便一直在尝试取得联合国正式成员的地位。最终，联合国大会于2011年5月3日通过了关于“欧盟参与联合国的工作”的决议（A/RES/65/276）。根据该决议，欧盟代表享有以下权利：获准列入主要群组代表的发言者名单，以便于发言；参

---

① http：//eu－un. europa. eu/articles/en/article_5011_en. htm.

② Jan Wouters，The United Nations and the European Union：Partners in Multilateralism，*EU Diplomacy Papers*，4/2007.

③ https：//documents－dds－ny. un. org/doc/RESOLUTION/GEN/NR0/736/51/IMG/NR073651. pdf? OpenElement.

照有关与会观察员的惯例，获邀参加大会一般性辩论；获准将其参与大会届会和工作及在大会主持下召开的各种国际会议以及联合国各种会议工作相关的函件，不经中间媒介，作为大会或这些会议的文件直接分发；获准提出欧洲联盟成员国商定的提议和修正案；获准提出程序问题，但不得对会议主持者的决定提出异议；获准就欧洲联盟的立场行使答辩权。① 尽管欧盟仍然未能取得在联合国大会的投票权和推荐候选人的权利，但是其被赋予的各项特殊权利已经是联合国其他非国家行为体观察员所不具备的了。

由此，上述联合国大会决议为欧盟进一步参与联合国事务提供了相当重要的法律基础，使得欧盟对联合国事务参与的程度得以加深，参与的范围也得到相应扩大。自 21 世纪初，尤其是在冲突预防、维和与冲突后重建等领域，欧盟与联合国的跨组织合作进入了更加紧密的阶段，制度建设也日益深入。

（二）欧盟参与联合国事务的具体途径

1. 设立代表机构

事实上，早在 1964 年，欧共体就已在纽约设立了“信息办公室”（information office），作为与联合国进行通联的主要机构。而随着欧共体于 1974 年被正式授予观察员地位，上述机构便被升格为欧共体驻联合国的官方代表机构（the official European Community delegation to the United Nations）。此后，欧共体驻联合国代表机构的数量共达到 6 个，分别设立在纽约（主要与联合国大会、联合国经社理事会、联合国开发计划署和联合国儿童基金会对接）、日内瓦（主要与联合国难民事务高级专员公署、国际劳工组织和世界卫生组织对接）、维也纳（主要与国际原子能机构及联合国毒品和犯罪问题办公室对接）、巴黎（主要与联合国科教文组织对接）、罗马（主要与联合国粮食及农业组织、联合国世界粮食计划署和国际农业

① http://www.un.org/zh/documents/view_doc.asp?symbol=A/65/L.64/REV.1.

开发基金会对接），以及内罗毕（主要与联合国环境规划署对接）。[①]

在欧盟正式成立之后，其驻联合国的代表机构即是由上述欧共体驻联合国代表机构发展而来的欧盟委员会代表处（European Commission Delegation）。而在《里斯本条约》生效之后，欧盟委员会代表处又与欧盟理事会于1994年在纽约和日内瓦增设的、专为与联合国进行通联的联络处（European Council Liasion Office）合并成欧盟代表处（European Union Delegation），其作为欧盟驻联合国的官方代表机构，由欧盟外交事务和安全政策高级代表领导。

此外，欧盟还通过接纳联合国驻布鲁塞尔办事处（UN Office in Brussels）协调与联合国的关系，加强与联合国的合作，并积极参与到联合国的各项事务中。联合国驻布鲁塞尔办事处是联合国驻欧盟各机构的总代表，办事处主任代表联合国秘书长、副秘书长和联合国秘书处，而其工作宗旨即是加强联合国与欧盟的合作伙伴关系。该办事处会同26个联合国专门机构、基金会和方案组，对欧盟和联合国在共同开展维和行动等领域的合作进行协调，同时争取欧盟和欧洲民众对联合国所处理的事务的理解和支持。[②] 此外，自2004年1月1日起，联合国驻布鲁塞尔的区域信息中心（UNRIC）也开始投入运作。由于该中心的主要工作内容是为部分西欧国家提供信息服务，它实际上也成为促成联合国与部分欧盟国家在信息领域进行通联的联络机构。[③]

2. 构建联络机制

除了设立驻联合国代表机构和接纳联合国办事处外，欧盟还出台了一系列政策文件，旨在加强与联合国的跨组织合作。同时，欧盟也为与联合国的通联而创设了诸多形式多样的联系方式，从而使得两个国际组织之间的联络机制不断趋于成熟。

2000年9月，欧盟与联合国秘书处建立了部长级会议会晤机制，以此作为欧盟与联合国开展定期会晤的一项重要机制。同年12月，欧盟在尼斯

---

① http：//eu－un. europa. eu/home/index_ en. htm.

② http：//www. unbrussels. org/agencies/un－office－in－brussels. html.

③ http：//www. unric. org/en/about－unric.

峰会上决定就冲突预防和危机管理等方面的事务与联合国开展定期联络，并且为此成立了专门的联合协商机制，即“督导委员会”（Steering Committee）。该委员会由联合国政治事务部（DPA）、维和行动部（DPKO）、和平建设支持办公室（PBSO）以及欧盟与之对应的相关机构组成，每年举行两次会议，主要工作为商议特定国家和地区的和平与安全的维护和治理问题。

2001 年 6 月，欧盟总务委员会（General Affairs Council）决定在以下四个层级加强与联合国全方位的协调、合作，包括：其一，欧盟总体以三驾马车的形式与联合国秘书长进行部长级会议；其二，欧盟理事会秘书长、高级代表、对外关系委员会委员与联合国秘书长、副秘书长进行会议；其三，欧盟政治与安全委员会以“三驾马车”或者其他适当的形式，与联合国常务副秘书长、副秘书长进行非部长级的其他级别的会议；其四，在欧盟理事会秘书处、欧盟委员会与联合国秘书处之间建立其他适当形式的联系方式。①

2003 年 9 月 10 日，欧盟委员会通过了题为《欧盟与联合国：多边主义的选择》的报告，表示将通过更加全面、系统的机构间对话以及更加深入的跨组织合作伙伴关系，进一步维持和加强欧盟与联合国在各项事务中的协调、合作。具体而言，在这一年中，欧盟委员会与联合国秘书处签订了《金融与管理框架协定》，与联合国开发计划署、世界卫生组织、国际劳工组织、联合国粮食及农业组织、联合国难民事务高级专员公署以及联合国世界粮食计划署等 6 个联合国机构签订了《伙伴关系协定》，还与联合国发展集团和世界银行签订了《关于冲突后评估与恢复计划联合宣言》。此外，2007 年 6 月，欧盟还与联合国更新了《欧盟—联合国关于在危机管理上进行合作的联合宣言》，旨在将双方在上述领域的联络机制提升至更高的政治层面。②

---

① http：//eu - un. europa. eu/articles/en/article_2768_en. htm.

② Thierry Tardy, *Building Peace in Post - Conflict Environments*: *Why and How the UN and the EU Interact*. Paper Prepared for “Improving Effectiveness of Peace - building and State - Building through EU - UN Cooperation”, Conference, Berlin, 29 - 30 March, 2010.

（三）欧盟与联合国跨组织合作的特征与实质

通过不断完善上述代表机构的设立和联络机制的构建，欧盟在巩固与联合国之间的合作伙伴关系的基础上，越发积极、频繁地参与到联合国事务乃至全球治理中，从而为欧盟与联合国的跨组织合作提供了充分的制度保障。与此同时，应当注意的是，欧盟作为当前国际社会中一个较为特殊的非国家行为体，既非主权国家，也非一般意义上的国际组织，而是具备了超国家治理和政府间合作的双重性质。由此，尽管欧盟在参与国际事务的过程中越来越多地以独立自主的姿态发挥作用，但其所发挥的作用又往往与其成员国的对外政策相互牵连，难以泾渭分明地加以区分。是故，为了客观、准确地了解欧盟与联合国的跨组织合作的真实情况，就必须明确欧盟参与联合国事务的特征和实质。

概括地说，欧盟参与联合国事务的特征突出地表现为，欧盟28个成员国在欧盟集体政治身份下对联合国事务的参与。① 这并非28个成员国各自在参与联合国事务中的政策的叠加，因为各成员国在欧盟尚未形成共同立场的联合国事务中，可以保留其本国的政策；这也并不仅仅是指欧盟层面的超国家因素，因为在共同外交与安全政策领域，欧盟的集体力量来源于成员国的合力。由此，欧盟与联合国跨组织合作关系的发展过程的实质，即是以欧盟为表现形式的欧洲集体政治身份在联合国事务中的作用和影响逐步发展、凸显的过程。②

随着共同外交和安全政策的成型和日趋成熟，欧盟作为联合国中一支相对独立的政治力量的作用和影响开始慢慢地显露出来，欧盟参与联合国事务的具体领域也相应地扩展到政治、安全等全球治理的各方面。欧盟共同外交与安全政策要求欧盟委员会、欧盟理事会和各成员国在参与国际组织事务的过程中加强相互的协调、合作，并采取共

---

① 截至本文完稿时，欧盟官方网站仍然将英国列为欧盟成员国，http：//europa. eu/european - union/about - eu/countries/member - countries_ en。

② 扈大威："走向'有效的多边主义'——试析欧盟与联合国的伙伴关系"，《国际问题研究》2005年第5期，第43—48页。

同的立场，从而使得欧盟的集体力量能够在国际事务中发挥更大的作用和影响。

当前，欧盟的政策协调所涉及的领域已经覆盖联合国大会的6个主要委员会及其附属机构；而为了确定欧盟在参与上述各委员会及其附属机构的事务中的共同立场，欧盟成员国每年都会在纽约和日内瓦召开会议，对此进行协商、议定。由此，欧盟在参与联合国大会处理的事务的过程中几乎总是"用一个声音说话"：自20世纪90年代中期以来，在全部对联合国大会通过的决议所进行的表决中，欧盟28个成员国达成一致意见的情况达到95%左右。同样地，在参与联合国安理会处理的事务的过程中，欧盟各成员国在处理和应对欧盟已经形成明确立场的政治、安全等问题时，也越发注意维护欧盟的集体利益。而正是欧盟各成员国在参与联合国事务的过程中，对欧盟集体政治身份的认同，以及更多地为欧盟集体利益考虑的实践做法，使得欧盟在联合国事务中的作用和影响不断提升，同时也使得欧盟与联合国的跨组织合作关系越发牢固——"凡是在欧盟团结一致、共同努力的领域，欧盟的声音都成为确保该多边议程付诸实施的'关键性多数'。"①

二、欧盟与联合国在维和行动中的跨组织合作的发展进程

冷战结束之后，欧洲的巴尔干地区爆发了旷日持久的大规模武装冲突，对欧洲社会的和平与安全造成了严重威胁。为此，在整个20世纪90年代，欧盟与联合国就共同解决巴尔干地区武装冲突进行了大量的协调、合作。1999年科索沃战争之后，随着欧盟共同安全与防务政策的成型和迅速发展，欧盟逐步具备了处理和应对和平与安全领域危机的能力和手段，并建立起相应的必要机构、程序，而这就使得欧盟与联合国

① Communication from the Commission to the Council and the European Parliament: the European Union and the United Nations: the Choice of Multilateralism, p. 5.

国在维和、冲突预防和危机管理等领域的跨组织合作有了更多的实质内容。

尽管欧盟的共同安全与防务政策主要关注与北大西洋公约组织在相关领域开展协同行动，但该政策同样强调欧盟与联合国在维和行动中的跨组织合作。该政策规定，在《联合国宪章》的引导下，维持国际和平与安全同样是欧盟共同安全与防务政策的一项重要内容。而且，欧盟也明确表示，支持加强联合国集体安全机制的主张，同时也将为联合国开展维和行动提供及时、可靠的帮助。

2000 年，欧盟在其发表的关于共同安全与防务政策的报告中强调，联合国安理会在维持国际和平与安全方面负有最主要的责任，而更好地发展共同安全与防务政策将使欧盟能够更有效地对联合国安理会在维和领域提出的请求做出应对。2001 年，欧盟发表正式倡议，将参与联合国所处理的危机管理事务作为欧盟对外事务的一项重要内容。而且，欧盟于同年发表的《欧盟与联合国在冲突预防和危机管理中的合作》文件也被作为欧盟与联合国共同开展维和行动的指导性文件——该文件将冲突预防、民事和军事方面的危机管理，以及特定区域问题的解决这三方面内容确立为欧盟与联合国在维和行动中进行协调、合作的重点领域。“9·11”事件之后，美国将主要精力投入到阿富汗战争和伊拉克战争中，以进行地缘战略的扩张，从而无暇顾及对联合国维和行动的参与；欧盟则不断加强与联合国在维和行动中的跨组织合作，由此开始成为与联合国共同开展维和行动的主要西方伙伴。

不过，在 2003 年之前，欧盟与联合国在维和、冲突预防和危机管理等领域的协调、合作更多地还只是停留在象征性的表面，其真正参与到联合国主导和支持的维和行动中则是在 2003 年之后。2003 年，欧盟总务委员会在其报告中指出，要将冲突预防和危机管理作为欧盟与联合国合作伙伴关系中的优先项加以执行。而且，欧盟于同年发表的《欧洲战略安全》文件也将巩固与联合国在共同开展维和行动方面的协调、合作关系作为欧盟对外事务的优先项。仅在 2003 年一年间，欧盟便实际地参与了两次联合国主导和支持下的维和行动：其一是向波黑派驻“警察特派团”（即“欧盟波黑警务行动”），其二则是在刚果（金）开展“阿特米斯”行动。在上述维和行动中，欧盟采取的具体措施包括：直接派遣维和部队、提供融资方案、向相关方提供政治和技术支持，以及进行实况调查等。①

解决巴尔干地区的武装冲突和在刚果（金）开展维和行动所取得的成功，成为欧盟与联合国在维和行动中进行跨组织合作，以及欧盟参与联合国事务乃至全球治理的良好开端。2003 年 9 月 24 日，时任欧盟理事会主席贝卢斯科尼与时任联合国秘书长安南在纽约共同签署了第一份《欧盟—联合国关于在危机管理上进行合作的联合宣言》（以下简称《宣言》）。在《宣言》中，双方肯定了相互之间在维和行动中进行跨组织合作所取得的成果，并决心在行动策划、人员培训、信息交流等方面进一步加强合作；而时至今日，在欧盟与联合国共同开展的维和行动中，也一直保持了紧急军事干预策划和小规模的警察培训等项目。② 2004 年 6 月，欧盟理事会还就落实上述《宣言》提出了具体的指导意见。在总结经验的基础上，欧盟理事会阐述了欧盟在与联合国共同开展维和行动以及进行军事方面的危机处理时应当采取的两种基本模式，即“待命模式”和“过渡模式”。这两种模式均有利于发挥欧盟加紧组建的“战斗分队”的快速反应优势，使欧盟能够在联合国的授权下更加有效地进行对外军事干预，从而进一步提升其在国际事务中发挥的作用和影响。③

尽管欧盟与联合国在维和行动中的跨组织合作相当紧密，但是欧盟却几乎从未参与由联合国直接领导的（UN - led）维和行动，而仅参与由联合国授权的（UN - mandated）维和行动，由此表明欧盟在积极与联合国共同开展维和行动的同时，也最大限度地保持了自身在实施维和行动过程中的自主性和独立性。此外，在欧盟已经参与的联合国维和行动中，多数为危机发生后所采取的行动，而鲜有在冲突发生时或者危机爆发时采取的行

---

① Thierry Tardy, EU - UN Cooperation in Peacekeeping: A Promising Relationship in a Constrained Environment, *The European Union and the United Nations - Partners in Effective Multilateralism*, 2005, p. 59.

② http: //www. franceonu. org/france - at - the - united - nations/the - united - nations/the European - union - at - the - un/#1.

③ “EU - UN Cooperation in Military Crisis Management Operations: Elements of Implementation of the EU - UN Joint Declaration”, adopted by the European Council, 17 - 18 June, 2004.

动。而且，在当前的欧盟共同安全与防务政策框架下，欧盟所实施的维和行动也多为民事方面的，属于在“后冲突环境”下的“和平建设”（peace - building）的类型，而这表明欧盟对联合国维和行动的参与实际上还具有一定的局限性。①

三、欧盟与联合国在非洲危机管理中的跨组织合作

冷战结束后，曾经一度作为欧洲各国主要殖民地的非洲大陆频繁发生暴力冲突，对整个国际社会的和平与安全造成了十分不利的后果。而上述暴力冲突的发生又或多或少地与作为前殖民地宗主国的欧盟中的部分成员国的殖民政策存在关联，因此欧盟对于参与非洲危机管理负有不可推卸的责任。同时，因为欧盟自出台共同安全与防务政策起，一直致力于通过加强与联合国在维和行动中的跨组织合作，从而在国际事务中发挥更加重要的作用和影响，所以参与非洲危机管理自然地成为欧盟所参与的联合国维和行动以及在联合国授权下自行实施的维和行动中最为突出的一项。事实表明，欧盟在参与非洲危机管理的过程中也确实形成了一套完整的、科学的、先进的政策制度。

（一）尊重联合国的权威，与联合国紧密配合

基于与联合国在维和行动中紧密的跨组织合作关系，欧盟一贯主张和坚持在尊重联合国及其安理会权威的前提下，以及在有效的多边主义的基础上，实施维和行动，进行危机管理。欧盟自正式成立起至今，基本未曾有过未经联合国授权便为应对国际危机而采取军事行动的情形。这相较于美国在处理国际危机问题时通常采取的单边主义做法，则显然是更加积极有益的。在与联合国共同参与非洲危机管理的过程中，欧盟同样恪守上述

① 简军波：“欧盟参与联合国全球治理——基于‘冲突性依赖’的合作”，《欧洲研究》2013 年第 2 期，第 37—51 页。

原则——欧盟在非洲采取的冲突预防、民事和军事方面的危机管理以及维和行动，均事先得到联合国的授权或认可。同时，欧盟也积极地配合联合国在非洲实施的维和行动，为联合国维和部队提供人力、装备和资金等方面的支持。因此，欧盟参与的非洲危机管理便自然地成为联合国主导和支持的维和行动的组成部分。

在具体参与非洲危机管理的机制安排方面，欧盟也始终强调其共同安全与防务政策和联合国集体安全机制的一致性。欧盟共同安全与防务政策的法律基础即是《联合国宪章》第八章关于“区域办法”的规定，其核心内容是，区域组织（欧盟）可以依照联合国的宗旨和原则，并在安理会的授权下，实施维持国际和平与安全的行动，并及时向安理会充分地报告行动情况。欧盟具有其自身独立地对区域危机进行管理的区域集体安全制度框架，可以直接就其内部的集体安全行动做出决定，因此虽然欧盟基于其共同安全与防务政策所实施的维和行动通常是基于联合国的要求并取得了授权，但其在上述机制下对维和行动的实施实际上并不以得到授权为必要前提，同时也无须严格履行向联合国安理会汇报行动情况的义务。[①] 相对于由联合国直接领导的“只有一个最高机构（即安理会）被赋予有权管理集体武力工具的权威”的“中心化的集体安全机制”，欧盟在参与非洲危机管理时所采取的上述具有较强自主性和独立性的区域集体安全制度便被称为“非中心化的集体安全机制”。[②]

（二）综合应用民事和军事方面的危机管理

在处理严重而复杂的国际危机时，民事和军事方面的危机管理，即民事管理手段和军事干预手段具有同等重要的作用，必须并用、不可偏废：对于单纯依靠和平手段显然无法解决的国际危机，就应当在合法的前提下果断地使用武力，通过军事干预手段加以解决，因为倘若任由危机持续发

---

① 郑先武：“欧盟区域间集体安全的构建——基于欧盟在非洲危机管理行动经验分析”，《世界经济与政治》2012 年第 1 期，第 49—73 页。

② Ademola Abass, *Regional Organizations and the Development of Collective Security: Beyond Chapter VIII of the UN Charter*, Oxford: Hart Publishing, 2004, pp. 78 – 83, 109 – 110.

生，便只会对国际和平与安全造成更大的损害；而在进行冲突预防或者危机解除后，为有关国家恢复社会和法律秩序、维持和平和稳定的情况下，则应当依靠民事管理手段。对此，欧盟在参与非洲危机管理的过程中就较好地综合应用了上述两种手段，使之相辅相成、互相促进，从而在非洲危机管理上取得了较为理想的效果。①

以欧盟自2003年起在刚果（金）实施的维和行动为例。肇始于1998年的刚果（金）内战由于周边相邻国家的卷入，这一区域危机不仅武装冲突规模大、延续时间长，而且解决的难度较高，最终导致数百万人死亡，另有数十万人流离失所而成为难民，给国际和平与安全造成了深重的灾难。对此，2003年5月30日，联合国安理会通过了在刚果（金）实施军事维和行动的第1484号决议，欧盟则迅速响应，派遣了由2000人组成的维和部队参与联合国的军事维和行动，通过军事干预手段较快地平息了当地的战乱。此后，欧盟又采取了一系列行之有效的民事管理手段，为刚果（金）恢复社会和法律秩序、维持和平与稳定提供了强劲助力。欧盟所采取的民事管理手段主要包括：其一，为因战乱而遭受严重损失的地区重建提供资金和技术支持，并且派遣专业团队参与重建的具体工作；其二，在刚果（金）首都金沙萨建立全国范围的统一警务组织，并发起代号为“欧盟刑警金沙萨”的警务系统重建行动，提供近500万欧元的资金援助，用以培训警员和添置警务设施，从而保障其具备维护社会治安的能力；其三，建立地方法庭和监狱，对在战争中犯有严重罪行的人员进行审判，并将其关押，同时投入相当的人力、物力培训法官，使得刚果（金）政府当局能够通过司法途径处理社会矛盾。②

（三）进行全方位、多维度的综合治理

整个非洲危机的产生是多种原因造成的，涉及到方方面面的社会问

① 何奇松：“评析欧盟对非洲危机管理政策”，《国际问题研究》2006年第6期，第30—34页。

② Claudia Morsut, Effective Multilateralism on the Ground? EU – UN Cooperation in the Democratic Republic of Congo, International Research Institute of Stavanger, Norway.

题，因此为应对这一经过长期酝酿而爆发的区域危机，应当从产生危机的各个方面入手，通过连贯的、协调的综合治理手段来消除其根源。为此，欧盟在参与非洲危机管理的过程中，在冲突预防和冲突后重建等方面所采取的综合治理措施便包含了政治、外交、军事、民事、贸易和发展援助等诸多方面，其手段又包括了开展政治对话、签订贸易协定，以及提供人道主义援助和督察支持等。

签订贸易协定和提供发展援助是欧盟帮助非洲国家尽可能快地从危机中恢复并且发展起来的主要手段。欧盟为非洲国家提供的发展性贸易政策包括《欧洲伙伴关系协定》和普惠制，使得非洲国家获得了进入欧洲市场的优惠准入。而欧盟及其成员国是当前全世界最主要的发展援助提供者，在全球发展援助总量中的占比为56%，因此冲突预防和冲突后重建也是其发展援助政策的必然组成部分。例如，2003年欧盟在欧洲发展基金框架下设立并资助了“非洲和平基金”，而非洲联盟此后在非洲各国实施的维和行动便得到该基金的大力支持。此外，安全部门改革也是欧盟在参与非洲危机管理的过程中，在冲突后重建方面协助非洲国家开展的一项重要的制度建设。安全部门改革作为欧盟推动非洲国家冲突后重建的关键举措，依照民主、善治、人权、规范、透明度和法治等原则，旨在强化非洲国家适应国内外各类安全需求的能力，从而保障其本国的和平、稳定。①

总而言之，作为联合国的重要战略合作伙伴，欧盟与联合国当前的跨组织合作包含了裁军、监督选举、健康能力建设、环境保护、改善教育以及援助无国籍难民等诸多领域。② 欧盟与联合国的跨组织合作已经覆盖“从发展援助、人权、贸易到人道主义、维和、裁军、防扩散、反恐等各个领域”，③ 而在和平与安全领域共同开展维和行动则是其中最为重要的一项内容。通过与联合国在维和行动中开展跨组织合作，欧盟所实施的维和

① 白云真：“欧盟对非洲民族冲突干预的特点及对中国的启示”，《教学与研究》2013年第3期，第73—79页。

② Jan Wouters, *The United Nations and the European Union: Partners in Multilateralism*, (EU Diplomacy Papers, 4/2007), Department of EU International Relations and Diplomacy Studies.

③ 李迎雪：“欧盟与联合国关系”，《剑南文学》2011年第7期，第371页。

行动不仅得到合法性保障，更获得令人满意的成效。对此，中国或可以考虑参照、借鉴欧盟的成功经验，加强与联合国在维和行动中的协调、合作，以提升在联合国维和行动中的作用和影响，并在对国际和平与安全事务的处理中争取更多的话语权。

联合国维和行动武力使用规范的思考*

陈楷鑫**

联合国维和行动是联合国维护世界和平与安全职能的重要手段。虽然其不是传统意义上的纯粹军事手段，但是维和行动需要一定的武力存在以确保其行动有效实施。不论是传统维和原则中规定的“非自卫不使用武力”，还是后来将平民保护与捍卫使命列为使用武力的允许范围，维和行动的武力使用规范一直伴随着维和行动的发展而扩展出其新的内涵。随着维和行动部署的环境愈发恶劣，现今更应该正视维和行动中的武力使用问题。

一、联合国维和行动武力使用规范的演变：从自卫到平民保护

（一）作为自卫权利的联合国维和行动武力使用规范

早在第一代维和行动中，联合国就已提出有关武力使用的概念和规则。1956 年，在应对苏伊士运河危机而成立的联合国第一期紧急部队中，时任秘书长哈马尔舍尔德就提出了其著名的传统维和三原则：各方同意、中立、非自卫不使用武力。其中，非自卫不使用武力的原则在冷战时期联

* 原文发表于《湘潭大学学报》2018 年第 1 期。
** 陈楷鑫，复旦大学国际关系与公共事务学院博士生。

合国处理国家之间的纷争中是颇具成效的。在1956年的苏伊士运河危机期间，美苏两大国的政治施压促使英、法、以三国撤军，也保证了第一期紧急部队任务的完成。因此，在冷战的大环境下，维和行动作为政治工具，其使用武力手段应仅限于维和人员自卫的权限。

但这样的大环境下也不能保证联合国维和部队能够顺利地完成每次任务。在1960年刚果行动，特别是不主动使用武力的准则让刚果行动在两大超级大国角力的情形下显得优柔寡断、摇摆不定时，维和行动不仅间接导致卢蒙巴死亡，而且促使联合国通过了S/RES/161（1961）号决议，[①] 第一次通过授权使用武力来处理国家内部冲突。这一转变凸显出传统武力使用原则在应对国内冲突时的无奈。虽然没有形成关于武力使用的规范性文本，但至少从案例的角度表明了维和行动使用武力的原则在应对国内冲突时的短板。

到了1973年第二期紧急部队时期，“自卫”的内涵有所扩大。1973年10月的秘书长报告中“自卫”的内涵较之以往有所拓展：“自卫包括抵抗对方以强制手段阻止它执行安全理事会所交付的责任的行为。”[②] 这一对“自卫”范围扩大的解释，一方面让“安理会所交付的责任”得到实地维和的保障，另一方面实质上也是对武力使用情形扩大的界定。自卫权扩大将维和人员个人安全与维和任务顺利完成进行了有机的统一，这可以降低因执行任务而使维和人员遭受生命威胁的风险，也可以改善因注重维和人员安全而无法有效开展工作的尴尬。虽然这一自卫权扩大在之后一段时间内并没有在其他维和行动中得到体现，但这说明联合国已经开始重新思索武力使用的规范。

冷战结束以前，联合国的维和行动在关于武力使用问题上自哈马尔舍尔德原则后并无过多进展。涉及到武力使用原则的行动在相关决议中大都

---

① 第一条在阐述有关采取各种适当措施防止刚果内战时，提到“在必要时使用武力作为最后措施”。参见：《安全理事会1961年2月21日（第942次会议）关于刚果共和国（雷堡市）情势所通过的决议案》，http://www.un.org/en/ga/search/view_doc.asp?symbol=S/4741&referer。

② 联合国安理会：《秘书长关于安全理事会第340（1973）号决议执行情况的报告》，第2页，第d段，http://www.un.org/zh/documents/index.html&Lang=C。

表述为只有在自卫时才可使用防御性武器。[①] 武力使用原则围绕自卫权展开，拓展也仅限于对自卫范围的扩展。关于冷战前的武力使用规范，从其性质来看，是作为维和人员人身自我保全的一项措施。即使是像刚果行动那样大规模主动地使用武力，那也是在卢蒙巴和哈马尔舍尔德相继去世，维和人员出现持续伤亡，外交途径无法制止这种针对维和人员的武装袭击的情形下发生的，其出发点仍是保护维和人员不受当地武装力量的威胁和挑衅。本文认为这主要与以下三个因素相关：第一，冷战结束前的冲突大都是国家之间的冲突矛盾，在同意原则与中立原则得到保证的前提下，维和行动的执行环境大多是相对安全的（刚果行动等少数行动例外）。这一时期主要的维和任务是监督停火、隔离接触等，过度使用攻击性武器有可能会带来适得其反的效果。第二，维和行动最初是为了在《联合国宪章》第六章“温和手段”和第七章“强制手段”之间找寻一个折中的手段而设的，这自然与第七章第四十二条“采取必要之空海陆军行动，以维持或恢复国际和平及安全”的进攻性军事手段有所区别。第三，传统维和三原则中，针对行动本身的原则是“同意”和“中立”原则，而“非自卫不使用武力”则是对维和人员自身保全的原则，武力使用并不是履行行动的手段。同时，维和行动也更多地被看作一种政治手段而非军事手段，因此武力使用在传统维和行动中一直被框定在维和人员自我保全的手段之中。

（二）更为主动的武力使用规范

冷战结束后初期，维和行动的武力使用出现了一个短暂的转变：联合国开始寻求更为主动的武力使用规范。

这一转变的背景从 1992 年时任秘书长加利发布的《和平纲领》的报告中得到了展现。该报告认为，冷战的结束让世界上大小国家都重新燃起对联合国的期待，相信联合国能够不偏不倚地行使《联合国宪章》赋予的

① 例如 1974 年联合国部署的脱离接触行动。相关文献参见：《脱离接触协定》附件，http：//www. un. org/zh/documents/view_ doc. asp？ symbol = S/11302/ADD. 1。

权力。[1] 这需要联合国更加积极地干预世界事务。而加利则在报告中提出了以下三点：第一，关于待命部队。加利援引《联合国宪章》第七章第四十二条和四十三条，认为目前联合国需要装备一支随时待命的武装部队，所以加利提议将随时待命部队的建立提上谈判日程。第二，关于执行和平部队（peace－enforcement units）。报告中提到，执行和平部队的设置是作为《联合国宪章》第四十条的临时办法。这支部队与专为对付侵略行为的部队或与随时待命参与维持和平行动的军事人员不应混为一谈，它是不需要当事国同意，而由安理会授权、秘书长指挥的特别武装力量。第三，关于人员安全。加利认为，安理会应当认真考虑采取包括集体措施的选择权来对付危害联合国人员安全的人员，以便“一旦联合国行动的宗旨受到有计划的阻扰和敌对事件发生时予以实施”。[2] 这与后来“非自卫和捍卫使命不使用武力”的论述有相似之处。

但是，随后联合国索马里行动第二期（以下简称“联索二期”）的实践很快就显现出这一积极武力使用规范的转变的失败。此次行动有两个实施背景：第一，这次行动是依据《联合国宪章》第七章授权开展的，[3] 较之传统的“六章半”维和行动在武力使用的强度上有所增大；第二，加利在1992年给安理会的一封信中提到当时索马里的情况恶劣到“无法用维持和平的办法来对付”，[4] 并暗示希望采取《和平纲领》所提的“扩大的维持国际和平与安全的作用”的措施。而实际上，这次行动也采取了超出传统武力使用规范之外的武力行动：自1993年6月“索马里联合大会”所属武装力量向联合国人员发动袭击后，联合国多次通过空中精确打击和地面部队配合清除武装派别的武器储存库，并控制电台以阻止这些武装派

① 联合国安理会：《和平纲领：预防性外交、建立和平与维持和平》，A/47/277－S/24111，第1－7段，http：//www. un. org/chinese/aboutun/sg/report/hpgl. htm。

② 联合国安理会：《和平纲领：预防性外交、建立和平与维持和平》，第68段，http：//www. un. org/chinese/aboutun/sg/report/hpgl. htm。

③ 联合国安理会：《第794（1992）号决议》，第10段，http：//www. un. org/zh/peacekeeping/missions/past/unosom2/。

④ 联合国安理会：《1992年11月29日秘书长给安全理事会主席的信》，第2页，http：//www. un. org/en/ga/search/view_doc. asp？symbol＝S/24868&referer。

别继续煽动平民对维和部队的仇恨。[1] 10 月 3 日下午，旨在抓捕艾迪德的“艾琳行动”（Operation Irene）展开。[2] 但是，行动中美籍维和士兵共死亡 19 人，伤 70 多人，使得联索二期遭受到空前的质疑和反对。美国在国内外的压力下，不得已与艾迪德秘密谈判，撤出维和部队。这引起了其他国家纷纷撤军的连锁反应。最终在 1995 年，联索二期部队在尚未完成维和任务的情况下，全部撤出了索马里。

联索二期是联合国史上少有的采取主动武力作为手段的行动。这次行动的失败也可以看作是《和平纲领》对维和行动扩大化和武力使用定义的失败。对于此，1995 年 1 月，加利秘书长做了一份名为《〈和平纲领〉补编》（下文称“补编”）的报告，来以此将《和平纲领》进行“某些领域的强调”。[3] 报告一方面强调，就维和行动本身而言，在不具备动武能力的情况下动武是很危险的事情，而且有必要抗拒使用军事力量以加速维和进程的诱惑。维和行动使用武力（除自卫之外）应被视为变通办法而不是常规手段。另一方面强调，安理会授权一些会员国执行强制行动在一些特殊的情况下是有必要的。临时由“对冲突特别关心的国家”组成的“秘书长之友”可以调动资源支持秘书长，即便这可能给联合国的地位和信誉带来不利的影响。进一步地，加利在“补编”中援引《联合国宪章》第八章，认为区域组织可以在维和行动中做出贡献。鉴于部分区域组织拥有实地经验，加利特别强调联合国与他们的“联合部署”和“联合行动”。从上述两个方面可以看出，在“补编”中，加利并没有全盘放弃使用执行和平部队或更为积极主动的武力的设想，而是将其实地执行权交给区域性组织和自愿国家联盟，将其与维和行动进行彻底的区分。

---

① 联合国安理会：《秘书长关于安理会第 837（1993）号决议执行情况的报告》，第 19 段，第 21 段，https：//documents - dds - ny. un. org/doc/UNDOC/GEN/N93/381/42/IMG/N9338142. pdf? OpenElement。

② Mark Bowden, *Black Hawk Down*：*A Story of Modern War*, Georgia：Atlantic Monthly Press, 1999.

③ 联合国大会、安理会：《〈和平纲领〉补编：秘书长在联合国五十周年提出的立场文件》，第 35 段，第 36 段，第 77—80 段，http：//www. un. org/en/ga/search/view _ doc. asp? symbol = S/1995/1&referer。

（三）作为平民保护手段的维和行动武力使用规范

20世纪90年代，维和行动中另一个突出的转变就是将“平民保护”纳入维和工作内容中。这一转变的发端可以追溯到1994年的卢旺达大屠杀。这次大屠杀可以说是维和行动在平民保护工作上有所缺失的极端反映，表现为：其一，对维和使命机械的遵守。1993年部署的卢旺达援助团（以下简称“援助团”）的任务是监督停火和保证首都安全，对于超出这一范畴的其他行动，联合国表现出的是谨慎和回避。[①] 其二，安理会对乌干达社会危机的轻视。尽管加利秘书长提议将援助团期限延后6个月以处理当地针对平民的安全事件，安理会还是因资金问题而只允许延长4个月时间。其三，派兵国违反派兵承诺及消极应对。整个维和行动期间，联合国及其会员国表现出对保护平民的消极保守：在大屠杀开始后，美国受到之前索马里行动的影响，拒不出兵；比利时也在10名维和士兵身亡后宣布撤走所有的比利时维和人员。[②] 实地维和人员在行动中也是消极待命。[③]

在这次大屠杀之后，联合国将平民保护问题提上了日程讨论。1998年，秘书长在一份关于非洲冲突起因和促进持久和平发展的报告中第一次提出要“在冲突局势中保护平民”。[④] 报告认为，平民已经从冲突间接受害者上升为直接目标。这份报告中提出，对平民的保护，应该重点监测妇女儿童的人权状况，加大对人权特派团的经费摊款，同时有可能的话，对加害的武装人员追究其对受害者的经济赔偿责任。次年，安理会在一份主席声明中将保护冲突中的平民的决心表述得更为显现。安理会表示愿意按照《联合国宪章》，对以平民本身为目标或蓄意阻扰向平民提供人道主义援助的情况做出反应。同时，“安理会请秘书长具体建议其职责范围内如何从

---

① 郑正：“联合国卢旺达维和行动研究”，苏州大学硕士学位论文，第14页。

② “卢旺达大屠杀10年祭——本可避免的人间惨剧”，新华网，http：//news. xinhuanet. com/world/2004－04/06/content_1404423. htm。

③ 联合国安理会：《调查联合国在1994年卢旺达发生灭绝种族时间期间所采取的行动的独立调查委员会的报告》，第17页，http：//www. un. org/en/ga/search/view_ doc. asp？ symbol ＝ S/1999/1257&referer。

④ 同上，第19页。

实际上和法律上改进武装冲突情况下对平民的保护”。①

同年的《秘书长关于武装冲突中保护平民问题给安理会的报告》认为，战斗人员并没有重视和遵守国际人道主义法及人权法，平民在冲突中受到极大伤害。因此，这份报告在武力使用上就保护平民所必须做的事情提出了明确的建议：

（1）视情况在难民和流离失所者开始移动时派驻维和人员，确保他们能够在难民营安顿下来，免受武装分子骚扰或渗透；

（2）部署国际军事观察员监测疑似藏有武器、战斗人员和武装分子的难民营。若查实情况而当事国无法武力干预，则考虑部署区域或国际军事部队，采取的措施可以包括迫使战斗人员或武装分子解除武装；

（3）建立临时安全区保护平民和提供援助，为此要组建可靠的部队；

（4）面对大规模不断发生的侵犯人权行为，考虑采取适当的强制行动，安理会对此应考虑到有限和适当使用武力及其对平民和环境的影响。②

在2000年4月安理会第1296号决议中，除了上述表述外，安理会就冲突中保护平民提出了以下两点：一是提出向处于武装冲突的平民提供保护方法时，必须对每一个案件的具体情况进行分析；二是打算在适当时与有关的区域组织协作来增加武装冲突中保护平民的机会。③ 从这里可以看出，联合国维和行动在决策层上并不打算对冲突中的平民保护提供一种统一行动的机制。作为一种职能手段，安理会依旧希望将职责更多地分给有能力且可监控的区域组织。但同时，秘书长在2001年的工作报告中强调，在非洲，虽然“各国和各区域组织已表明越来越有兴趣在非洲的维和行动中发挥作用，但它们可用资源有限，这是一个重大障碍”。同时，他也指出，“国际社会应意识到，加强非洲的维和能力不能成为减少在非洲大陆

① 联合国安理会：《安理会主席的声明》，第2页，http：//www. un. org/en/ga/search/view_doc. asp？symbol = s/prst/1999/6&referer。

② 联合国安理会：《秘书长关于武装冲突中保护平民问题给安全理事会的报告》，第20—24页，http：//www. un. org/en/ga/search/view_doc. asp？symbol = s/1999/957&referer。

③ 联合国安理会：《第1296（2000）号决议》，第1—2页，http：//www. un. org/en/ga/search/view_doc. asp？symbol = S/RES/1296（2000）&referer。

参与的借口”。①

自1999年联合国塞拉利昂特派团以来，目前几乎所有的维和行动都有明确的保护平民的授权任务。联合国安理会于2009年发布《武装冲突中保护平民备忘录》，提出了更加具体的平民保护规范。2010年11月，《秘书长关于武装冲突中保护平民的报告》中强调，特派团在部署前应该进行培训，制定平民保护战略。同时，该报告还指出特派团的缩编是一个棘手的问题。② 如何在缩编前制定保护平民基准是这一背景下在冲突中保护平民工作中首先需要解决的问题。

二、联合国维和行动中武力的使用：正当性和限定

维和行动的武力使用规范从传统维和中的针对维和人员自身安全维护的原则，扩展为联合国执行和平任务（平民保护）的一种手段。其涵盖的受保护主体也从维和人员扩展到当地平民和国际救援人员。关于武力使用的正当性和限定，也是进入新世纪以来对维和行动武力使用规范的发展内容。

（一）武力使用的正当性

2000年8月，以卜拉希米为首的高级别专家小组向联合国大会提交了一份报告（《卜拉希米报告》）。这份报告对联合国过去的维和行动做出了全面的审查，并就维和行动的武力使用正当性提出了以下三点建议：第一，保护任务不受破坏的正当性。报告认为，联合国军事部队应该能够

---

① 联合国大会：《秘书长关于联合国工作的报告》，第48、49段，http：//www. un. org/chinese/ga/56/doc/a56_1a1. pdf。

② 联合国安理会：《秘书长关于武装冲突中保护平民的报告》，第12、13页，https：//documents – dds – ny. un. org/doc/UNDOC/GEN/N10/617/63/PDF/N1061763. pdf? OpenElement。

“保卫自己和特派团其他组成部分，并且使特派团的任务不受破坏”。[①] 第二，强硬接战规则的正当性。接战规则“不应限制特遣队只能进行一枪对一枪的还击，而应容许在联合国部队或受其保护的人民受到致命攻击时做出有力的还击，迫使对方停止攻击”。联合国“不应强迫联合国特遣队将主动权交给攻击者。”[②] 第三，武力使用具有道义性。报告认为，各地方当事方在道义上不是相等的，有些显然是侵略者，有些则是受害者。维和人员不但在行动上有使用武力的理由，而且基于道义也不得不这样做。[③] 但同时，专家小组强调联合国不会卷入冲突，需要对维和行动增援时由自愿国家联盟以《联合国宪章》第七章条款行动。[④]

2004 年，联合国大会一份报告中认为目前有两种趋势表明安理会在处理冲突时的效力日益增强：一是其越来越积极并有意愿动用《联合国宪章》第七章所赋予的权力；二是人们越来越期待安理会成为武力使用的仲裁者。[⑤] 20 世纪 90 年代发生的大屠杀表明，在阻止一个国际社会承认的合法政府屠杀其本国公民时，联合国需要相当规模的军事部署能力，同时也需要克服主权不可侵犯和干预权力这两种主张的冲突。因此，这份报告中提出安理会考虑批准或同意使用武力时的 5 个正当性的标准：（1）威胁的严重性：包括两点，一是这种威胁是否明确和严重，二是这种威胁是否涉及种族灭绝或其他大规模的清洗；（2）正当的目的：维和行动若是要采取相应的军事行动，必须明确行动的目的只是制止或者避免威胁；（3）最后的措施：在采取武力手段之前，必须探讨过非军事途径、方法以及有正当理由认为其他措施不会成功；（4）相称的手段：判定拟议的军事行动的范围、时间和强烈程度是不是应对有关威胁时所需要的；（5）权衡后果：是否有相当的把握认为军事行动可成功消除有关

---

① 联合国大会、安理会：《联合国维持和平行动问题小组的报告》（“卜拉希米报告”），第 49 段，http：//www. un. org/zh/documents/view_ doc. asp？symbol = A/55/305。

② 同上，第 50 段。

③ 同上，第 55 段。

④ 同上，第 53 段。

⑤ 联合国大会：“一个更安全的世界：我们的共同责任”，第 81 段，https：//documents - dds - ny. un. org/doc/UNDOC/GEN/N04/602/30/PDF/N0460230. pdf？OpenElement。

威胁，而且行动的后果不会比不采取行动的后果更坏。①

（二）维和行动武力使用限定

2006年，维和行动部认为，维和行动效果和效率需要加强，因此打算制定一份“和平行动2010”的报告并做行政和财政上的盘查。2008年，联合国维和行动部和后勤支助部发布了《联合国维和行动：原则和指南》作为“和平行动2010”的阶段性成果。这份文件舍弃了1995年《维和行动总则》的八大原则，重新回归到传统维和三原则中。但是三原则的具体内涵在诠释上发生了变化，其中在非武力使用原则上表述为“非自卫和捍卫使命不使用武力”（Non－use of force except in self－defense and defense of the mandate），② 并对武力使用进行了限定：

第一，将武力使用限定为战术层面的运用。维和行动在面对国内冲突的时候，由于国内武装分子具有分散性，而且其行为干扰行动任务的执行并对平民构成威胁，因此文件认为自卫权应包含有保护安理会授权行动不受阻止的含义。文件还强调，适用这种武力使用原则所指的维和行动被指称为“强势维和”（robust peacekeeping），这不仅与传统维和行动不同，而且与以往所提出的强制和平也有所同。“强势维和”作为一种战术层面的武力使用，需要获得安理会的授权以及东道国或主要冲突方的同意。而强制和平则不需要获得主要冲突方的同意，并且可以作为战略手段使用。

第二，将武力使用目标限定为阻止行动破坏或平民伤害。联合国维和行动的武力使用应该作为一种其他方法都不奏效的前提下的最后手段。文件指出，这种使用武力的目的是阻止那些破坏和平进程的人，而不是寻求他们在军事上的失败。武力使用原则应是在授权下通过最小的武力来达成所需要的效果，并且应时刻做好转为非武力方式的准备。对于“最小武力达成效果”的目标，文件提出两点建议：一是对是否使用武力的判断标

① 联合国大会：“一个更安全的世界：我们的共同责任”，第207段，https：//documents－dds－ny. un. org/doc/UNDOC/GEN/N04/602/30/PDF/N0460230. pdf? OpenElement。

② DPKO，DFS：*United Nations Peacekeeping Operations*：*Principles and Guidelines*，pp. 34－35，http：//pbpu. unlb. org/pbps/Library/Capstone_ Doctrine_ ENG. pdf.

准，应该包括任务能力、公共观念、人道主义、平民保护、人员安全，而且最重要的是要得到东道国或地方的同意；二是强调接战规则和武力使用原则的作用。在实际的维和行动中，武力使用通常会受到政治性因素和突发情况影响，接战规则和武力使用原则可以协调在什么情况下使用何种程度的武力，以及指挥官可以获得何种程度授权。因此，对于任意一次维和行动，每个维和人员都应该了解接战规则和武力使用原则，适当的接战规则和武力使用原则是维持联合国维和行动信誉及行动自由的保障。

这种对维和行动武力使用的限定在联刚稳定团的行动中得以显现出来。刚果（金）东部北基伍省自 2008 年以来爆发的危机严重影响该地区的和平稳定，因此为了支持《刚果民主共和国和区域和平、安全与合作框架》的目标，安理会一致通过 S/RES/2098（2013）号决议，建立专职的“干预旅”,[①] 加强刚果（金）稳定团的维和能力。

干预旅从性质上说属于“强化的维和行动”。如上文所说，其设立和武力使用需要得到安理会授权（S/RES/2098（2013）号决议）以及有关各方的同意（大湖区周边国家的同意原则体现在《刚果民主共和国和区域和平、安全与合作框架》的目标中）。这个部队的设立有两点需要特别注意。一是部队的目标分别是保护和解除威胁。保护的对象包括平民和当地国际组织工作人员，解除的对象是武装团体的暴力行为，部队行动将直到刚果（金）的司法和安全机构可以管控该地区的威胁为止。[②] 二是部队有明确的撤离战略。安理会将会根据其完成任务的情况以及刚果（金）在履行其承诺方面的进展，考虑是否需要继续派驻干预旅。干预旅的派驻与刚果（金）稳定团的派驻在时间和进程上是分开的。从这可以看出，目前联合国维和行动的武力使用在结合现有冲突环境和联合国自身资源情况后，对武力使用做出了目标和时限的限定。武力使用的目的并非追求军事上的胜利，而是解除武装团体的威胁，因此在时间上必须有明确的退出机制，以免像索马里二期行动或刚果行动那样深陷冲突泥潭。

---

① 联刚稳定团：“联刚稳定团的背景”，参见：http：//www. un. org/zh/peacekeeping/missions/monusco/background. shtml。

② 联合国安理会：《第 2098（2013）号决议》，第 6 页，http：//www. un. org/zh/documents/view_ doc. asp？symbol = S/RES/2098（2013）。

三、联合国维和改革与武力使用规范的未来：挑战与前景

（一）武力使用规范的挑战

有学者认为目前武力使用有两方面的趋势：一是高科技武器的不断投入使用，以减少对非目标的损害，而发达国家在这方面占有优势；二是在占据武力优势的同时占有道德高地，以免受到人道主义等的谴责。[①] 对联合国维和行动而言，对武力使用规范构成的挑战有两方面因素：

其一，维和行动执行的环境愈发恶劣。与以往的维和行动不同，随着联合国对地区冲突的进一步干预，其和平行动需要在更加恶劣的环境下进行，这种环境甚至是“没有可维持和平的环境”。[②] 因此，他们的工作不是维持和平或者建设和平，而是遏制或者管理冲突。2015 年，一份由审查联合国和平行动的独立小组（以下简称独立小组）向联合国提交的研究报告（HIPPO Report）中进一步解释了这种环境的表现：监督停火的任务是在更加充满敌意的环境下进行的；强制和平工作往往因政治和平进程的崩溃而中断；特派团还要担负管理冲突的工作，但是在暴力环境中缺少以往推动成功的有利框架。[③] 独立小组因此认为，和平行动的目标应该是将尽可能多的冲突方纳入和平进程当中，而对于游离于进程之外的“破坏者”则应该给予有效的制止及惩罚。严峻的环境给维和行动造成两难的困境：如果不采取强有力的武力使用规范，维和行动就无法完成既定任务，特别是在目前，平民保护、人道主义救援已经成为维和行动任务的重要部分，平民

---

① 盛红生：“第二次世界大战后武力使用规范的演进”，《国际安全研究》2016 年第 4 期，第 93—159 页。

② 联合国大会、安理会：《和平行动问题高级别独立小组的报告——集中力量，促进和平：政治、伙伴关系和人民》，第 10 页，https：//documents - dds - ny. un. org/doc/UNDOC/GEN/N15/181/44/PDF/N1518144. pdf? OpenElement。

③ 同上，第 37 页。

的伤亡会给维和行动带来巨大的舆论压力；如果采取强力的接战规则，则会让维和人员陷入安全局势复杂的冲突之中，一旦出现伤亡，派兵国极有可能选择撤回自己的维和部队。这对整个行动而言都是极为不利的。

其二，除了上述严峻的任务环境外，目前对维和行动武力使用规范造成更为直接困扰的是，国际社会尚不能对联合国武力使用规范达成一致看法。首先，发达国家与发展中国家在武力使用规范上持有不同的看法。发展中国家派出的维和军事人员由于整体装备不够先进，无法在面对当地武装团体的行动中保持武力优势，因此为避免人员伤亡，其在实地维和中对武力的使用是慎之又慎的。发达国家的维和部队装备相对精良，因而倾向于依赖优势武力来应对可能的武力骚扰。其次，安理会与维和行动部在武力使用规范上也存在矛盾。出于对平民保护的道德要求，安理会在自 1999 年塞拉利昂特派团开始之后的几乎所有维和特派团的授权中，都提到了类似“向面临急迫威胁的平民提供保护”的表述。特别是，近些年在刚果（金）、科特迪瓦、南苏丹、马里、阿卜耶伊地区、达尔富尔地区所部属的特派团，甚至授权“采取一切必要的手段”来完成维和任务。但与此同时，维和行动部在使用武力问题上却显得不那么积极。维和行动部下设行动厅、法治和安全机构厅、军事厅以及政策、评价及培训司，共有 431 个职业（包含 14 个临时职位）。[①] 其中，负责“支持联合国的目标部署最适中的军事力量”[②] 的军事厅则只有 28 个职位。对目前正在执行的 16 个维和行动而言，军事厅显得人手不足，由此带来的是分析能力的匮乏以及指令传达的迟缓。这些负面因素对维和行动武力使用的授权使用是不利的。再次，联合国与其他国际组织对于维和行动的武力使用也有不同的倾向。由于一些维和行动的武力使用给当地日常生活造成了紧张的气氛，一些维和行动部署地区的武装团体甚至平民对维和部队颇有微词。其他在当地工作的国际组织也因当地的“排外情绪”而成为当地人眼中不受欢迎的对象。一些国际人道组织工作人员甚至为了在工作中不受到来自武装分子的

---

① Andersen, Louise Riis Engedal, Peter Emil, *Blue Helmets and Grey Zones: Do UN Multi - dimensional Peace Operations Work?* København: Dansk Institute for International Studier, 2013, p. 24.

② 联合国维和行动部网页：http://www.un.org/zh/peacekeeping/about/dpko/。

袭击，有意与联合国人员保持距离，同时在车辆、直升机等使用上刻意避免使用黑字白底的联合国标志的载具，以免成为骚扰和袭击目标。[①] 原本受命保护当地平民和当地其他国际组织工作人员的维和部队反而成了袭击的目标，这值得反思。

由上可以看出，目前维和行动因参与主体众多而显得庞大而复杂，在武力使用的意见上，不同国家、地区组织，甚至联合国内部不同部门都存在着诸多的矛盾。现在参与维和行动的主体不限于联合国，其他国际组织、国家甚至是有影响力的个人，都是维和行动的参与者。因此，对武力使用规范讨论的当务之急，是要使维和行动参与者统一认识，就维和行动中的武力使用问题达成一致看法。

（二）维和伙伴关系——武力使用规范的共同认识的建立

“全球伙伴关系”是联合国推动世界各国在处理全球性问题上的联动机制。早在1994年，时任联合国秘书长加利就邀请11个国际组织的领导人到联合国总部，就联合国与区域性组织在地区安全尤其是维和行动上的合作和协调进行磋商。[②] 2009年7月，维和行动部和外勤支助部联合发布一份名为《新的伙伴关系议程：开辟联合国维和新视野》的非正式文件。[③] 这份文件呼吁联合国内部机构、资源贡献国以及其他外部伙伴一道加强联合国的全球伙伴关系。文件从三个方面谈及伙伴关系的强化。一是从目标上，应该通过政治战略指导和其他外部支持实现对维和行动的设计、建立与管理。二是从行动上，要做到更快的部署以及更明晰的角色定位。特别强调在保护平民、强势维和及建设和平三个领域要统一贡献国、联合国和其他国际组织的协调性。三是谈及未来的伙伴关系，认为应该建立一种

① Erin A. Weir, *UN Integrated Missions and the Humanitarian Imperative*, p. 23, http://reliefweb.int/sites/reliefweb.int/files/resources/1EE897418FD9945CC12571CE003EB9F8 - KAIPTC - Jun. 2006.pdf.

② 况守忠著：《美国维和行动研究》，中国社会科学出版社2012年版，第115页。

③ DPKO, DFS: *A NEW PARTNERSHIP AGENDA—Charting a New Horizon for UN Peacekeeping*, New York, July, 2009.

“创新”且“灵活”的能力，这种能力可以突出维和任务当地的供给和需求关系，同时可以对人才进行留任和筛选。随后在2010年及2011年，维和行动部和后勤支助部又分别发布了《新视野倡议》的1号和2号进展报告，对《新的伙伴议程》中列举的平民保护、强势维和与建设和平三大领域的进展进行了回顾。这三份文件虽然是非正式文件，也不具备法律约束力，但文件本身的目的在于促成未来可能参与到维和行动中的伙伴达成一系列共识，并制定短期、中期和长期的目标。

目前，联合国与非洲联盟、欧洲联盟这两个区域组织在马里和中非两个国家的维和行动合作是较为成熟的。例如在中非共和国，非盟通过马里、萨赫勒特派团以及中部非洲国家经济共同体，在马里的过渡和稳定的政治进程中继续发挥作用。而欧洲联盟则为执行共同安全与防卫政策部署定向明确的部队，并负责培训咨询或其他交接的工作。但同时我们必须看到，在一些难度较大的行动中，一个组织都难以确立明确的战略方向，而在成员不同、看法各异和关系松散的几个组织中，要在安全理事会维持和平与安全首要职责的大框架内确立明确的战略方向难度更大。[①] 2015年的和平行动高级别独立小组的报告中再次强调维和伙伴关系，认为今后联合国需要一个更具包容性的伙伴关系，在每个行动伊始建立共同的目标。同时还提出，伙伴之间应该有互相尊重和共担责任的基础。[②]

2016年，联合国一份关于建立全球伙伴关系的大会决议进一步认为，联合国与相关伙伴的合作应该是基于原则的办法；[③] 强调联合国在选择合作伙伴的时候，应该选择一些支持《联合国宪章》和其他能体现联合国核心价值观的文件，并承诺奉行《联合国全球契约》各项原则的伙伴。同时，决议还邀请各界人士推动并落实《2030年可持续发展议程》，作为培养公民意识，促进全球公民对联合国核心原则和活动的理解的重要渠道。

---

① 联合国安理会：《共建和平：打造维持和平伙伴关系秘书长报告》，第3页，http：//www. un. org/en/ga/search/view_ doc. asp？ symbol = S/2015/229&referer。

② 联合国大会、安理会：《和平行动问题高级别独立小组的报告——集中力量，促进和平：政治、伙伴关系和人民》，第9页，https：//documents - dds - ny. un. org/doc/UNDOC/GEN/N15/181/44/PDF/N1518144. pdf？ OpenElement。

③ 联合国大会：《建立全球伙伴关系：以基于原则的办法加强联合国与所有相关伙伴的合作》，第5页，http：//www. un. org/en/ga/search/view_ doc. asp？ symbol = A/RES/70/224&referer。

因此，在目前这种艰难的维和行动环境中，维和行动要取得成功（哪怕是有限的成功），需要在以下三个方面达成一致看法：武力使用的必要性、撤出机制和原则。

1. 武力使用的必要性

正如《2015 年联合国和平行动的未来》① 中所说的，“政治努力必须辅之以坚定的决心，包括在必要时使用武力”。现在部署的特派团需要适当的行动框架和接战规则来保护自己及履行任务，愿意通过有策略地使用武力来保护平民和其他工作人员。保护平民已经成为目前综合特派团工作的一部分，但是特派团履行保护平民义务的环境却非常恶劣，因此在非武力手段失效以及平民受到迫在眉睫的威胁时，维和行动要有使用武力的授权以及能力。

2. 武力使用的撤出机制

从干预旅的部署可以看出，武力使用的目标并非从战略上摧毁武装团体，更不是加强政治施压和增加谈判桌上的筹码，战术层面的武力使用仅是为了消除武装团体给维和使命和工作人员及当地平民带来的威胁。因此，在确定使用武力前，必须要有明确的可达成的政治目标以及明确的可实施的时间表，并在完成既定目标后立即撤出。

3. 武力使用的原则

早在 2005 年联合国大会上的全体会议中，刚果（金）的代表就提出，联合国“必须采纳适用于使用武力的明确原则，以加强联合国在这个领域的能力”。② 但时至今日，尚未制定出能够完全指导这种多层面强势维和的武力使用原则。维和三原则在维和行动史上的成功例子表明其可以推动传统维和中督促停火和执行停火和平协定工作的顺利完成。但是，面对包含着人道主义救援、保护平民、安保部门培训、缴械、复员及重返社会工作

---

① 联合国大会、安理会：《联合国和平行动的未来：执行和平行动问题高级别独立小组的各项建议》，第 15 段，https：//documents - dds - ny. un. org/doc/UNDOC/GEN/N15/270/73/PDF/N1527073. pdf? OpenElement。

② 联合国大会：《2005 年联合国第六十届大会第八次全体会议（正式记录）》，第 24 页，https：//documents - dds - ny. un. org/doc/UNDOC/GEN/N05/511/90/PDF/N0551190. pdf? OpenElement。

和社会治理等复杂任务的多层面维和行动，维和三原则需要做出更加积极的解释。特别是在武力使用问题上，其“捍卫使命”的范围目前已经包含了平民保护的内容，因此这一原则不应该成为某些国家拒绝向特派团提供人力物力的借口。

总之，联合国维和行动作为《联合国宪章》第六章温和手段和第七章强硬手段两者之间的折中办法，其过去几十年的发展表明其离不开使用武力。但是，为了避免维和行动成为纯粹的军事手段，在使用武力上必须制定相应的限定与规范。强制和平的提出似乎给联合国在主动使用武力上提供了路径，但索马里行动的失败不得不让联合国重新审视这种超国家的军事手段方式。早在2000年，《卜拉希米报告》中就提出“强势维和”在使用武力上需要同时获得安理会授权和冲突方的同意，并且需要在有明确政治目标和可执行的时间表的前提下才能部署。这一概念在联刚稳定团中付诸以干预旅的实践。目前联合国新部署的维和行动中，相当一部分的当地安全环境并不乐观，有时候维和行动还必须承担管理冲突而不仅是维持和平的工作。参与维和的全球伙伴对维和行动武力使用的态度并不统一。本文认为，今后在对维和行动的武力使用问题上必须认识到，使用武力无法避免，要正面应对今后可能出现的挑战。

联合国与非盟和平安全伙伴关系

——以非洲和平安全架构为例*

程子龙**

联合国在构建全球安全治理体系过程中越来越重视区域组织和次区域组织的作用。区域和次区域集体安全机制是全球集体安全网络的重要组成环节，而区域和次区域组织则是联合国主导的全球安全治理得以实现的重要伙伴。联合国在多项重要文件中强调与各区域组织按照《联合国宪章》及各区域和次区域组织有关规约建立有效伙伴关系的重要性和必要性。① 以非盟为例，自 2002 年非洲统一组织（OAU）正式改组为非洲联盟（AU）之日起，非洲的共同目标已经从去殖民主义转向发展非洲，而确保一个和平安全的非洲则是非洲发展的前提。然而，非洲也清醒地认识到，仅凭一己之力无法实现其和平愿景。2002 年 7 月，在南非德班举行的非盟第一次首脑会议通过了《关于建立非洲联盟和平安全理事会的议定书》(Protocol relating to the establishment of the peace and security council of the African Union，下称《议定书》)，《议定书》中的第 17—20 条规定非盟和平安全理事会应积极寻求与联合国尤其是负有维护国际和平与安全首要责任的联合国安理会进行密切合作。由此可见，联合国与非盟之间就建立一种

---

* 原文发表于《国际关系研究》2018 年第 2 期，题目为《联合国、非盟和中国——基于非洲和平安全架构合作的和平伙伴关系》。

** 程子龙，复旦大学国际关系与公共事务学院博士生。

① 1992 年联合国秘书长加利发表《和平纲领》报告，第七章专门谈及“联合国与区域安排和区域组织合作”，UN A/47/277 - S/24111；安理会于 1993 年 1 月向主要区域组织发出关于增进与联合国协调的邀请；联合国大会在 1994 年 12 月发表《关于加强联合国与区域安排或区域机构的合作的宣言》等。

利益方汇集到一起”。[①] 总之，联合国应深化与非盟的和平安全伙伴关系，并且围绕非洲和平安全架构进行合作，共同促进非洲乃至全球的和平与发展。

二、非洲和平安全架构：和平安全伙伴关系的内涵和框架

在 2002 年通过的《关于建立非洲联盟和平安全理事会的议定书》中，不仅提出成立非盟和平安全理事会（Peace and Security Council，PSC，以下简称“和安会”）作为冲突预防、管理和解决的决策机构，而且《议定书》还附带了一项涵盖早期预警、预防外交、冲突管理、缔造和平以及建设和平等全方面的议程，亦即构建一个涉及和平安全问题的全景式的和平安全架构。非盟意图通过打造一个治理和平安全问题的工具箱，以确保实现《非洲联盟宪章》和《议定书》中提出的和平安全使命。在这个架构中，和平安全理事会居于核心决策地位，旨在对非洲大陆潜在的冲突事件提出及时的预防、管理和解决方案，并迅速针对进行中的冲突危机做出有效反应。和平安全理事会由其他几项机制支持，分别为大陆早期预警机制（Continental Early Warning System，CEWS）、智者团（Panel of Wise，PoW）、非洲待命部队（African Standby Force，ASF）以及和平基金（Peace Fund）。此外，非洲的一些区域经济共同体（RECs）和区域机制（RMs）[②] 也是架构的重要组成部分，而各次区域组织中也具备类似于非盟的结构功能体系。由此可见，非洲和平安全架构就如同一个安全治理矩阵，横向连接着涉及安全治理的各项重要环节，纵向贯穿其非洲安全治理的各层行为体，而非洲和平安全架构的成功则取决于整个矩阵内各组成单位间的协调运行。

---

① 参见 2015 年和平行动问题高级别独立小组的报告：《集中力量，促进和平：政治、伙伴关系和人民》，A/70/95 - S/2015/446，第 21 页。

② 非洲和平安全架构支柱性次区域组织包括：阿拉伯马格里布联盟（AMU）、西非国家经济共同体（ECOWAS）、中部非洲国家经济共同体（ECCAS）、东非政府间发展组织（IGAD）、东部和南部非洲共同市场（COMESA）、东非共同体（EAC）、南部非洲发展共同体（SADC）。

和安会通常被认为是非洲的“安理会”，根据《议定书》的规定，由15个成员国组成，其中10个成员国具有2年任期，另外5个则具有3年任期。和安会主席由各国驻非盟常驻代表轮流担任，任期为1个月。和安会的主要职责是对潜在的危机进行评估，并根据评估结果做出是否进行干预的决定。其决策通常采用一致性原则，但为避免意见无法达成一致，对通常的程序性事项采取过半数原则，而重要事项则采取2/3多数原则。而这也为界定危机的重要性保留了回旋余地。2004年，非盟提出要将大陆早期预警机制作为非洲和平安全架构的重要组成部分。该机制与次区域以及其他层级组织的联系最为紧密。来自各层级组织的信息、情报将被收集到位于埃塞俄比亚首都亚的斯亚贝巴的时情观察室（Situation Room）进行处理，为和安会提供决策依据。然而，非洲各次区域组织在情报收集水平和关注重点上存在很大差别，需要进一步的标准化管理和技术提升。当通过分析识别出潜在危机时，智者团会协助和安会执行预防外交的职能。智者团由5位成员组成，他们在各自的区域国家具有极高的威望，并为所在区域国家的和平发展做出过重大贡献。5位智者由非盟委员会主席在咨询了成员国的基础上提名，最终由非盟首脑大会（Assembly of Heads of State and Government）委任。每位智者任期3年，在位期间还将推选一位智者担任一年的智者团主席。智者们既可以应和安会主席、非盟委员会主席的要求进行活动，也可以根据自身的提议进行，这体现出一定程度的自主性。所委任的智者通常在国际上具备一定的威信，这就使得他们可以在域内和域外双向同时展开穿梭外交。当预防性外交失败时，如和安会决定向冲突发生国家进行介入，此时非洲待命部队将行使其职能。非盟计划在非洲5个不同区域部署待命部队，亦即部署5支作战旅（Regional Brigade）。每支部队配有一个全职规划小组（PLANELM）、一个物流仓库（LD）、总部以及承诺旅团单位（Pledged Brigade Units）。2016年1月，非盟首脑会议宣布非洲待命部队已经可以投入使用。① 和平基金则意在为非盟的各项和平

① Cedric De Coning, *A Unique Model of African Peace Operations*, February 29, 2016, http://peaceoperationsreview.org/interviews/cedric-de-coning-a-unique-model-of-african-peace-operations/.

行动提供资金支持，其构成部分来自非盟预算，其余来自成员国的自主贡献及外部捐助。非盟的各项和平行动仍很大程度上依赖域外国家或组织的援助，2008—2011 年，非洲国家对和平基金的贡献仅为 2%，这也就意味着其余的 98% 需要依赖国际援助。① 同时，和平基金的监管和使用透明度也存在很大问题。

非洲和平安全架构具有民主性、主动性和全面性三个特点，并为构建联合国与非盟的双边关系提供了原则、内涵和框架三方面的借鉴。民主性体现在决策制定采取的广泛一致性。非盟在组织设计的过程中力图尽最大所能平衡区域大国的力量，让各方的意见声音都能被广泛讨论。尽管和安会的设计很大程度上借鉴了联合国安理会，但其在成员国设置上并未采用常任制和一票否决制。主动性则体现为非盟对预防性外交的投入。非盟深刻地意识到防患于未然的必要性，也意识到危机爆发后决策、部署的迟滞性，所以加大了对冲突预防的投入。全面性则体现为多元议程和治理。非洲和平安全架构一方面涉及安全问题的全部议程，力图实现安全问题应对的全面机制化；另一方面体现在非洲安全问题的多元治理机制上，即“建立在以联合国、非盟、非洲次区域组织以及西方大国和非洲区域性大国多方和多层次协作基础上的一个安全机制”。② 非洲和平安全架构的原则是一种“合作安全”，而其发挥的是一种辅助性的功效，即“在联合国、非盟及非洲次地区组织间实现在决策机制、劳动分工和成本分摊等方面的分工合作”。③ 其内涵则是一种“全面的安全观”，是传统与非传统安全观念的结合，并明确意识到各项安全议题间的关联性和全面性。而框架则是指非洲和平安全架构覆盖了安全治理从预警、决策、部署、执行到管理、和平建设及冲突后重建的全部过程。因此，联合国与非盟围绕非洲和平安全架构开展合作具有深远的意义。

---

① Raymond Gilpin and Michelle Swearingen, *Financing and Refocusing the African Union's Peace Fund*, United States Institute of Peace, June 24, 2013, http://inec.usip.org/blog/2013/jun/24/financing-and-refocusing-african-unions-peace-fund.

② 莫翔：“非洲安全机制建设的指导理论、构建模式与干预机制”，《世界经济与政治论坛》2012 年第 3 期，第 86 页。

③ 张春：“伊加特与非洲之角的安全治理”，《西亚北非》2016 年第 4 期，第 86 页。

三、联合国与非盟围绕非洲和平安全架构的合作

联合国一直关注着非洲的安全稳定局势，并寻求通过组织间的合作来解决非洲的安全问题。特别是非盟正式成立的近十多年来，联合国与非盟通过多项沟通机制加紧对话交流，不仅在双边关系上有所升级，双方的合作内涵也在不断拓宽。2009 年，非盟向驻联合国的观察员办公室（Observer Office）增派了一名代表。2010 年，联合国和非盟共同创立了联合特遣部队（Joint Task Force）。2011 年，联合国驻非盟办事处（UNOAU）正式成立，标志着双边关系进一步加强，联合国驻非盟办事处表示其权责之一即是支持非盟及其区域经济共同体以及区域机制全面实施非洲和平安全架构。[①] 2013 年 5 月，联合国秘书长任命一位副秘书长级别的官员出任驻非盟办事处主任，这也显示出联合国与非盟双边关系的重要性再一次得到提升。2014 年，联合国驻非盟办事处又与非盟委员会和平安全部（AUPSD）签署了《增强和平与安全伙伴关系框架协议》（Joint Framework for an Enhanced Partnership in Peace and Security），该《框架协议》与非洲和平安全架构具有高度的一致性，为双方的合作提供了框架与指导依据。[②] 2015 年，非盟约翰内斯堡峰会通过了联合国和非盟 2017 年至 2027 年伙伴关系框架文件（PAIDA），这将有助于进一步提升联合国和非盟伙伴关系。[③]

和平行动（Peace Operations）的内容不仅局限于维持和平行动，实际上维持和平行动的内涵本身也在不断变化，还囊括了人道主义行动以及包括培训、咨询在内的文职人员的行动。2006 年，为了使非盟及次区域组织

---

① 参见联合国驻非盟办事处网站：https：//unoau. unmissions. org/african – peace – and – security – architecture – 0。

② Paul D. Williams and Solomon A. Dersso, *Saving Strangers and Neighbors: Advancing UN – AU Cooperation on Peace Operations*, International Peace Institute, 2015, p. 4.

③ “联合国与非盟加强和平与安全领域合作应始终坚持《联合国宪章》的宗旨和原则”，人民网，2016 年 5 月 25 日，http：//world. people. com. cn/n1/2016/0525/c1002 – 28377373. html。

在应对挑战过程中发挥更有效的伙伴作用，联合国同非盟启动支持非盟十年能力建设规划。2006 年的《加强联合国—非盟合作宣言》（Enhancing UN – AU Cooperation：Framework for the Ten – Year Capacity Building Program for the African Union）为规划提供了实施的框架。宣言中提到能力建设的努力重点仍是冲突的预防、调解和斡旋、维持和平以及和平建设，这不仅与非盟提出的非洲和平安全架构存在巧合，更多地表明联合国与非盟关于安全治理的构想具有一致性。能力建设亦是双方安全合作的着力点所在，更是非洲安全治理原则、内涵和框架的具体实施。

非洲和平安全架构分为冲突预防、冲突管理、冲突解决和资金支持四个方面，联合国与非盟的合作也主要围绕这四个方面开展。

冲突预防工作主要包括早期预警、预防外交两个方面。早期预警多涉及的是信息、情报的收集、共享、分析等技术层面，而预防外交则是指国际组织的特别代表、高官或特使运用高超的外交手段在潜在冲突方之间进行斡旋、协调的人为活动。冲突的预防不仅耗时、耗资，而且很难体现出成效，很多工作都是默默无闻地进行，这主要是因为预防冲突的工作仍难以激起必要的政治上的行动紧迫感。早在 2000 年，非共体（OAU）就宣布了《非洲安全、稳定、发展与合作会议宣言》（Solemn Declaration of the Conference on Security，Stability，Development and Cooperation in Africa），随即联合国出台了首份关于冲突预防的秘书长报告——《预防武装冲突》。[①] 这表明了双方对冲突预防的密切关注。2006 年非盟在大陆预警机制操作框架中提出了最为重要的三点要求，其中一点即为要与联合国、次区域组织和其他社会机构建立协作关系。[②] 然而，双方至今尚未形成一个清晰的合作路径与方案，一方面是因为非洲大陆预警机制仍处于建设之中，发挥作用较为有限，另一方是因为各方对于情报的开放性有限，难以达成信息共享。即便如此，联合国在早期预警和冲突预防方面仍有大量的宝贵经验可

---

① 参见 2001 年 7 月秘书长关于联合国工作的报告：《预防武装冲突》，A/55/985 – S/2001/574。

② International Peace Institute，*Preventing Conflicts in Africa：Early Warning and Response*，August 2012，p. 3. https：//www. ipinst. org/wp – content/uploads/publications/ipi_ e_ pub_ preventing_ conflicts. pdf.

供中国预警机制借鉴。例如，联合国在非洲的预防工作中较为强调国家、公民社会的作用，也将其视为更重要的合作对象。联合国政治事务部（UNDPA）和联合国开发计划署（UNDP）是协助建设非洲国家预防能力的主要部门，两部门曾在加纳2004年大选和肯尼亚2008年总统选举前夕都发挥了重要的预防暴力冲突的作用。在支持公民社会方面，联合国开发计划署在莱索托2012年议会选举中曾支持教会领导的调解工作，在塞内加尔2012年总统选举前夕，又协助培训当地妇女组织发挥了重要的协调作用。在区域层面，近年来，联合国在区域设立了政治办事处作为预防性外交和调解的平台，在中部非洲、西非均开设了区域预防外交办事处。联合国方面，“安理会一直把重点放在武装冲突和紧急状况的处理上，而由秘书处协调各方开展联合国的预防性外交”。[①] 联合国秘书长和非盟委员会主席是联合国与非盟调解伙伴关系的重要支柱，在组织联合调解小组、派遣特别代表方面发挥着领导作用。非盟智者团则可以为调解工作和特别代表们提供强大的知识支持，但智者团的作用却尚未得到联合国应有的重视。智者团是非洲调解传统和哲学的法治化、制度化体现，是传统智慧的现代演绎。除了发挥权威功效、提供本土知识外，智者们还经常发挥的是在人际、部门间的纽带作用。总之，冲突预防工作是安全治理中极为重要的一环，也是最为有待发展的一环，在发展预防能力的前提下，同时还要避免有报告但无应对的尴尬局面。

冲突管理工作主要包括对情报的分析、决策，以及对介入行动的部署执行，任务执行评估，主要涉及的参与方为联合国安理会、非盟和安会，以及次区域组织的决策部门。非盟和安会处于枢纽地位，不仅在各机构间发挥沟通、协调的作用，还要行使向下一级机构授权的职责，同时也要向联合国安理会争取对于武力使用的授权。为了更有效地分析潜在危机，并促进沟通的顺畅进行，联合国安理会与非盟和安会间的沟通流程已逐渐机制化。当评估情报发现有需要介入的情况时，非盟委员会主席将命令非盟委员会起草危机简报并提交和安会。收到简报后，和安会将要求非盟委员

---

① 参见2015年和平行动问题高级别独立小组的报告：《集中力量，促进和平：政治、伙伴关系和人民》，A/70/95 - S/2015/446，第29页。

会向联合国秘书长提交一份意向书，表明有意向对危机地区部署支持和平行动（Peace Support Operations，PSO），并请求联合国一同参与对局势的评估，同时希望联合国秘书长向联合国安理会递交一份意向书。如果联合国接受了请求，随即将成立一个由联合国、非盟以及次区域组织共同组成的评估小组。接下来，非盟委员会主席会将评估结果报告再次提交非盟和安会。收到报告后，和安会将向联合国安理会进行咨询，以确保双方能及时、有效地做出决策。一旦和安会认定需要非盟支持和平行动，和安会将向非盟委员会主席寻求授权，如果涉及到使用武力，那么和安会还要得到联合国安理会的授权。当双方都给予授权后，非盟委员会主席和联合国秘书长将协作制定具体的任务方案。在任务执行过程中，非盟委员会主席将定期向和安会及联合国安理会提交报告，与此同时，联合国和非盟将共同对行动进行评估，以便双方即时调整任务部署。[①] 诚然，冲突管理的有效性很大程度上取决于整套沟通机制的顺畅运行，然而现实往往是双方对危机的概念、程度或部署规模等一系列问题都存在极大的分歧，并且不会及时地给予反馈，但具备了健全的管理机制显然是有效管理的前提。

一旦冲突预防工作失效，发生中的冲突事件不断恶化时，非洲和平安全架构必须发挥其解决冲突的功能，此时非洲待命部队也将发挥其功效。当然，在冲突爆发期间，智者团成员和各组织内秘书处成员，以及特派代表等高级官员仍可发挥调解、斡旋、促和的作用。发展非洲待命部队的初衷是希望确保非盟和安会执行其权责，并实现非洲的自主维和，“待命部队还可以发挥连接机制的作用，需要时甚至可以开展执法行动，部队也可以作为联合国维和行动的补充，提供急需的支柱”。[②] 然而，要想充分实现其部署和操作，却取决于联合国、非盟、相关的区域经济共同体、区域机制，以及部队警察派遣国（TPCC）的共同参与和协商。[③] 其中，联合国不仅是资源的提供方，还是重要的协调者。就以往来看，联合国通过联合国

---

① African Union, *Securing Predictable and Sustainable Financing for Peace in Africa*, August 2016, pp. 22 – 26. http: //www. peaceau. org/uploads/auhr – progress – report – final – 020916 – with – annexes. pdf.

② 参见秘书长报告：《共建和平：打造维持和平伙伴关系》，S/2015/229，第 9 页。

③ *APSA Roadmap 2016 – 2020*, p. 32.

驻非盟办事处与非盟和区域经济共同体、区域机制密切合作，以加快非洲待命部队和非洲应对危机快速反应部队（ACIRC）的运作。具体而言，支持与非洲待命部队相关的系列培训与军演，重点包括非盟2012年10月的军事演习“Exercise NJIWA”，此次演习旨在训练非洲待命部队中警察和文职人员的能力。同时，联合国的和平行动部（DPKO）通过联合国驻非盟办事处给予了非洲待命部队以大量的战术指导和专家、技术支持，还曾协同联合国驻非盟办事处、世界银行传统复员和重返社会项目（World Bank Traditional Demobilization and Reintegration Program）一同支持非盟解除武装、复原和重返社会能力项目（AU DDR Capacity Program，AUDDRCP）的试验阶段，该项目由《非洲和平安全架构路线图2011—2013》的倡议提出。另外，联合国的一些部门还是欧盟等国家资助的军事演习（Amani Africa）中的重要参与伙伴。从议题来看，联合国提供培训的主题包括保护妇女儿童、边界冲突、法制、疾病预防等，不一而足。此外，联合国还参与改善非洲牵头的和平行动的构想、规划和管理。具体而言，联合国驻非盟办事处继续“支持非盟制度和审查关键政策和指导文件，比如非盟和平支助行动原则。联合国还将继续协助非盟发展非洲待命部队的警察和法制部分，以及落实待命部队路线图三，包括开展‘非洲和平’二期的培训活动”。[①] 目前非洲待命部队面临最大的挑战是在非洲和平安全框架以外存在着多支次区域的快速反应部队，这既造成资源的分散，也导致了指挥权间的竞争，所以联合国应该更多地协助非盟整合出统一的和平行动力量。而这不仅涉及资源上的调动、供给，更在于各方政治意愿上的支持。

非洲和平安全架构的全面运转同样需要具备强大的财力支撑。联合国一直以来引领或主导着非洲的和平安全行动，并给予了极大的财力、人员支持，目前双方根据具体的行动内容已形成了多种合作模式。而且，随着和平行动的负担不断加重，以及非盟自身融资机制不断完善，联合国与非盟间的资金合作也逐渐在融资、注资的基础上加入基金管理和监管。非盟在保有“自主性”的前提下对外部的资金资助持开放态度，但对于外部的资金依赖不具有持续性，且多数资助具有条件限制，大部分捐赠款通常设

---

① 参见秘书长报告：《共建和平：打造维持和平伙伴关系》，S/2015/229，第8页。

定用于非致命性援助，非盟无法用认捐款来偿还特遣队所属装备。非盟还不得不应对合作伙伴所认捐款的支付率低的问题。因此，非盟希望通过设立和平基金来减少外部依赖。然而，目前非盟成员国的出资仅为预算的7%，① 故非盟不断呼吁其成员国履行出资承诺。为此，非盟一方面决定设立资源调动委员会（Resource Mobilization Committee）来动员内部资源；另一方面，则希望非盟大会（AU Assembly）能针对和平基金推出详细的年度预算报告，以便更高效地运用基金。② 非盟在2015年承诺至2020年为非盟和平行动提供25%的资金。③ 所以，在未来很长一段时间内，非盟和平行动仍需要大量的外部支持来填补资金缺口。联合国作为非盟最重要的合作伙伴，几乎所有和平行动中的大部分经费都由联合国来承担或筹集，非盟往往由于经费不足，将执行一半的行动再转交给联合国。迄今为止，联合国支持非盟和平行动的方式可归纳为三种：首先是“混合行动”，非盟提供战略管理，联合国则支付日常开销，这体现在非盟—联合国达尔富尔混合行动中（UNAMID）；其次是联合国仅提供后勤保障支持，这体现在联合国支持的非盟驻索马里特派团（AMISOM）任务中；再次即为联合国安理会授权的联合国信托基金，而基金来源于自愿捐助，这在索马里、中非共和国和马里都有所采用，这也是未来更为普遍的合作模式。④ 此外，为确保资金得到合理、高效且透明的运用，非盟承诺采用国际公共部门会计准则（International Public Sector Accounting Standards，IPSAS），并接受联合国项目规划、预算及审计等部门共同对经费进行监管。⑤

---

① African Union, *Securing Predictable and Sustainable Financing for Peace in Africa*, August 2016, p. 4. http://www.peaceau.org/uploads/auhr-progress-report-final-020916-with-annexes.pdf.

② African Union, *APSA Roadmap 2016-2020*, December 2015, p. 59.

③ 参加秘书长报告：《联合国和平行动的未来：执行和平行动问题高级别独立小组的各项建议》，A/70/357-S/2015/682，第10页。

④ African Union, *Securing Predictable and Sustainable Financing for Peace in Africa*, AU Peace Fund, August 2016, p. 5. http://www.peaceau.org/uploads/auhr-progress-report-final-020916-with-annexes.pdf.

⑤ Ibid., p. 7.

四、联合国与非盟和平安全伙伴关系的问题与前景

联合国与非盟努力构建和平安全伙伴关系，但双方尚未就伙伴关系的内涵、指导原则以及权责达成充分一致的意见。非洲和平安全架构目前仍处于建设之中，其理念构想的意义远大于所具备的能力实质，但这也为联合国和非盟间的合作保留了空间与设想。因此，总结已有的经验教训，探寻机制设计中的不足，对于进一步推进联合国和非盟之间的和平安全伙伴关系具有深远意义。

首先，需要完善法理基础。《联合国宪章》《非洲联盟宪章》和《关于建立非洲联盟和平安全理事会的议定书》是联合国与非盟进行和平安全合作的重要法理依据，其中《联合国宪章》第八章明确规定了“联合国为主，区域组织为辅”的原则。然而，“冷战后区域组织通过灵活解释《联合国宪章》相关条款或在《联合国宪章》体系外寻找其他的合法依据来扩大自身采取行动的空间和权利”。① 联合国的主导地位面临极大的挑战。为维持自身行动的最大“自主性”，非盟在《非洲联盟宪章》和《议定书》中都预设了一些模糊空间。例如，非盟一方面在《非洲联盟宪章》和《议定书》中都承认联合国在维持国际和平与安全方面具有主导地位，但另一方面又保留了自身的干涉地位，认为非盟对于维护非洲和平与稳定负有最主要的责任，只有在“必要”的情况下才会寻求联合国的帮助。② 同时，当非盟的行动未得到联合国授权，或是联合国没有意愿授权时，非盟和安会将如何行动，这也存在很大的未知，非盟为其行动的解释预留了很多自由空间。此外，尽管联合国与非盟共同认可“人的安全”原则，但在武力使用原则上仍存在分歧。除自卫外，区域组织在未获得安理会授权的情况下使用武力存在合法性缺失的问题。即便是基于

---

① 王娟：“冷战后联合国与区域组织在和平行动实践上的关系及对中国的启示”，《联合国研究》2014 年第 1 期（总第三期），第 105 页。

② Article17（2）PSC Protocol; Relationship with the United Nations and Other International Organizations.

"国家同意"，能否为使用武力原则创立例外情形，目前仍存在很大的争议。再有，非洲和平安全架构目前仍缺乏一个明确的法律定位，联合国与非盟之间更多的是关于其各项支柱的讨论，而未达成一项专门针对非洲和平安全架构的法律文件。

其次，加强机制化合作。联合国和非盟经历了十多年的协作，其间既有相互的支持，又难免有矛盾、摩擦，也正是通过解决一系列问题，双方之间的沟通、协商不断完善。目前，可以说双方之间的沟通机制已经较为健全，沟通较为频繁，也达成了大量的决议、协定可作为合作的法理依据。问题在于需将现有机制进行完善、强化，而非创设新机制。很多机制都是创始初期大家积极响应，但后续无力，导致资源精力分散。同时也要认清，非洲和平安全架构还是一个新鲜事物，仍处于变化发展过程中。在这个过程中，既有可能会在原有 5 大支柱上创设新的支柱，如有人就提出增设保护妇女儿童支柱，又有可能对原有支柱进行替换，例如南非就支持用 2013 年设立的非洲应对危机快速反应部队（ACIRC）替代非洲待命部队。无论如何，应先确保现有议题得到落实，并在操作过程中不断完善和扩大。联合国和非盟作为全球层面与区域层面的官僚机构，其一个显要特征即是希望实现工作流程的标准化，这在某种程度具有一定的积极意义，但就安全议题来说，面对具体问题，更应该确保灵活性和应变能力。非洲安全问题的关键一点是要区别每一次案例的情境，这也是目前联合国在非洲会有不同模式的维和行动的原因。随着安全的指涉对象、主导的安全价值、威胁来源和责任主体的各自变化，实现安全的方式也应不同，这便对组织间合作的灵活性提出了挑战。再有，要重视区域安全治理模式的多元治理特征，联合国既要重视非盟，也要重视与次区域组织间的协调。在具体的安全问题上，次区域组织间也往往具有不同的立场、方案，这就要求联合国具备高超的协调、平衡能力，非盟也面临同样的问题。

再次，平衡制度建设与权力政治。联合国与非盟的和平安全合作仍无法摆脱大国的政治影响，双方的制度建设进程在很大程度上仍取决于大国的政治意愿。无论是在全球层面还是区域层面，"国际制度相对于权力政治而言都是居于第二位的因素，其作用的发挥受权力政治的制约”。[1] 而在全球性国际组织与区域性组织的合作中，这种制约则来自于全球大国和区域大国两个层面。联合国领导的和平行动时常因西方大国的干预而有失公允，所以非盟牵头的行动往往更容易被非洲国家所接受，但这并不代表非盟的行动就完全体现公正性。“非盟集体安全是一种非中心化的集体安全”，即没有“一个最高机构被赋予有权管理集体武力工具的权威”。[2] 非盟和理会虽然是决策机构，但其并没有强制力，无法实施仲裁，非盟也不存在惩罚机制，这在某种程度上就使得区域大国有更大的空间行使权力。所以，决策是否能得到有效执行，很大程度上取决于大国的政治意愿。而大国的政治表态具有很强的敏感性，就早期预警机制而言，大国对于情报共享的承诺往往意味着其对于国家利益的让步。从另一个角度来看，“国际制度受制于权力政治的同时也能对权力政治发挥不可忽视的缓解和制约作用”。[3] 在制度框架内的合作不仅可以减少各方的信息成本，确保互利，还有利于增进行动的合法性。综上所述，联合国与非盟应从完善法理基础、落实合作机制、平衡权力政治三个方面来进一步增强和平安全伙伴关系。

---

① 杨光海：“论国际制度在国际政治中的地位和作用——与权力政治之比较”，《世界经济与政治》2006年第2期，第48页。

② 郑先武：“非洲集体安全机制的创新与困境”，《社会科学》2011年第6期，第27页。

③ 杨光海：“论国际制度在国际政治中的地位和作用——与权力政治之比较”，《世界经济与政治》2006年第2期，第48页。

联合国对利比亚的干预：背景、影响与前景

江　涛*

利比亚是中东和北非的一个重要国家。它北临地中海，东接埃及，西靠突尼斯和阿尔及利亚，这里有广袤的沙漠、便利的海陆运输交通。利比亚“因其地理位置的独特性而成为世界上多种文明交往的十字路口，在人类文明的演进中做出了巨大的贡献，具有重要的历史地位”。①

在独立和国家发展进程中，利比亚的局势多次出现外溢，引起外部力量的干预，联合国就是其中的一个重要变量。在后卡扎菲时代的国家重建进程中，作为各方唯一的共识，联合国在利比亚的重建中又充当着外部行为体的领导角色。本文首先梳理利比亚的历史以及与联合国的关系，探讨联合国在后卡扎菲时代的作用，分析联合国介入利比亚事务的影响，之后对利比亚的重建前景以及联合国的角色转型进行展望。

一、联合国与利比亚的独立（1945—1951 年）

利比亚在历史上曾经是古罗马、阿拉伯帝国和奥斯曼帝国统治地区，在 19 世纪时部分地区又沦为帝国主义的殖民地。在 20 世纪前，欧洲人、奥斯曼人或当地政府都没有使用过“利比亚”这一术语。直到 1929 年后，昔兰尼加、的黎波里塔尼亚和费赞地区处于意大利殖民统治时，“利比亚”

* 江涛，中央财经大学政府管理学院副教授。

① 韩志斌等著：《利比亚伊斯兰社会主义研究》，浙江人民出版社 2014 年版，第 1 页。

一词才开始正式使用。①

第二次世界大战期间，利比亚人民与意大利和德国法西斯进行了英勇的斗争。1943 年，在英法盟军的帮助下，利比亚获得了解放，北部由英国占领，南部由法国占领。二战结束后，英、苏、美、法等大国各自利益不同，因此在如何处理利比亚的问题上一直存在分歧。1948 年 9 月 15 日，英、美、法、苏四国向联合国秘书长提交备忘录，决定放弃在利比亚问题的解决中扮演主要角色，将这个问题提交联合国大会讨论。②

1949 年 4 月，联合国大会召开利比亚问题第一次会议，决定成立联合国利比亚问题委员会分委员会。分委员会经过多次实地考察，向总委员会提交了 4 份报告，介绍了昔兰尼加、的黎波里塔尼亚和费赞地区的政党组织的基本观点。但是，这次会议在经过长达一个多月的讨论后没有取得实质进展。

而在联合国之外，大国的博弈和讨价还价并没有停止。1949 年 5 月 7 日，英国与意大利签订了《贝文—斯福礼协定》，决定由英国托管昔兰尼加，意大利托管的黎波里塔尼亚，法国托管费赞；而利比亚在托管 10 年之后经联合国大会同意才能获得独立。该协定不仅激起了利比亚人民的反对，也遭到阿拉伯国家和苏联的质疑。1949 年 5 月，贝文—斯福札计划被联合国大会否决。

在利比亚人民英勇斗争与联合国许多会员国（尤其是阿拉伯国家）的同情和支持下，1949 年 11 月 21 日，第四届联合国大会以 48 票赞成、1 票否决、9 票弃权的结果通过了关于利比亚问题的第 289 号决议。决议指出，昔兰尼加、的黎波里塔尼亚和费赞应组成一个独立的主权国家，并在不迟于 1952 年 1 月 1 日前实现独立；利比亚宪法和政治问题应该由昔兰尼加、的黎波里塔尼亚和费赞的代表在国民大会中共同商定；联合国大会选派联合国驻利比亚专员一人，同时成立“参政会”，由来自埃及、法国、意大利、巴基斯坦、英国、美国的代表以及利比亚三个区域和少数民族的代表

---

① ［美］罗纳德·布鲁斯·圣约翰著，韩志斌译：《利比亚史》，东方出版中心 2011 年版，第 2 页。

② 韩志斌等著：《利比亚伊斯兰社会主义研究》，浙江人民出版社 2014 年版，第 42—44 页。

组成，为利比亚制宪提供意见；利比亚专员可以就过渡时期的利比亚经济及社会问题应该采取的措施，向大会、经济及社会理事会以及秘书长提出建议，各管理国家应该与联合国专员合作，采取一切必要步骤，将权力移交给依法成立的独立政府；利比亚独立后应该根据《联合国宪章》第四条成为联合国的成员国。①

1951 年 3 月，利比亚成立了临时政府。10 月，国民议会批准了由联合国特派专员佩尔特和占领当局共同拟制的宪法草案。1951 年 12 月 21 日，利比亚宣布独立，成立了以穆罕默德·伊德里斯·塞努西为国王的利比亚联合王国。②

利比亚的独立首先归功于利比亚人民的英勇斗争以及英、美、法、苏等大国的博弈。除此之外，联合国（尤其是联合国大会）在利比亚的独立中也起到不可忽视的作用。在利比亚独立进程中，联合国进行了多次讨论，提供了多种方案。利比亚是联合国大会支持下成立的第一个、也是唯一一个国家。后来的事实证明，利比亚问题从外交部长委员会转交给联合国大会，对利比亚的未来产生了决定性的影响。“刚刚诞生的联合国，作为一种新生事物引起利比亚民众的好奇，更为重要的是，诸多亚非拉国家的成立使利比亚民众对联合国充满期待和信任”，“联合国成为利比亚民众政治动员的有效工具”，“联合国大会处理事情不像安理会那样实行五大国一票否决制，大会成员国在平等基础上对重大问题都可以投票，2/3 成员国表决通过即可生效。③ “联合国大会没有一票否决的特权”，联合国对重大问题的决定可能不容易被国际环境的变化所影响，将利比亚问题移交给联合国执行，使得参与各方都有一个较大的、能够有机会申辩自己情况的讲坛。④ 可以说，联合国从一开始就介入了利比亚的事务，利比亚是根据

① Resolutions adopted by the General Assembly at its 4th session（A/RES/289（IV）A），Question of the disposal of the former Italian colonies，http：//www. un. org/en/ga/search/view _ doc. asp? symbol = A/RES/289（IV）.

② 陆廷恩著：《非洲通史：现代卷》，华东师范大学出版社 1995 年版，第 150—152 页。

③ 韩志斌：“地缘政治、民族主义与利比亚国家构建”，《历史研究》2014 年 4 期，第 139 页。

④ ［美］罗纳德·布鲁斯·圣约翰著，韩志斌译：《利比亚史》，东方出版中心 2011 年版，第86 页。

联合国大会的投票制造出来的国家。佩尔特认为，如果没有大国博弈和联合国的支持，利比亚在 20 世纪 50 年代实现独立是不可能的事情。①

二、洛克比空难与联合国对利比亚的制裁（1992—2003 年）

1969 年 9 月 1 日，以卡扎菲为首的“自由军官组织”发动政变，推翻伊德里斯王朝，成立阿拉伯利比亚共和国。在此后的几十年里，卡扎菲在国内构建了独特的政治制度，对外也特立独行。利比亚曾经被西方国家扣上“流氓国家”“无赖国家”“失败国家”和“支持恐怖主义的国家”等帽子。

1988 年 12 月 21 日，美国泛美航空公司的一架波音 747 客机在英国小镇洛克比上空爆炸坠毁，造成机上 259 人和地面 11 人丧生，其中包括 189 名美国人。空难发生后，美英两国情报机构组成的调查组立即对空难展开调查，并最终于 1990 年秋天认定这次空难系利比亚航空公司驻马耳他办事处经理费希迈和利比亚特工阿卜杜勒·迈格拉希所为。1991 年 11 月 14 日，美英两国发表联合声明，要求利比亚交出凶手。利比亚虽然拘留了费希迈和迈格拉希，但拒绝把他们交给美英两国。

1992 年 1 月 21 日，在英国和美国的推动下，安理会通过了第 731 号决议，敦促利比亚政府立即对美、英、法的要求做出充分和切实的答复，以期有助于根除国际恐怖主义。② 利比亚同意配合国际调查，但是拒绝引渡嫌疑犯。

1992 年 3 月和 1993 年 11 月，根据英国和美国的要求，联合国安理会先后通过了第 748 号决议和第 883 号决议，决定对利比亚进行制裁，主要包括拒绝准许任何目的地为利比亚领土或从利比亚领土起飞的飞机在本国领土起飞、降落或飞越，禁止本国国民或从本国领土向利比亚供应任何类

---

① 刘中民、朱威烈：《中东地区发展报告：中东变局的多维透视》，时事出版社 2013 年版，第 178—179 页。

② 《联合国安理会第 731（1992）号决议》，1992 年 1 月 21 日，http：//www. un. org/zh/documents/view_ doc. asp? symbol = S/RES/731（1992）。

型的武器和相关物资，大大裁减利比亚外交使团和领馆人员的数目和降低其级别，[①] 冻结利比亚政府或公共当局或任何利比亚企业直接或间接拥有或控制的资金或其他财政资源（包括从财产得来或产生的资金）等。[②]

1999年3月，经过南非和沙特的斡旋，利比亚同意交出洛克比空难案的两名嫌疑犯。1999年4月，费希迈和迈格拉希被移交给联合国代表，并前往设在荷兰的法庭受审。1999年6月，联合国暂停对利比亚的制裁。2003年8月，利在洛克比问题上做出重大让步，与美英达成协议，正式对袭击承担责任，并对洛克比事件遇难者家属支付总额约27亿美元的赔偿，约每人1000万美元。2003年9月12日，联合国安理会通过1506号决议，决定取消对利比亚的制裁。[③] 至此，联合国对利比亚长达11年的制裁正式结束。

联合国的制裁给利比亚造成了政治上的孤立和经济上的困难。联合国安理会第748号决议生效后，利比亚飞往国外的所有航班均遭各国拦截，全部被迫返航。连埃及、阿尔及尼亚、摩洛哥等穆斯林国家也宣布取消飞往利比亚的航班。由于联合国的制裁，利比亚在国际社会中承受着巨大的道义压力，对外活动受到很大限制。联合国安理会对利比亚的制裁也给利比亚的经济造成了一定的困难。1992—1999年，利比亚的经济发展呈现下降之势，这期间国内生产总值增长率平均为-1.96%，以当年美元价格计算的人均国内生产总值从7583.17美元下降到6907.05美元。制裁引起利比亚货币第纳尔不断贬值。由于几乎所有的商品都必须从国外购买，加上黑市日益猖獗，利比亚在制裁期间一直保持着高通货膨胀率。受制裁期间，政府外汇收入不断下降，利不得不削减或取消许多发展项目，国内投资基本停止。联合国禁飞令还使利比亚陷入与世隔绝的状态，直接破坏了利比亚旅游业的发展。大量的古代遗址和海边景点本来可以每年给利比亚带来几十亿美元的外汇收入，但制裁使这些资源基本闲置。[④]

---

① 《联合国安理会第748（1992）号决议》，1992年3月31日，http：//www.un.org/zh/documents/view_doc.asp？symbol=S/RES/748（1992）。

② 《联合国安理会第883（1993）号决议》，1993年11月11日，http：//www.un.org/zh/sc/documents/resolutions/93/s883.htm。

③ 《联合国安理会第1506（2003）号决议》，2003年9月12日，http：//www.un.org/zh/sc/documents/resolutions/03/s1506.htm。

④ 刘丽云：“利比亚经济改革：背景、进程与效果”，《西亚非洲》2011年第1期，第44页。

三、利比亚危机与联合国的应对（2011年2—9月）

2011年2月，受中东和北非阿拉伯动荡的影响，以律师菲西·塔贝尔遭逮捕为诱因，利比亚多个城市爆发示威游行。在民众示威游行遭到当局镇压后，利比亚动荡局势迅速演变为内战。2011年2月24日，来自班加西的反政府军队和卡扎菲军队正面交锋，并夺取港口城市米苏拉塔。政府军出动地面部队和空军袭击反政府军和其占领区域，而在首都的黎波里发生大批抗议活动，卡扎菲出动空军对首都示威者进行攻击。

2月26日，联合国安理会一致通过第1970号决议，决定对利比亚进行制裁，包括实行武器禁运，禁止卡扎菲和家人以及16名亲信出国旅行，冻结相关人员的海外资产，以涉嫌“反人类罪”将利比亚当局镇压平民的行动提交海牙国际刑事法庭进行审理。①

3月5日，反对派在班加西成立“国家过渡委员会”，并宣布自己是利比亚的唯一合法代表。此后，利政府军和反政府武装在多个战略要地展开激战。由于利比亚卡扎菲政权没有遵守安理会第1970号决议，继续武力镇压平民抗议，并在同反政府力量交锋的过程中逐渐占据上风，在阿拉伯国家、美国、英国和法国等的推动下，3月17日联合国安理会以10票赞成、5票弃权的结果通过第1973号决议，对利比亚卡扎菲政权实施了第二轮制裁。决议授权会员国在通知秘书长后采取一切必要措施保护利比亚平民以及包括班加西在内的受到卡扎菲政权袭击威胁的平民居住地区，但这些措施不包括对利比亚的任何形式的外国占领。决议还决定，对利比亚实施禁飞，除为了人道主义目的的飞行之外，禁止在利比亚领空的所有飞行活动，同时要求所有联合国会员国拒绝利比亚的飞机在境内起飞或降落。②

---

① 《联合国安理会第1970（2011）号决议》，2011年2月26日，http：//www. un. org/zh/documents/view_ doc. asp？symbol = S/RES/1970（2011）。

② “安理会通过决议对利比亚实施禁飞”，2011年3月17日，http：//www. un. org/zh/focus/northafrica/newsdetails. asp？newsID = 15252&criteria = libya。

从3月17日起，美国、法国、英国、丹麦、意大利、加拿大、比利时、西班牙、卡塔尔、挪威、阿拉伯联合酋长国、科威特、荷兰等通知秘书长，将采用军事措施强制执行1973号决议，以保护利比亚境内可能遭受袭击的平民和平民居住区。3月19日，欧盟及美国等决定对利比亚进行军事干预。3月31日，应美国等的要求，北约接管了军事行动指挥权，并持续对利比亚进行空袭。空袭逆转了反对派的颓势，卡扎菲部队的空中力量不久之后被消灭。尽管包括南非总统祖玛在内的4个非洲国家曾提出利比亚问题解决路线图，但是危机并没有缓解。进入5月，以卡扎菲的政府军从米苏拉塔撤退为标志，卡扎菲的力量进入收缩和防御阶段。7月中下旬，反对派在北约的支持下，在东部地区不断取得胜利。8月下旬，利比亚反对派武装攻入首都的黎波里，卡扎菲政权的统治终结。9月，以利比亚过渡委员会为首的利比亚执政当局已经基本控制利比亚的大部分地区，并得到国际社会的普遍承认。2011年9月16日，第66届联大以114票赞成、17票反对、15票弃权的表决结果，通过了有关出席本届联大的各国代表全权证书的决议草案，从而在事实上认可了由利比亚全国过渡委员会获得该国在联大的席位。①

在利比亚的内部冲突中，联合国作为外部变量，又一次深深地卷入其中。首先，包括安理会在内的联合国多个机构对利比亚冲突迅速做出反应。2011年2月15日，利比亚全国爆发了大规模的反对卡扎菲统治的抗议活动。联合国安理会在26日立即通过第1970号决议，对利比亚当前局势表示严重关切，谴责利比亚当局严重、有系统地侵犯平民的人权，并决定对利比亚实施严厉制裁。3月17日，安理会又迅速通过第1973号决议，决定在利比亚设立禁飞区。从骚乱的发生到联合国安理会做出保护人民的决议仅10天的时间。当和平手段不能保护利比亚人民的安全时，安理会仅用一个月的时间即快速达成一致并采取军事手段。国际社会首次如此高效快速地为保护人民采取有效应对措施。② 除了安理会外，联合国大会在3

① “联大决议认可全国过渡委员会获得利比亚的席位”，2011年9月16日，http://www.un.org/zh/focus/northafrica/newsdetails.asp? newsID = 16277&criteria = libya。

② 杨永红：“从利比亚到叙利亚——保护责任走到尽头了?”，《世界经济与政治论坛》2012年第3期，第74页。

月1日召开全体会议，通过了暂时取消利比亚在人权理事会成员资格的决议草案。依据安理会的授权，国际刑事法院首席检察官奥坎波3月3日在荷兰海牙总部宣布，从即日起对卡扎菲当局武力镇压和平示威民众而可能犯下的危害人类罪正式予以立案彻查。随着利比亚安全局势不断恶化，大批难民和移民涌入埃及、突尼斯等边境接壤国家。联合国难民署、世界粮食计划署、世界卫生组织等人道救援机构均为这些民众提供帮助。

其次，联合国在利比亚设立了禁飞区，其影响复杂而深远。冷战结束后，美英曾经在伊拉克和波黑设立过禁飞区，而在利比亚的禁飞区重点强调禁飞、禁防，谋求绝对制空权，有联合国授权并且以多国联盟的形式来实施。① 不过，安理会第1973号决议设立禁飞区的本意是为了保护平民，制止大规模屠杀，但在实际执行过程中却被西方国家滥用。西方国家在利比亚设立禁飞区的真正目的是希望通过军事介入改变冲突双方的力量对比，使利比亚局势向有利于反政府武装及其自身利益的方向发展。② 西方的军事行动还远远超出了执行禁飞令的范围。利军方一再宣布停火，但反对派拒绝与政府谈判。西方国家也拒绝通过和谈解决利比亚问题，持续对的黎波里和政府军地面部队、防空设施和民用机场进行空袭，还开展针对卡扎菲的斩首行动 。③

最后，利比亚成了联合国“保护的责任”实施的第一个实验场。“保护的责任”成型于2005年联合国世界首脑会议。“保护的责任”是为了使联合国安理会在处理种族灭绝、战争罪、种族清洗以及危害人类罪时能够更好地发挥作用，它使安理会可以将发生在一国境内的大规模暴行认定为对国际和平和安全的威胁，从而启动《联合国宪章》第7章赋予安理会的权力。安理会第1970号决议呼吁利比亚当局有保护其人民的责任；谴责针对平民的暴力和使用武力；对严重地、有系统地侵犯人权深表遗憾；并且认为对平民人口的袭击可能构成了危害人类罪。安理会第1973号决议也再

① 程星原：“安理会在利比亚设立‘禁飞区’的背景及作用”，《国际资料信息 》2011年第5期，第7—8页。

② 同上，第9页。

③ 赵广成：“从禁飞区实践看人道主义干涉的效力与局限性”，《国际问题研究 》2012年第1期，第104页。

次重申利比亚当局有责任保护利比亚民众。这两个决议迎来了“保护的责任”的积极倡导者的欢呼，他们认为国际社会是在国家利益存在巨大分歧的情况下首次采取如此高效、包括军事手段在内的集体行动以履行保护的责任，“保护责任全球中心”的执行总裁西蒙亚当斯甚至宣称2011年是保护责任之年。[①] 但是，国际社会关于这个问题的看法实际上分歧严重。中国表示“支持安理会采取适当和必要的行动，尽快稳定利比亚局势，制止针对平民的暴力行径”，[②] 但“在授权联合国维和行动保护平民时，应充分考虑到当事国的国情，量力而行。联合国维和行动应该继续坚持客观、中立的原则，避免在当地政府纷争中选边站队，甚至成为冲突的一方”。[③] 这一观点也得到许多国家，如巴西和南非的响应。由于与西方国家分歧严重，当西方国家试图在叙利亚复制利比亚模式，再次用“保护的责任”来通过相关的决议时，俄罗斯和中国联手多次否决了相关提案。有学者指出，“保护的责任”的困境归咎于利比亚事件中北约的越权行动，并认为利比亚是“保护的责任”的一块失败的实验田，叙利亚则被怀疑将成为“保护的责任”原则消亡之地。[④]

四、联合国在利比亚重建中的角色与作用（2011—2014年）

2011年10月20日，利比亚国家过渡委员会武装攻占卡扎菲最后据点与利比亚军事中心苏尔特，抓获卡扎菲，卡扎菲随后因伤重身亡。利比亚

---

① 杨永红：“从利比亚到叙利亚——保护责任走到尽头了?”，《世界经济与政治论坛》2012年第3期，第69页。

② 《联合国安全理事会第6531次会议临时逐字记录（S/PV. 6531）》，2011年5月10日，http：//www. un. org/ga/search/view_ doc. asp? symbol = S/PV. 6531&referer = /english/&Lang = C。

③ 《联合国安全理事会第6498次会议临时逐字记录（S/PV. 6498）》，2011年3月17日，http：//www. un. org/ga/search/view_ doc. asp? symbol = S/PV. 6498&referer = /english/&Lang = C。

④ Nick Ottens，*Syria is Where “Responsibility to Protect” Goes to Die*，Atlantic Sentinel，February 10，2012，http：//atlanticsentinel. com/2012/02/syria - is - where - responsibility - to - protect - goes - to - die/.

国家过渡委员会主席贾利勒在班加西宣布利比亚全国解放。至此，利比亚进入新的历史发展阶段，逐步开始政治过渡和战后重建工作进程。

2011 年 9 月，联合国安理会通过第 2009 号决议，设立联合国利比亚支助团，其初步任期 3 个月。决议并决定联利支助团的任务是协助和支持利比亚全国做出努力，以便恢复公共安全和秩序，促进法治，开展包容各方的政治对话，促进民族和解，着手开展制宪和选举工作，扩大国家的权力范围，包括加强负责任的新机构和恢复公共服务，促进和保护人权特别是弱势群体的人权，支持过渡时期司法，立即采取必要步骤来启动经济复苏，协调酌情请求其他多边和双边行动者提供的支助等。①

2012 年 3 月，安理会再次延长联合国利比亚支助特派团一年，并将联利支助团的任务进行了调整，规定其主要任务是协助利比亚过渡政府确定该国需求和优先事项，并提供战略和技术咨询，其中包括为利比亚选举进程与新宪法的起草和制定工作提供技术咨询和援助，促进法治，保护人权，恢复公共安全，防止各类武器特别是便携式地对空导弹的非法扩散，协调国际援助等。②

2013 年 3 月，安理会通过第 2095 号决议，继续支持利比亚政府管理民主过渡进程，包括筹备选举和起草宪法，促进法治和人权，恢复公共安全，打击各类军火和相关材料的非法扩散，以及为此协调国际援助。③

2014 年 3 月 14 日，安理会通过第 2144 号决议，决定将秘书长特别代表领导的联合国利比亚支助团的任期延长至 2015 年 3 月 13 日。其主要任务应是“协助利比亚政府努力实现向民主的过渡，促进法治并监测和保护人权，控制利比亚境内保管不安全的武器和相关材料，阻止它们的扩散，培养治理能力，为各部委、国家立法机构和地方政府提供支

---

① 《联合国安理会第 2009（2011）号决议》，2011 年 9 月 16 日，http：//www. un. org/zh/documents/view_ doc. asp？symbol = S/RES/2009（2011）。

② 《联合国安理会第 2040（2012）号决议》，2012 年 3 月 12 日，http：//www. un. org/zh/documents/view_ doc. asp？symbol = S/RES/2040（2012）。

③ 《联合国安理会第 2095（2013）号决议》，2013 年 3 月 14 日，http：//www. un. org/zh/documents/view_ doc. asp？symbol = S/RES/2095（2013）。

持”。[①]

尽管四期联利支助团的重点有所不同，但是总体来看，联利支助团在利比亚的工作主要集中在以下几个方面。

第一，介入利比亚民主过渡的管理，促进利比亚的民主转型。2012 年 7 月，利比亚举行了国民议会的选举，280 万注册选民中共有近 170 万参加了选举，投票率超过 60%。在这一进程中，应利比亚当局请求，由联利支助团、联合国开发计划署和联合国项目事务厅组成的联合国综合选举支助团队在整个选举进程中向委员会提供了实务咨询、技术援助和业务支助。派驻的黎波里、班加西和塞卜哈的大约 55 名联合国选举顾问，与委员会及其 13 个外地办事处开展密切合作。[②] 2014 年 6 月，利比亚举行了新立法机构“国民代表大会”的选举。联合国为利比亚当局提供了选举活动、对外关系、公共认识等领域的顾问。这些顾问为选举工作提供了有针对性的协助，以便在紧迫时限内提供对于成功举行选举至关重要的材料和服务。联利支助团与政府代表、媒体代表和积极分子进行接触，鼓励更多妇女登记为候选人，并在班加西和的黎波里举办了妇女候选人能力建设和培训班。[③]

第二，协助利比亚司法建设，监测和保护人权。在卡扎菲统治时期，司法系统的特点是腐败、效率低下和缺乏独立性，由于培训不足，其工作人员能力有限，平行机构重叠、立法和监管框架相互矛盾的现象十分普遍。[④] 支助团为利比亚当局提供了大量关于过渡时期的司法技术咨询和国际经验。2012 年 9 月 17 日，支助团发表了题为“转型时期的司法——为一个新的利比亚奠定计划”的报告，建议利比亚当局制定和推动旨在促进和解的全面转型时期的司法战略。支助团多次组织全国性和地方性的会议

---

① 《联合国安理会第 2144（2014）号决议》，2014 年 3 月 19 日，http：//www. un. org/zh/documents/view_ doc. asp？symbol = S/RES/2146（2014）。

② 《秘书长关于联合国利比亚支助团的报告（S/2012/675）》，2012 年 8 月 30 日，http：//www. un. org/zh/documents/view_ doc. asp？symbol = S/2012/675。

③ 《秘书长关于联合国利比亚支助团的报告（S/2014/653）》，2014 年 9 月 5 日，http：//www. un. org/zh/documents/view_ doc. asp？symbol = S/2014/653。

④ 《秘书长关于联合国利比亚支助团的报告（S/2011/727）》，2011 年 11 月 22 日，http：//www. un. org/zh/documents/view_ doc. asp？symbol = S/2011/727。

讨论相关司法问题，为进一步推动利比亚过渡期司法问题进行公开对话。2012 年 5 月，联利支助团协同南非和瑞士政府以及利比亚全国协商小组，邀请包括来自秘鲁和南非的 6 名国际专家来到该国，分享他们在本国实况调查与和解方面的经验。

第三，加强利比亚安全重建，管理安全溢出效应。在卡扎菲政府被推翻后，利比亚可以说遍地武装，人手一枪。如何处理这些游击队和枪支，使其保持可控状态是一个难题，也是利比亚安全重建中的核心问题。为确保联合国为利比亚安全领域的各项努力提供协调一致的支助，联合国利用联利支助团和联合国国家工作队的资源，采用了“联合国一体化”的安全部门方法。为应对利比亚重建中的安全挑战，支助团在 2012 年 7 月成立了安全部门咨询和协调司。该部门为利比亚当局在安全部门政策建议方面提供帮助并在适当情况下提供援助，以帮助协调国际努力。在安全重建方面，联利支助团的工作重点主要涉及 6 个相互联系的关键领域，即国家安全架构、警察改革、国防改革、武器弹药管理、边境安全以及解除武装、复员和重返社会工作。

第四，与有关利益方密切配合，做好国际援助的协调工作。利比亚的重建涉及到多个国家和国际组织。为了使国际援助能够发挥合力，促进利比亚的重建工作，支助团事实上扮演了国际援助协调人的角色。支助团支持利比亚政府在 2012 年 1 月成立了内部协调机制。2011 年 12 月，联利支助团支持利比亚当局召集有关双边代表开会，以加速利比亚中央银行和阿拉伯利比亚海外银行等海外资产的移交。2012 年 3 月 29 日，规划部主办了向国际社会介绍政府战略计划的会议。2012—2013 年，支助团支持联合国国家工作队制定了 2013 年到 2014 年战略框架，并对其进行了首次评估。2014 年，联利支助团还协助利比亚当局拟订 3 月 6 日在罗马举行的国际社会支持利比亚问题罗马部长级会议通过的两个契约。

从上述四个方面工作来看，支助团在促进利比亚民主转型方面扮演了十分活跃的角色，成效明显，尤其是为利比亚的第一次选举起到关键性的咨询作用。但在安全方面，支助团未能改变利比亚安全形势恶化的状态。实际上，自从卡扎菲被推翻后，利比亚的安全形势从来没有真正好转过。自 2012 年以来，利比亚的安全问题呈现出相对独立又密切结合的“三失”

困境：游击队和民兵的失控、安全治理机制的失范和地区局势的失衡。[①] 2015 年 2 月，在利比亚“革命”爆发四周年之际，“利比亚已在内战边缘。两个敌对政府及其武装力量陷入了一场权利斗争。一方是自 2014 年夏季在利比亚东部建立议会的国际公认的以阿卜杜拉·艾希尼为总理的政府，一方是占领首都的黎波里、建立政府并重组旧议会的武装力量利比亚黎明”。[②]

联利支助团本质上是一个综合政治特派团，这在安理会第 2095 号决议和第 2144 号决议中有明确界定。这意味着联合国在利比亚的行动主要是政治行动，顾问和咨询色彩浓厚，其核心任务是在利比亚促进政局稳定和战后重建，顺利实现利比亚的民主转型，最主要的途径是提供相关支持，协助利比亚当局做好各项工作。换句话说，在没有维和部队支持的情况下，支助团在很多方面并没有强制执行力。因此，尽管支助团的工作还存在这样和那样的瑕疵，但是就其授权而言，支助团提出了很好的建议，只是利比亚并没有很好地采纳和遵循这些建议。正如一位学者指出的那样，当支助团提交了安全白皮书后，是利比亚人自己修改了这些文件，当联合国就国民大会的规则程序提出建议时，又是利比亚人自己改变了规则。这显示出利比亚人在某些领域不愿意向国际社会征询意见，他们不想自己的手脚被困住。[③]

五、利比亚重建的前景及联合国角色的转型

利比亚的未来充满了不确定。早在 2011 年，美国《外交》杂志就曾经预测，利比亚存在一大批极端主义者，以及针对美国驻伊拉克军队的自杀性爆炸袭击者。如果利比亚继续处于无政府状态，中央政府无法控制的

---

① 江涛：“后卡扎菲时代的利比亚国家安全治理”，《国际展望》2014 年第 3 期，第 89 页。

② 《联合国敦促利比亚交战武装派系维持停火协议》，2015 年 1 月 21 日，环球网，http：//world. huanqiu. com/exclusive/2015 - 01/5458751. html。

③ Peter Bartu, *Libya's Political Transition*: *The Challenges of Mediation*, http：//reliefweb. int/sites/reliefweb. int/files/resources/ipi_ e_ pub_ mediation_ libya. pdf.

地区可能成为极端主义者的避风港。[1]

未来利比亚的转型可能出现两个极端情况。一是利比亚过渡委制定的路线图能够完全实现，不断进行制度建设，解决好石油和天然气收入问题，逐步建立统一的军事力量并提供有力的安全保证，同时致力于培养民众的国家认同，真正实现民族和解，那么利比亚将成为阿拉伯国家政治转型的典范。二是过渡委和新政府不能提供安全环境，促进经济建设和转型，解决政治矛盾和地区纷争，利比亚可能陷入分裂，长期处于无政府状态，甚至成为极端主义者的避风港，利比亚极有可能成为下一个索马里。

从当前利比亚的国内局势来看，尽管利比亚的革命唤醒了长期被卡扎非压抑的多样化的地区和民族认同，但是未来没有任何一种力量包括地区主义、部落主义、恐怖主义能够主导利比亚。利比亚的国家认同非常难以定位，更多地依靠共同的血缘、习惯和风俗，而不是共同的机制和敌人，但是也具有很强的弹性，能够容纳和吸收足够的不同分歧。如果利比亚能够发展出一种制度，可以包容尽可能的不同，那么利比亚的前途是光明的。在今后相当长的时间里，利比亚可能处于一种不稳定但是并非灾难性的情况。它依然是一个虚弱的国家，保持相当程度上的无政府状态。它可能有一个非集权性的政治和官僚体系，但被迫保留“革命者”的利益。各方同时存在，和平共处，共同分享石油资源。[2]

对于联合国来说，其未来在利比亚的角色依然取决于利比亚的国内形势和外部介入者的决心与博弈。2015 年 3 月，联合国秘书长向安理会提交了一份《对联合国在利比亚的存在的战略评估的特别报告》。报告指出，“自 2014 年 7 月初以来，利比亚爆发了自 2011 年革命以来最严重的武装冲突”，“目前的政治僵局和迅速恶化的安全局势的核心问题是政治和人权领域的严重缺陷，这一缺陷是几十年的系统性剥夺人民权利的政策和国家机构遭破坏造成的，这实际上造成了一种文化，其特点是缺少问责制度、缺乏透明度以及公民权利和自由被剥夺”。“利比亚历届政府未能建立对使用

---

① Daniel Serwer, “Imagining Libya, a Decade from Now”, *Foreign Policy*, August 22, 2011, http://www.foreignpolicy.com/articles/2011/08/22/imagining_libya_a_decade_from_now/.

② Peter Cole, Brian McQuinn, *The Libyan Revolution and Its Aftermath*, Oxford University Press, 2015, pp. 14, 28.

武力的掌控。利比亚安全部队仍然软弱，缺乏适当的指挥和控制、凝聚力和士气，而武装团体却在增多。”报告建议，今后两年利比亚的优先事项应该确定为结束冲突，为长期稳定奠定基础；完成过渡进程；维持或恢复基本服务；迈向稳定的民主国家。为此，秘书长建议联合国在利比亚的战略优先事项应该调整为支持政治进程，就过渡的下一步行动达成政治协议；保护人权，支持制宪议会、国家高级选举委员会以及全国公民自由和人权理事会等关键部门的工作；提供基本服务，继续发挥协调作用。在这种情况下，需要大幅度缩减联利支助团的规模，最佳选项将是在利比亚境内保持有限但持续的足迹，由联合国系统 15 名至 20 名实务工作人员根据需要及战略和业务重点进行轮换，并配以适当后勤和安保支助构成部分。①

从联合国秘书长的这份评估报告来看，如果利比亚继续保持目前的不稳定状态，支助团将除了保留在利比亚的最低规模存在外，将逐步淡出利比亚的内部事务。不过，也存在着另外一种可能性，即如果利比亚的安全形势继续恶化，恐怖分子制造新的事件，北非地区局势进一步动荡，不排除联合国有可能在大国的支持下在利比亚部署新的维持和平行动。正如秘书长的报告指出的那样，“提出这些建议的设想条件是局势将改善或保持现状。但是，如果调解努力失败，局势进一步恶化，安全理事会将在现有各项决议框架内有可用的备选办法，以便采取认为合适的其他行动”。② 而由联合国主导，将联合国利比亚支助团升级为维持和平行动，建立类似应对马里危机那样的多层面综合稳定团或许是一个优先选项。

---

① 《秘书长关于对联合国在利比亚的存在的战略评估的特别报告（S/2015/113）》，2015 年 2 月 13 日，http：//www. un. org/zh/documents/view_ doc. asp? symbol = S/2015/113。

② 同上。

联合国维和机制：问题与改革

徐理群*

维和行动是联合国集体安全机制的重要载体，在维护地区以及世界的和平与安全问题上发挥着重要的作用。进入新世纪以来，维和行动面临着新的任务，也呈现了新的特点，这给维和机制带来了一定的挑战。

一、联合国维和机制的新任务和新特点

（一）联合国维和机制的新的任务

前联合国秘书长加利将1988年以后的维和行动称为第二代维和行动，相比第一代维和行动，第二代维和行动包含的内容更加广泛，增加了政治、经济、生态、社会等多个方面的内容。

第一，增加了组织选举以及监督的任务。当维和部队进入到冲突的国家或地区时，冲突将会暂时平息。但是，一旦国家或地区进行重建时，隐藏的矛盾和冲突会大规模地爆发，尤其是在选举时，这种现象更为严重。因此，联合国维和行动在冲突地区实现稳定后，会对这些国家或地区的选举进行监督并提供相应的帮助。联合国专门建立了选举援助团。例如，在2013年5月，联合国安理会通过了在索马里设立联合国索马里援助团的决议，为索马里当局提供一些战略性政策的咨询，并支持维护索马里地区的和平与发展进程。2014年3月，应阿富汗当局的请求，联合国维和部队在

* 徐理群，中国社会科学院研究生院博士研究生。

阿富汗开展了外联和斡旋活动来支持并监督2014年的阿富汗总统及省议会的选举以及2015年的议会选举。[①] 这些事件表明，联合国维和行动通过增加组织选举以及监督的新任务，减少了冲突的频度，维护了国家和地区的和平与稳定。

第二，协助裁减冲突国军备。虽然联合国维和行动暂时稳定了局势，但是冲突国仍然拥有大量的武装人员、武器装备。而且，这些冲突方实力较强，不断挑战冲突当局的合法性，导致政局不稳、社会无序。因此，联合国在采取维和行动后，会采取协助冲突国裁减军备的办法。联合国在莫桑比克地区协助裁减了冲突方的兵力，稳定了莫桑比克地区的局势，为莫桑比克地区的人民带来了和平。

但这种新的任务在给冲突国带来稳定的同时，又隐含着其他的问题。虽然冲突国局势得到进一步稳定，但是在裁减军备时需要投入大量的资金来安抚那些武装解散人员，这对冲突国当局的经济来讲无疑是雪上加霜，也为后期国家的重建工作带来了一系列隐性问题。

第三，参与冲突国的行政管理。第二代联合国维和行动中增加了参与行政管理的新任务，包括为所在国政府提供政治、经济、外交上的意见，帮助所在国的财政、参与所在国政治等一系列内容。例如，联合国在刚果（金）、柬埔寨、波斯尼亚等地区都有参与行政任务。

这种参与冲突国行政管理的新任务有利于维护冲突国政局的稳定，促进其经济的发展，但是又在某种程度上违反了联合国不干涉内政的原则。在第二代联合国维和行动中还出现了许多其他的任务，如排雷、进行冲突预防性部署、进行人道主义援助、建立保护居民的安全区等。

（二）联合国维和行动的新特点

第一，维和行动主导性作用增强。联合国的一系列新任务以及行动表明，联合国维和行动的角色定位正在发生变化。在冷战时期，联合国的维

---

① “伊拉克局势最新消息：伊拉克西部冲突致9万余人流离失所”，新华社，2015年4月19日，http：//www. xinhuanet. com/world/2015 -04/19/c_ 1115017334. htm。

和行动主要是采取缓和性、消极性的方式来解决争端，介入冲突时也比较谨慎。战后，联合国维和行动开始向主导性的强势角色转变。例如，东帝汶支助团、利比里亚特派团、埃厄特派团等都体现了联合国的主导性。虽然这种主导性背后隐藏着大国间的利益博弈，但是仍然维持着联合国维和的本质，是联合国维和行动进一步发展的标志。

第二，人道主义干涉大行其道。联合国维和行动在指导思想上已经有了新转变，1994 年卢旺达种族大屠杀催化了联合国维和行动指导思想的转变即人道主义干涉。例如，联合国维和行动在处理东帝汶独立诉求、稳定利比里亚以及刚果（金）政局、处理苏丹的达尔富尔等问题上，都体现了人道主义干涉的原则。第二代维和行动中的人道主义干涉的指导思想体现了联合国维和行动拥有了某种层次上的道德层面的意义，但是这仍然没有摆脱背后大国之间的利益争夺。

第三，维和行动“国内化”以及维和行为体“多元化”。深入分析新世纪联合国的八项维和行动，我们可以看出有七项维和行动是由国内冲突引入的。然而，在 20 世纪 90 年代，维和行动只有一半是由国内冲突引起的。维和行动的“国内化”也是存在争议的一个特点。因为处在这个全球化的时代，某个国家一旦发生动荡，就会对别的国家产生影响。因此，联合国的维和行动就处在合法维和与干涉内政的中间地带。

冷战结束后，一些地区性或国际性的国际组织成为维和的一支力量，并在维和行动中发挥越来越重要的作用。进入新世纪后，政府间的、非政府间的国际组织、跨国公司以及一些个人都积极地参与到地区维和行动中，有些与联合国一起采取行动，有些则单独作战。这些非联合国行为体极大地丰富了维和行动的内容，虽说尚不能完全取代联合国维和行动，但却有力地促进了联合国维和行动的改革。

二、联合国维和机制存在的问题

学者门洪华曾经将联合国维和机制定义为：“联合国通过部署维和行

动解决国际冲突所形成的原则、规则、规范和决策程序”。[①] 联合国维和机制是联合国维和行动的产物。联合国维和机制在处理国家或地区冲突，维护区域安定、政治稳定方面发挥了非常重要的作用，但是仍存在一系列的缺陷和问题。

（一）维和行动面临着资源和财政的窘境

冷战结束后，联合国维和行动的规模和数量不断增大。从维和的数量上看，从 1948 年到 2016 年 4 月，维和行动共计 71 项，正在进行的有 16 项。[②] 在 1990 年以前只有 18 项，1990 年以后有 55 项。从维和行动的规模上看，传统的维和行动一般规模比较小，职能也比较单一；到了 20 世纪 90 年代后，开展了职能多样的维和行动，并且将军事分界线两侧的线性部署更换为非线性的全境部署。联合国在全世界的维和行动多达十多项，对资源的需求量十分巨大，资源和财政的缺乏成了维和行动的一块短板，也成为制约联合国维和行动的一个关键因素。

维和规模的扩大使得维和行动不堪重负。20 世纪 90 年代以后，维和行动的规模不断“加码”，维和人数超过一万的已经有很多。例如，联合国海地稳定团的人数在 2008 年就已经达到 9055 人，预算高达 5.35 亿美元。2015 年 7 月到 2016 年 6 月，联合国维和预算高达 82.7 亿美元。[③] 对比 2005 年的 32 亿美元，在 10 年的时间内翻了接近 3 倍，严重超出了联合国能承受的范围。截至 2016 年 4 月，联合国在世界维和的人员已经超过 10 万，达到维和人数的历史最高水平。[④]

维和经费的获取一般通过以下三个途径：其一，成员们的自愿捐助；其二，维和行动拨款；其三，联合国正常的资金预算拨款。当然也有当事国自己出款的情况。虽说联合国维和行动的筹款途径很多，但维和经费的缺乏仍然是一个十分突出的问题。

---

① 门洪华：“联合国维和机制的创新”，《国际问题研究》2002 年第 6 期，第 17 页。

② http：//www. un. org/zh/peacekeeping/resources/statistics/factsheet. shtml.

③ http：//www. un. org/zh/peacekeeping/operations/financing. shtml.

④ http：//www. un. org/zh/peacekeeping/operations/financing. shtml.

大国拖欠会费及联合国大规模拓展维和行动导致了维和经费的缺乏。20世纪90年代，联合国会员特别是大国拖欠会费的现象比较严重。如1991年和1992年，各国拖欠的会费分别为3.77亿美元和6.65亿美元。[①]而在1995年和1998年，各国拖欠的维和会费分别达19亿美元和16亿美元。近年来，联合国会费的拖欠情况已经有了改善。2014年11月，联合国分管管理事务的副秘书长高须幸雄表示，联合国成员拖欠的常规运营预算费用以及维和费用总和为35亿美元，欠费最多的分别为美国、巴西和委内瑞拉，三国分别拖欠8亿美元、7700万美元、2800万美元，美国排名第一。[②]

（二）维和行动与大国关系

当今国际政治舞台上的主要行为体还是主权国家，维和行动的顺利开展尚离不开主权国家尤其是那些影响力强大的国家的支持。

美国往往采取功利主义的态度来对待联合国的维和行动，这主要体现在两个方面：首先，美国对联合国维和行动的支持具有很大的选择性，有自己的一套判断标准。美国对联合国维和行动在不同的历史时期表现出不同的态度，时而积极参与，时而消极观望。在老布什任职前期，美国对联合国的维和行动态度冷漠，但当海湾战争发生后，美国一改冷漠之态，开始带头领导联合国的维和行动。在1992年，美国向联合国拨款3.5亿美元，并且表示要全力支持联合国维和行动。美国借助联合国维和平台，积极插手海湾战争及索马里冲突，进而为美国的国家利益服务。克林顿上台后，仍然采取老布什时期的积极参与态度，但是当索马里维和行动失败后，克林顿政府立刻将激进的参与政策调整为有选择的参与，并且打着集体安全行动的旗帜四处干涉别国的内政。小布什上台后明确表示要减少与联合国的合作，推动联合国改革。在此期间，美国拖欠了大量的联合国会费，而且减少了向联合国派遣维和人员的数量。美国在联合国改革问题上

---

① 刘恩照："联合国维持和平行动现状"，《国际问题研究》1998年第2期，第50—53页。

② http：//epaper. jinghua. cn/html/2014－10/11/content_133652. htm.

十分矛盾，一方面试图推动日本入常，另一方面又担心安理会规模的进一步增大会影响美国的地位。美国在联合国改革问题上表现出的矛盾心理表明其对联合国维和的态度是根据国家利益做出的选择。到了奥巴马当政时，为了改善小布什在任期间塑造的穷兵黩武的国家形象，提出了“巧实力”的外交战略，在参与联合国维和问题上表现得更为灵活。奥巴马一上台便主动还清了2005年到2008年的欠款，并按时缴纳了2009年的会费，共计22亿美元。[①] 在打击索马里海盗问题上，美国将自身的国家安全战略与联合国的维和行动相结合。这一行为使得“美国的军事干预转化为国际干预，同时节约了大量的经费”。[②] 美国的这种灵巧的维和策略也是从本国的实际出发，并充分考虑了美国的国家利益。

欧盟的维和行动不同于美国的维和行动，也不同于传统的维和行动。欧盟参与联合国维和行动，对于推动自身的军事行动能力、危机处理能力，以及扩大欧盟影响力等有着重要的作用。因此，欧盟在参与维和的过程中体现出尊重国际法、尊重冲突国、强调合作、灵活运用军事和民事手段等特点。

欧盟的维和行动取得了一定的成果，尤其是在非洲地区的维和，基本上达到了预期的目标。欧盟在参与维和行动时往往会遵守当事国的法律，不会卷入与欧盟利益无关的冲突中。在参与维和行动时，欧盟常常向当事国传播自己的价值观念和政治制度，试图按照自己的标准来改造当地的政府，建立与自己相似的政治制度和管理策略。但是，欧盟的维和行动也有自身的缺陷，若是不着力解决这些问题，会对日后的维和行动产生不利的影响。欧盟是一个联盟，而不是一个单一的国家。在欧盟参与维和行动时，每个国家都会站在有利于自己的角度去思考问题，这样就产生了纠纷，影响了维和的效率。例如，在参与维和行动上，各个国家的目的有很大的不同，法国希望通过维和行动保持自己在欧盟中的领导地位；英国希

---

① “Remarks by Ambassador Susan E. Rice，U. S. Permanent Representative to the United Nations，during an Open Security Council Debate on Peacekeeping Operations，in the Security Council Chamber”，U. S. Mission to the United Nations，New York，N Y，August 5，2009，http：//usun. state. gov/briefing/statements/2009/august/26908. htm.

② 门洪华：“联合国与美国霸权”，《新远见》2008年第1期，第28—39页。

望在维和行动中保持自己同美国及欧盟的关系平衡；德国则希望通过维和行动成功入常，恢复自己往日的大国地位。利益的分歧使得欧盟难以达成较为一致的维和行动目标。例如，在伊拉克问题上，法、德、比、卢四国态度十分积极，主张建立独立于北约的军事指挥中心，并且呼吁更多的国家参与；英国及其他国家对此事的反应就十分冷淡，而且在一些更加重大的军事问题上与这些国家的利益分歧就更大了。因此，这种利益的分歧严重制约了欧盟维和行动的展开。

日本对于联合国维和行动的态度大体可以划为三个阶段，即完全不参与、有选择的参与、积极参与。二战结束后，日本着力于本国的经济发展，基本上完全不参与。1992 年日本通过了《联合国维持和平行动合作法》，日本的自卫队走出了国门，日本开始向海外派兵，主要承担医疗、救护灾民、运输等后方援助性活动。[①] “9·11”事件为日本提供了全面参与维和的契机，日本借助“反恐”开始向外派遣自卫队。

日本参与联合国的目的很明确，即为日本在外交上争取更多的主动权和发言权，进一步提升自己的国际影响力和国际地位。前首相中曾根曾不止一次地表示日本不仅要做经济大国，更要努力成为政治大国。他在 1987 年第 42 届联合国大会上明确表示：“当今世界的主要问题是维护和平以及裁军，进而解决地区争端，发展经济，保护地球的环境。”[②] 此后，日本凭借自身的经济实力，积极参与国际经济、政治、外交的相关活动，对联合国的态度也比较积极。虽说日本参与维和行动的目的是为了谋求政治大国地位，但是日本的参与也确实推动了联合国维和的进一步发展。

近些年来，很多发达国家对联合国维和行动，尤其是对非的行动失去了兴趣，发达国家对非洲的出兵率仅为 6%。随着联合国维和规模的不断扩大，会员国的财政负担不断加大，甚至超出了有些国家的财政承受范围。因此，有些经济丰足的大国便借助维和行动的这项弱点不断地向联合国施压，使得联合国维和面临着更多棘手的问题。

---

① http：//163. com/editor/010820/010820 259589. html.

② 金熙德：《日美基轴与经济外交》，中国社会科学出版社 1998 年版，第 36 页。

（三）妇女在维和、建和的作用问题

2015年是联合国安理会关于妇女、和平与安全的第1325（2000）号决议通过的第15个年头。第1325号决议是联合国、各国政府、公民社会和各利益枚关方在冲突中和冲突后环境下保障妇女权益的关键性国际文书，被称为应对妇女、和平与安全问题的“具有历史意义的里程碑”。[①] 安理会第1325号决议是全球妇女运动的一个辉煌成就，是联合国安理会做出的最鼓舞人心的决定之一”。[②]

联合国安理会在2000年举行了“妇女、和平与安全”的辩论会，与会代表呼吁并采取必要的措施促使妇女能够更多地参与到和平与安全决策的过程中。要将社会的性别意识融入到和谈、执行和平协议中，使妇女和女童的特殊需求能够得到满足。决议强调了妇女在维和及建设和平方面的重要作用，并且强调妇女要充分、平等地参与到维和过程中，进而加强妇女在维和与建和决策方面的作用。

通过分析第1325号决议可以发现，联合国维和行动的关注点不仅局限在战争对妇女的影响上，还关注妇女在参与维和与实现持久和平中的重要作用。联合国安理会关于妇女、和平与安全的第1820号决议第一次提出性暴力威胁世界和平与安全，并且承认性暴力是一种战争战术，呼吁训练部队能够让更多的妇女参与到维和行动中。

一些非政府组织和女权主义者认为，联合国的很多决议往往侧重于宏观的冲突问题的解决，而忽略了女性参与和女性权力的问题。然而，在实际的冲突中，性暴力仍然大量存在，也引起了联合国和许多国家的关注。2015年10月，安理会又通过关于妇女、和平与安全的第2242号决议，将暴力极端主义对女性的影响以及提升妇女的参与和领导力度等内容提上了

---

① Nicola Pratt and Sophie Richter－Deuroe，“Critically Examining UNSCR 1325 on Women，Peace and Security”，International Feminist，*Journal of Politics*，Vol. 13，Issue 4，2011，p. 490；李英桃：“安理会1325号决议：应对妇女、和平与安全问题的里程碑”，《中国妇女报》2015年8月25日。

② Phumzile Mlambo－Ngcuka，“Foreword”，in UN Women Conflict Transforming Lice Securing the Peace；A Global Study on the Implementation of United Nations Security Council Resolution 1325.

议程。

随着时代的发展，女性已成为国际社会中不容忽视的政治角色，她们在预防和解决冲突方面有着独特的作用。如何将女性融入到维和与建和的决策、执行、评估过程中，是维和行动完善过程中的重要一环，联合国显然在关注女性这一问题上做得还不够。2000 年以来的经验同时显示，仅凭第 1325 号决议这样一个框架不足以对抗各种阻力，而且决议的执行本身还尚未能实现性别平等。① 联合国和各个国家的外交系统尤其是国家官员和政府部门并不熟悉决议，降低了执行决议的效率；政府和国家调停者没有做好他们的工作；倾听妇女的声音、咨询妇女的意见、采纳妇女的观点仍然不是和平进程中政府或调停者的标准程序的一部分等。②

（四）维和人员的安全问题

维和人员的安全问题是联合国维和行动中绝对绕不开的棘手议题。开展维和行动的前提是最大程度地保护维和人员的安全。成员国派遣维和人员的意愿与联合国维和部队的安全度密切相关。不能保证维和人员的安全，就会极大影响成员国派遣部队的意愿。2016 年 6 月 1 日，联合国驻马里营地被袭，中国维和人员 1 死 4 伤，这是一场专门针对维和人员的恐怖袭击，这不仅给受难的家属造成了伤害，也在某种程度上打击了中国派兵的积极性。

据统计，20 世纪 90 年代维和人员的年均伤亡不足 80 人，每项维和行动维和人员的伤亡不超过 22. 8 人。但是进入新世纪以后，每项维和行动中维和人员的伤亡达到 92 人。更为棘手的是，维和人员已成为恐怖分子的袭击对象，2003 年 8 月，21 名维和人员丧生就是一个例子，同时也揭示出维和人员的安全比以往更加难以得到保障这一现实。

① Ingrid Sharp, "Feminist Peace Activism 1915 and 2010; Are We Nearly There Yet?", *Peace and Change*, Vol. 38, No. 2, 2013, pp. 173 – 174.

② Sanam Naraghi Anderlini and John Tirman, "What the Women Say: Participation and UNSCR 1325, A Case Study Assessment", by the International Civil Society Action Network and the MTI' Center for International Studies, October 2010.

（五）维和原则受到挑战

冷战时期，联合国维和行动一直秉持着当事国同意、公正中立、非强制性的“哈马舍尔德三原则”。冷战后，联合国维和行动发生了转变，由消极性的维持和平转化为强制性的维护和平，其行动的强制性、主导性逐渐增强。

1992 年，联合国秘书长加利提交了一份名为《和平纲领：预防外交、建立和平和维持和平》的报告，该报告包含：预防外交、促成和平、维护和平以及进行冲突后巩固等四个内容。这份报告扩大了维和的任务和职能，并且进一步模糊了维和行动与强制行动之间的界限。例如，联合国在索马里进行维和行动时没有征求冲突各方的意见，这就违反了三原则中的同意原则。联合国在波黑地区进行维和任务时，对穆族进攻塞族的行动毫不制止，并默认北约空袭塞族，这就违反了三原则中的中立原则。联合国在 1995 年授权北约对波黑塞族进行大规模的空袭，北约使用了最先进的飞机以及大量新型攻击力强悍的武器装备，这就违反了非武力的原则。联合国对波黑和索马里采取维和行动的失败严重影响了联合国的声誉，越来越多的人开始怀疑联合国的效能。

此外，联合国驻刚果（金）、驻海地的维和部队都采取了强制维和的行动，有些维和部队直接参与了当地的部队作战。这说明联合国维和行动受到了维和原则的限制，也说明维和原则在新世纪的国际形势下受到了挑战。

（六）维和的法典问题

最能揭示联合国维和行动法理依据缺失的就是联合国前秘书长加利·哈马舍尔德对联合国维和行动的形象的称呼，即“第六章半的创见”。目前，维和行动已经有 70 年的历程，但是《联合国宪章》却并没有给这项行动下一个明确的定义。维和行动与《联合国宪章的》第六、七章规定的和平手段、强制手段都不同，一方面超出了第六章和平解决争端的方法范围，另一方面又不能取代第七章的强制和平。虽然可以从《联合国宪章》第六章及第七章的相关文件中引申出维和行动符合某些法律规定，以填补第六章与第七章之间的空隙，但是联合国维和行动却始终没有得到宪章的明确规定。

一方面，难以确定联合国维和行动的属性。第十版《联合国手册》认为联合国维和行动是填补《联合国宪章》第六章和第七章空白的实际办法，是一种临时办法。进入新世纪后，维和部队的人数、维和规模、维和耗资已经呈现翻倍的增长，在此种情况下，维和干预行动已经大大超出“临时办法”的范畴，因此根据《联合国宪章》提供的法律依据已经难以支持联合国的维和行动，尤其是冷战后大规模的国际干预行动。深入分析近些年来的维和行动可以发现，维和行动的范畴已经超出第六章规定的和平解决争端的范畴，而且对第七章的强制解决争端也存在着滥用的状况。联合国的这些维和机制一旦被一些别有用心的大国利用，就会大大影响联合国维和行动的合法性。

另一方面，有干涉别国内政之嫌。《联合国宪章》并没有明确的规章制度规定可以干涉国内冲突。根据《联合国宪章》第六章第 34 条到 38 条以及第七章的第 39 条至 40 条的规定，维和行动管辖的范围是由主权国为当事国的国际冲突或国际争端。然而，冷战后，联合国维和行动干预的多是国内冲突，由于维和行动扩大到干涉国内冲突的程度，这种维和行动已经超出联合国财政的支持范围，某些大国便借着这个问题打着联合国维和的旗号光明正大地干涉别国内政，而且当前的《联合国宪章》也无法解决这个问题。

三、改革方向

联合国的维和行动是联合国集体安全机制的重要构成部分，其改革与联合国集体安全机制的改革密切相关。虽说维和机制的改革不能促使联合国集体安全机制的改革快速完成，但却会极大地推动联合国集体安全机制的改革进程。

第一，维和行动执行了70年，但是仍然没有形成一套完整的、规范的、高效的组织机制，维和组织机制的缺失极大地影响了维和行动的效率。维和行动的开展往往是通过联合国的明示或者其他程序，因此具有很强的随意性和临时性。维和行动的决策机制、指挥机制及绩效评估机制构成了联合国组织机制。维和决策机制的改革要侧重于形成一套规范的运行程序，不论是危机评估、讨论决议还是预防外交等都要具有规范性、程序性。如此一来，就可以避免大国的干涉，保证维和行动的公正性。提高维和机制效率的关键就是要有完善的指挥机制，要进一步明确联合国秘书长和维和行动指挥官之间的权责。针对绩效评估的改革，则要设立一个独立的机构对联合国维和行动的成果进行客观评估，并且要定期向联合国安理会报告维和行动的实际进度及成果。

第二，维和法典的改革问题。关于维和法典的改革问题，学者们意见不一，若是制定一部维和法典却不考虑国际政治以及集体安全机制现存的问题，就会引起更大的维和问题。当前，并不是所有的国家都支持制定一部统一的维和法典，若是忽略这些国家的意见，就会导致维和法典不被尊重、不被执行。而且，维和法典的条文若制定得比较粗略的话，就会被一些国家钻空子。虽说当前国家间的相互依赖程度空前增强，但是国家利益的分歧仍然很大，因此维和法典的制定要充分考虑大多数国家的意见。当前的国际形势仍然是“一超多强”，在这种国际形势下制定的维和法典仍然是侧重于大国、强国的利益，这样就会损害发展中国家和弱国的利益，时间一长，就会产生更大的问题。因此，目前制定维和法典的条件并不充足，维和法典的制定要等待时机。

第三，推进维和行动改革的关键是联合国维和行动要摆脱财政困境。首先要向成员国大力宣传《联合国宪章》的基本原则，促使成员国养成定期缴纳会费的习惯。另外，要建立一些关联的机制，缴纳会费不仅是一种硬性的要求，更应成为成员国寻求自我利益的一种途径。应不断提升国家利益和国际利益的契合度，例如建设“维和鼓励”机制，将维和任务与参与国的经济利益进一步结合，参与的规模和深度要与获得的经济收益相挂钩，将一些较好的项目优先交给会费缴纳份额较多且又不拖欠会费的国家。再次，要建立相应的惩罚措施，对于那些长期拖欠会款的国家，联合国有权冻结或者剥夺其表决权和投票权。最后，还要极力拓展会费的筹集渠道，从多种行为体中获得会款。联合国本身不具有成长性的维和资金，维和资金的来源主要是靠会员国缴纳和当事国捐款。一旦会员国或当事国停止资金缴纳，就会导致维和行动瘫痪。所以，要摆脱财政窘境就要自力更生，建设自己的储备资金和成长性资金。例如，建设联合国专属的金融管理组织，通过有效的金融管理和风投来获取收益，以减少对维和经费的依赖。

第四，革新传统的维和原则。其一，革新最低限度使用武力的原则。维和行动的出发点是“维持和平”而不是“强制和平”。因此，维和行动应继续秉持中立、公正的原则，控制冲突局势，保持在“维持和平”的程度就好。新的维和行动不能再局限于传统的几大领域，新维和行动面对的不仅是冲突各方的正规军队，还有许多非国家行为体之间的对抗。如果在执行维和任务时仍然固守不使用武力原则，将会对维和人员的人身安全及任务的执行效率造成影响。因此，在最低限度使用武力的基础上审慎地放宽武器装备的使用，将有利于提高维和的效率。其二，要重新思考同意原则。传统的维和行动是在当事国统一及协调后开展的。冷战后，国际形势更为复杂，有些冲突的地区并不符合国际法有关主权实体的规定，因此同意原则的使用也应该更为审慎。其三，重新思考中立和不介入原则。冷战结束后，国内冲突不断增加，挑战了维和的中立不介入的原则。在当前的国际形势下，不介入原则很难保持，因此维和部队在介入国内冲突时应当掌握好维和的尺度，避免由中立方变为冲突方。

第五，联合国1325号决议的通过，对全球性别平等运动以及联合国安理会改革具有标志性意义。从安理会将妇女、和平与安全的议题纳入议程，到1325号决议以及其他后续决议的通过，再到各国及联合国在维和行动中付诸实践，这一系列进程反映了女性主义渐渐成为一种合理的国际规范，也反映了联合国、主权国家及非政府组织等各方力量之间的相互依赖。通过回顾1325号决议执行的情况可以看出，女性在维和行动中的参与虽然取得了一些成绩，但实际上的挑战仍旧存在。2015年10月举行的安理会高级别审议会议、《执行安理会第1325号决议全球研究报告》、安理会第2242号决议都充分说明了这一点。针对这一问题，联合国各个系统、主权国家及非政府组织等各方力量应该携手努力，将包含政治意愿、以性别统计数据为支撑的问责制引入维和行动的改革中。另外，要重视1325号决议及后续决议的本土化问题，将社会性别主流化战略贯穿于和平与安全工作的始终。①

联合国维和行动的开展、维和机制的运行和改革都与其所处时代的国际政治形式密切相关。新世纪维和行动的开展面临着许多新的挑战，但是不能因这些挑战而对维和行动失去信心，但也不能抱有太大的希望。维和行动毕竟没有自己的成长性资源，也不是所有的国家都对维和行动表示支持，联合国维和行动也远未树立其普遍的公信力和认同度。

联合国维和行动面临着机遇和挑战，一方面维和行动应当继续坚持基本的维和原则，另一方面要适度地调整相应的原则以适应新的维和行动的需要。维和行动机制的改革应当采取动态的、渐进的、发展的态势，既不能墨守成规，也不能采取激进的“休克式”疗法。联合国维和行动的改革是一个漫长的过程，应该结合现实的国际形势来推动联合国维和行动改革的顺利进行。

① 李英桃、金岳嵘：“妇女、和平与安全议程——联合国安理会第1325号决议的发展与执行”，《世界经济与政治》2016年第2期，第36—59页。

国际刑事法庭的司法实践及其对维和法律制度的影响*

梁　卓**

冷战结束以后，联合国主导的维和行动迅速增多，成为国际法学研究密切关注的对象。据联合国官方统计，从1948年第一次维和行动实施以来，“联合国已部署了69个维持和平行动，其中56个是1988年以来开展的。近些年，共有数十万名军事人员和数万名联合国警察以及来自超过120个国家的文职人员参加了联合国维持和平行动”。①

随着维和行动的大规模开展，维和部队越来越多地卷入到纷繁复杂的地区局势中，不少人不幸地成为国际犯罪的受害者。负责维和行动的联合国副秘书长罗伊（Le Roy）曾直言不讳地说道，“很清楚，在过去的几年里，联合国人员经常成为攻击目标”。② 举例来说，中国维和人员在近期遭到攻击的事件就不断发生。2016年7月，“中国赴南苏丹维和步兵营的1辆装甲车10日被一发炮弹击中。中国维和人员已有2人牺牲、2人重伤、3人轻伤”。③ 这不久之前（即5月31日晚），“一名中国维和人员在发生于马里北部加奥联合国维和人员营区的遇袭事件中牺牲，另有4名中国维

* 本文英文版发表于马呈元主编：《国家领土主权与海洋权益协同创新文集（第3辑）》，中国政法大学出版社2017年版。

** 梁卓，日内瓦国际关系与发展研究高等学院博士研究生。

① “维持和平的历史”，联合国网站，http：//www. un. org/zh/peacekeeping/operations/history. shtml。

② Peace and Security Section of the United Nations Department of Public Information, *United Nations Peace Operations 2009*: *Year in Review*, 2010, p. 7.

③ “中国两名维和人员在南苏丹牺牲 中方对维和人员遇袭深感震惊”，《人民日报》（海外版）2016年7月12日。

和人员受伤”。[①] 据统计，迄今为止，“来自约120个国家的超过3326名联合国维持和平人员为这项崇高的使命献出了宝贵的生命”。[②]

国际刑事法庭很久之前就启动了对危害维和部队案件的调查和起诉，并从2008年开始陆续做出判决。这一司法实践是值得称道的，它宣告了危害维和部队却有罪不罚的时代的终结。然而，这一司法实践同时也对维和行动原有法律制度的进一步塑造和发展产生了一定的影响。传统上，维和法律制度处于诉诸战争权（jus ad bellum）和战时法（jus in bello）两大法律分支交汇的灰色地带，国际刑事司法对这一领域的介入使得其中尚存争议的法律问题进一步复杂化，这主要表现在其对概念的解释和概念之间关系的分析上。国际刑事法庭对维和法律制度的解释聚焦于对三个问题的考察——维和行动的基本原则、维和行动与执行行动的关系以及维和部队的法律地位。这些问题无疑构成了国际刑事司法在解读维和法律制度时遇到的最具争议的三个问题。本文立足于各国际刑事法庭的已有判例，对国际刑事法庭就上述三个问题的解释进行考察，同时结合维和法律制度的内容本身批判性地分析国际刑事法庭法律解释上的合法性和合理性，并对这一司法实践对已有维和法律制度产生的影响提出看法。

一、国际刑事法庭对危害维和部队罪行的司法实践概览

本文所称的“危害维和部队罪行”是对维和部队成为国际犯罪受害者情形的类型化描述，而并非国际刑法中一个独立的罪名。国际法委员会1996年二读通过的《危害人类和平与安全罪法典草案》曾经将“危害联合国人员和有关人员罪行”作为一项习惯法上的核心国际犯罪，规定“故意和有计划或大规模地对参与联合国行动的联合国人员和有关人员实行的任何下列罪行，以及妨碍该项行动履行其任务的行为都构成危害人类和平

① “一名中国维和人员在马里遇袭牺牲”，《光明日报》2016年6月2日。

② “维持和平的历史”，联合国网站，http：//www. un. org/zh/peacekeeping/operations/history. shtml。

及安全罪行：（a）对任何此类人员实行谋杀、绑架或对其人身或自由的其他攻击行为；（b）对任何此类人员的办公场地、私人住所或交通工具实行有可能危害其人身或自由的暴力攻击”。[①] 维和部队显然属于“参与联合国行动的联合国人员和有关人员”，因此按照国际法委员会的观点应当被纳入到“危害联合国人员和有关人员罪行”的罪名下进行惩治。但是，现存的所有国际刑事法庭的规约中都不包含“危害联合国人员和有关人员罪行”。基于罪行法定原则，国际刑事法庭只可能在危害维和部队的罪行发生后，依据其规约中的战争罪、危害人类罪或灭绝种族罪等罪名管辖这一罪行。

相比战争罪、危害人类罪或灭绝种族罪等罪名下的其他罪状，危害维和部队罪行具有以下特点：其一，犯罪发生的环境特殊。危害维和部队罪行发生在维和行动过程中，多数情况下伴随着武装冲突的背景。维和行动是联合国主导的行动中的一种，[②] 确定联合国的一项行动是不是维和行动决定着参与行动的人和物能否享有作为维和部队的特殊保护。其二，犯罪对象的地位特殊。作为犯罪受害者的维和部队是国际法中的一类特殊客体，它不仅包括仅在授权范围内使用武力的维和人员，还包括维和人员所使用的武器、设备等物体。对维和部队法律地位的界定将决定着维和部队受到国际刑法保护的范围。基于这两点特殊性，国际刑事法庭在司法实践中都是将危害维和部队罪行作为单独的议题加以处理的。

目前，正在审理或已审理过危害维和部队罪行的国际刑事法庭有：卢旺达问题国际刑事法庭（以下简称“卢旺达法庭”）、前南斯拉夫问题国际刑事法庭（以下简称“前南法庭”）、塞拉利昂问题特别法庭（以下简称“塞拉利昂法庭”）和国际刑事法院。基于它们的规约在属物管辖权方面的不同表述，下文将这些法庭分为两类进行讨论。

---

① ILC, “Report of the International Law Commission on the Work of Its Forty - Eighth Session” (6 May - 26 July 1996) UN Doc A/51/10, pp. 50 - 51.

② 联合国官方提供的《维持和平行动部队地位协定范本草稿》第15条和《联合国与提供联合国维持和平行动人员和装备的会员国之间的协定范本草稿》第4条都肯定了联合国维和行动对联合国的附属地位。UN GA45/594, Annex (9 October 1990) UN Doc A/45/594, para. 15; UN GA46/185 (23 May 1991) UN Doc A/46/185, para. 4。

（一）卢旺达问题国际刑事法庭和前南斯拉夫问题国际刑事法庭

《卢旺达法庭规约》和《前南法庭规约》均未将危害维和部队作为单独的罪状在任何一个法庭享有管辖权的罪名下加以列举，但两个规约都规定了法庭对危害人类罪的管辖权，[①] 也分别赋予了卢旺达法庭和前南法庭对“违反日内瓦公约共同第三条和第二附加议定书”和“违反战争法规或惯例”的战争罪的管辖权。[②] 因此，在实践中，卢旺达法庭与前南法庭都以上述条款为基础，将危害维和部队罪行纳入危害人类罪或战争罪加以惩治。

在1994年卢旺达大屠杀中，10名比利时维和人员在解除武装后被带离首相官邸，随后分批遭到杀害。[③] 卢旺达法庭为此已经在两起案件中对5名应为此事件负责的被告进行了定罪：在“巴格索拉案”（Bagosora Case）中，审判分庭认定，对维和人员的谋杀构成基于族裔和政治原因对平民人口广泛和有系统的攻击，属于危害人类罪；[④]“对生命施以暴力”属于严重违反日内瓦公约共同第三条和第二附加议定书的战争罪。[⑤] 在上诉判决中，上诉分庭减轻了被告巴格索拉的责任，但仍维持审判分庭认定的两项罪名。[⑥] 在“恩丁迪利伊马纳案”（Ndindiliyimana Case）中，审判分庭认定4名被告对维和人员的谋杀既构成危害人类罪，也构成战争罪。[⑦] 在上诉判决中，上诉分庭认定其中两名被告不为危害人类罪负责，一名被告不为战争罪负责。[⑧] 此外，在“恩杜亚哈卡案”（Ntuyahaga Case）中，检察官指

---

① 参见《卢旺达法庭规约》第3条和《前南法庭规约》第5条。

② 参见《卢旺达法庭规约》第4条和《前南法庭规约》第3条。

③ See *The Prosecutor v. Théoneste Bagosora et al.* （Judgment and Sentence） ICTR－98－41－T, TCh I（18 December 2008），［hereafter ‘*Bagosora Case*, Trial Chamber Judgment’］, paras. 21－22.

④ See *Bagosora Case*, Trial Chamber Judgment, para. 2186.

⑤ See *Bagosora Case*, Trial Chamber Judgment, para. 2245.

⑥ See *Théoneste Bagosora & Anatole Nsengiyumva v. The Prosecutor*（Judgment） ICTR－98－41－A, A Ch（14 December 2011）, para. 742.

⑦ See *The Prosecutor v. Ndindilyimana et al.* （Judgment and Sentence） ICTR－00－56－T, TCh II（17 May 2011）, paras. 2090, 2142.

⑧ See *The Prosecutor v. Augustin Ndindiliyimana*, *François－xavier Nzuwonemeye & Innocent Sagahutu*（Judgment） ICTR－00－56－A, A Ch（11 February 2014）, p. 151.

控被告恩杜亚哈卡对维和人员的谋杀属于危害人类罪和战争罪，“对其生命施以暴力”属于战争罪，[①] 但该案随后被撤诉。[②]

前南法庭正在审理两起与攻击维和部队有关的案件。在“卡拉季奇案”（Karadžić Case）中，被告卡拉季奇被控在1995年曾以共同犯罪组合（Joint Criminal Enterprise）的方式参与劫持200名联合国维和人员与军事观察员为人质，以强迫北约放弃针对波斯尼亚塞族军事目标的空袭。[③] 审判分庭在2016年的判决中认定，被告的这一行为构成劫持人质，是“违反战争法规或惯例”的战争罪。[④] 目前该案正在经历上诉程序。“姆拉迪奇案”（Mladić Case）同样部分以1995年对维和部队的劫持事件为背景，被告姆拉迪奇被控“与他人一起计划、煽动、命令且/或帮助和教唆劫持联合国军事观察员和维和人员为人质”，[⑤] 构成战争罪。[⑥] 这两起案件中的被告都是将维和部队劫持为人质而未实施其他罪行，因此他们都只为此行为被判或被控战争罪。

（二）塞拉利昂问题特别法庭和国际刑事法院

与卢旺达法庭和前南法庭的情况不同，塞拉利昂法庭与国际刑事法院的规约都明确将“攻击”维和部队规定为战争罪。《国际刑事法院罗马规约》（以下简称《罗马规约》）第8条第2款（b）（iii）项（适用于国际性武装冲突）与第8条第2款（e）（iii）项（适用于非国际性武装冲突）

---

① See *The Prosecutor v. Bernard Ntuyahaga* (Indictment) ICTR-98-40-T, (28 September 1998), pp. 30-31.

② See *The Prosecutor v. Bernard Ntuyahaga* (Decision on the Prosecutor's Motion to Withdraw the Indictment) ICTR-98-40-T, T Ch II (28 September 1998).

③ See *Prosecutor v. Radovan Karadžić* (Public Redacted Version of Judgment Issued on 24 March 2016) IT-95-5/18-T, TCh (24 March 2016), para. 3 (iv).

④ See *Prosecutor v. Radovan Karadžić* (Public Redacted Version of Judgment Issued on 24 March 2016) IT-95-5/18-T, TCh (24 March 2016), para. 5951.

⑤ *Prosecutor v. Ratko Mladić* (Prosecution Submission of the Fourth Amended Indictment and Schedules of Incidents) IT-09-92-PT, (16 December 2011), para. 82.

⑥ See *Prosecutor v. Ratko Mladić* (Prosecution Submission of the Fourth Amended Indictment and Schedules of Incidents) IT-09-92-PT, (16 December 2011), p. 37.

均规定法庭对如下行为具有管辖权："故意指令攻击依照《联合国宪章》执行的人道主义援助或维持和平行动的所涉人员、设施、物资、单位或车辆，如果这些人员和物体有权得到武装冲突国际法规给予平民和民用物体的保护。"①《塞拉利昂法庭规约》第 4 条 b 款的表述与《罗马规约》完全一致，只是未对适用的武装冲突类型进行限定。② 但是，该款只是对"攻击"维和部队的特殊规定，无法涵盖整个以维和部队为对象的犯罪。毕竟，按照前文 1996 年《危害人类和平与安全罪法典草案》的定义，危害维和部队罪行应包含攻击、谋杀、绑架等多种行为。

2000 年 5 月，数百名在塞拉利昂执行维和任务的维和人员遭到来自当地武装团体"革命联合阵线"（Revolutionary United Front）的攻击，其中很多人遭到绑架。③ 2009 年，塞拉利昂法庭的审判分庭在"施沙尔案"（Sesay Case）中查明，3 名被告均对"故意指令攻击"维和部队负责，其中两名被告对"对人的生命、健康与人身或精神健康施以暴力尤其是谋杀"负责，但 3 名被告均不对作为危害人类罪的谋杀和作为违反日内瓦公约共同第三条和第二附加议定书的劫持人质负责。④ 在随后的上诉判决中，上诉分庭大体维持了审判分庭的判决，仅减轻了 1 名被告的责任。⑤ 除《塞拉利昂法庭规约》中规定攻击维和部队构成战争罪的第 4 条 b 款外，法庭对该案中危害维和部队罪行的审判还建立在第 2 条 a 款、第 3 条 a 款和 c 款之上，罪名还包括危害人类罪。⑥ 此外，塞拉利昂法庭在 2003 年的"科罗马案"（Koroma Case）中基于同一事实和相同条款，以相同的罪名

---

① 参见《罗马规约》第 8 条第 2 款（b）（iii）项和第 8 条第 2 款（e）（iii）项。

② 参见《塞拉利昂法庭规约》第 4 条 b 款。

③ *The Prosecutor v. Issa Hassan Sesay et al.*（Judgment）SCSL－04－15，TChI（2 March 2009），[hereafter '*Sesay Case*，Trial Chamber Judgement'']，para. 44.

④ See *Sesay Case*，Trial Chamber Judgment，pp. 677－687.

⑤ See *The Prosecutor v. Issa Hassan Sesay et al*（Judgment）SCSL－04－15－A，A Ch（26 October 2009），p. 478.

⑥ See *Sesay Case*，Trial Chamber Judgment，pp. 677－687.《塞拉利昂法庭规约》第 2 条 a 款对应作为危害人类罪的谋杀；第 3 条是对"违反日内瓦公约共同第三条和第二附加议定书"的犯罪的规定，a 款规定了"对人的生命、健康与人身或精神健康施以暴力、尤其是谋杀"，c 款规定了"劫持人质"。参见《塞拉利昂法庭规约》第 2 条 a 款、第 3 条 a 款和 c 款。

起诉了被告科罗马[①]。

国际刑事法院迄今为止共调查和起诉过两起涉及维和部队作为受害者的案件——“阿布·加尔达案”（Abu Garda Case）和“班达案”（Banda Case），但前者因预审分庭不予确认指控，[②] 后者因被告仍然在逃，均未进入实体审理阶段。但无论如何，预审分庭在这两起案件中是否确认指控的决定[③]在《罗马规约》的语境下对危害维和人员犯罪进行了分析，仍具有重要的参考价值。“班达案”中，国际刑事法院预审分庭确认了检察官的全部三项指控，虽然罪名只包括战争罪，但涉及的条款除了《罗马规约》第8条第2款（e）（iii）项外，还有第8条第2款（c）（i）项和第8条第2款（e）（v）项。[④]

综上所述，尽管规约的具体条款及表述有所不同，但目前各国际刑事法院均将危害维和部队罪行当作危害人类罪或战争罪加以惩治。国际刑事法庭未将危害维和部队罪行视为灭绝种族罪——多数国际刑事法庭均享有管辖权的另一种核心犯罪，[⑤] 这是可以理解的，因为从理论上讲，受害者是否具有维和人员身份并非灭绝种族罪要考虑的问题。“灭绝种族系指蓄意全部或局部消灭某一民族、人种、种族或宗教团体”，[⑥] 由于维和人员来源国的广泛性，维和部队难以当然构成这四类团体，因此惩治灭绝种族罪需要认定的是受害者个人是否属于上述四类团体，受害者是否具有维和人员身份不会对这一认定有任何影响。

---

① See *The Prosecutor v. Johnny Paul Koroma* (Indictment) SCSL – 03 – I, (7March 2003), pp. 14 – 15.

② See *The Prosecutor v. Bahr Idriss Abu Garda* [Decision on the Confirmation of Charges (Public Redacted Version)] ICC –02/05 –02/09, PTChI (8 February, 2010), [hereafter '*Abu Garda Case*, Pre – Trial Chamber Decision'], para. 236.

③ See *Abu Garda Case*, Pre – Trial Chamber Decision; *The Prosecutor v. Abdallah Banda Abakaer Nourain* [Corrigendum of the "Decision on the Confirmation of Charges" (Public Redacted Version)] ICC – 02/05 –03/09, PTCh I (7 March 2011), [hereafter '*Banda Case*, Pre – Trial Chamber Decision'].

④ *Banda Case* Pre – Trial Chamber Decision, pp. 5, 163.《罗马规约》第8条第2款（c）（i）项和第8条第2款（e）（v）项分别规定“对生命与人身施以暴力，特别是各种谋杀、残伤肢体、虐待及酷刑”和“抢劫即使是突击攻下的城镇或地方”构成战争罪。参见《罗马规约》第8条第2款（c）（i）项和第8条第2款（e）（v）项。

⑤ 参见《卢旺达法庭规约》第2条、《前南法庭规约》第4条和《罗马规约》第6条。

⑥ 参见《防止及惩治灭绝种族罪公约》第2条。

二、对维和行动基本原则的解释

（一）联合国对“维和行动”的理解

危害维和部队罪行发生在维和行动实施期间，因此在讨论这一犯罪时应当首先界定什么是“维和行动”。《联合国宪章》（以下简称《宪章》）在制定时并未预见到随后可能出现的维和实践，[①] 因此“《联合国宪章》没有定义‘维和’，也没有提及此术语”。[②] 即使至今距离联合国第一次维和行动已 70 年，国际法上具有拘束力的法律文件中也未出现“维和行动”的定义。[③] 尽管如此，通过分析联合国秘书长关于维和行动的多次报告不难发现，作为维和行动领导者和实施者的联合国对维和行动的理解始终是建立在对维和行动基本原则的讨论之上的。联合国秘书长在 1958 年的一份研究报告（以下简称“1958 年秘书长报告”）中提出了维和行动的三项基本原则：其一，同意。“在联合国大会请求建立联合国紧急部队在一国领土上驻扎或运作前，必须有该国政府的同意。”其二，不偏不倚。维和部队“被授权就国际政治问题保持其中立性”。其三，仅在自卫时使用武力。维和部队“有权在自卫时开火。他们绝不主动使用武器，但可以对对他们实施的武力攻击开火还击”。[④] 这可视为对维和行动基本原则的经典表述。

---

① 参见孙君、龚耘主编：《军事法学导论》，华中科技大学出版社 2014 年版，第 271 页。

② *Abu Garda Case*, Pre－Trial Chamber Decision, para. 69. See also *Sesay Case*, Trial Chamber Judgement, para. 221.

③ 事实上，这并非因为国际社会对维和行动的漠视，而是因为一方面，“定义维和就像给一个概念强加了一件紧身衣，而此概念的灵活性使其成为在世界组织的安排中最成问题的工具”；另一方面，“根源于国家对在其领土上开展行动的军事力量的同意不在《宪章》第七章的条款之中”，所以在实践中基于一般国际法上的同意理论即可实施。Shashi Tharoor, *The Changing Face of Peace－Keeping and Peace－Enforcement*, 19 Fordham Int'l L. J. (1995), p. 414; Christopher Greenwood, *International Humanitarian Law and United Nations Military Operations*, 1 Y. B. Int'L Humanitarian L. (1998), p. 10。

④ UNGA 3943 (9 October 1958) UN Doc A/3943, paras. 15, 70, 149.

时至今日，三项基本原则仍然得到联合国的认可，[①] 但冷战结束后的维和实践也给这些原则带来了新的挑战，这集中体现在联合国秘书长 1995 年的一份报告（以下简称“1995 年秘书长报告”）中：“近期的行动中有三个方面尤其导致维和行动被迫放弃当事方的同意、以被认为不公正的方式表现和/或在除自卫外使用武力，那就是在持续不断的冲突中保护人道行动的任务、在指定的安全区保护平民人口以及以比其准备接受更快的速度迫使当事方实现民族和解。”[②] 报告进而分析了联合国在索马里和波斯尼亚的维和行动，认为它们背离了传统维和行动的基本原则，引发了重重困难甚至失败。[③] 事实上，实践中对维和行动基本原则的背离在今天已经催生出一种新型的维和理论——“强势维和”（robust peacekeeping）：[④] “基于安理会授权，联合国维和行动在战术层面使用武力，对抗其活动对平民造成威胁或对和平进程产生风险的掠夺者（spoilers），以保卫其使命。”[⑤] 强势维和并不完全符合 1995 年秘书长报告提到的“三个方面”，因为至少它仍需要取得当事方的同意，但它允许维和行动在当事方之间有所倾向，并授权使用武力以履行使命。强势维和的出现使得维和行动基本原则的内涵产生了一定的变化，有了解释上的多种可能性。

（二）国际刑事法庭对“维和行动”基本原则的解释及其影响

罪行法定原则要求“刑法规范必须总是向个人提供关于什么是犯罪行

---

① See United Nations Department of Peacekeeping & Operations Department of Field Support, *United Nations Peacekeeping Operations: Principles and Guidelines*, 2008, p. 32.

② UNGA&SC50/60 - 1995/1 (3 January 1995) UN Doc A/50/60 - S/1995/1, para. 34.

③ See UNGA&SC50/60 - 1995/1 (3 January 1995) UN Doc A/50/60 - S/1995/1, para. 35.

④ 2000 年的《联合国和平行动问题小组的报告》多次指出当代的维和行动已经变得“强势”（robust），意味着联合国对这一新型实践的正式承认。该报告使用的与此相关的用语包括“强势理论”（robust doctrine）、“强势维和力量”（robust peace keeping forces）、“强势武力姿态”（robust force posture）、“强势交战规则”（robust rules of engagement）等。See UNGA&SC 55/305 - 2000/809 (21 August 2000) UN Doc A/55/305 - S/2000/809。

⑤ United Nations Department of Peacekeeping & Operations Department of Field Support, *United Nations Peacekeeping Operations: Principles and Guidelines*, 2008, p. 98.

为、什么不是的充分通告”。[①] 由于规约中明确提及了“维持和平行动”，因此国际刑事法院和塞拉利昂法庭难以在不对这一术语做出任何解释的情况下对危害维和部队罪行予以惩治。[②] 两个国际刑事法庭对“维和行动”的解读同联合国一样建立在对其三项基本原则的解释之上，由于这些原则在传统维和行动与强势维和行动中的内涵不尽相同，因此法庭在法律解释的过程中必须有所取舍，这就为在司法判例层面澄清并确认这些原则提供了契机。

国际刑事法院和塞拉利昂法庭分别在“阿布·加尔达案”和“施沙尔案”中对“维和行动”基本原则做了较为详细的解释。[③] 两个法庭首先承认维和行动是建立在某些基本原则之上的：“三项基本原则作为决定一项已有的行动是否构成维和行动是被接受的，也就是（1）当事方同意；（2）不偏不倚；（3）除自卫外不使用武力。”[④] 随后，两个法庭分别对这三项基本原则的内涵做了说明。

1. 当事方同意

关于当事方的同意，国际刑事法院认为，“东道国的同意是维和行动得以驻扎在其领土上的先决条件，因此这一同意必须被取得。在实践中，也寻求主要冲突方的同意”。[⑤] 相比之下，塞拉利昂法庭未提到东道国同意的必要性，只是强调“在实践中，维和部队将被按照主要冲突方的同意来部署”。[⑥] 两个法庭都认为，“在非国际性武装冲突中，同意可从交战各方

---

① *Prosecutor v. Vidoje Blagojević & Dragan Jokić* (Judgment) IT-02-60-T, TCh I (17 January 2005), para. 625.

② 相反，由于规约中没有提到“维和行动”，卢旺达法庭和前南法庭似乎认为自己没有解释这一术语的法律义务，而事实上它们也并未对该术语进行任何解释。因此，塞拉利昂法庭在判决中指出，“还没有判例按照《联合国宪章》定义‘维和行动’”。See *Sesay Case*, Trial Chamber Judgement, para. 221。

③ 国际刑事法院在“班达案”中“重申了‘阿布·加尔达案’决定中多数法官的法律解释……”，因此本文不再单独提及该案中的法律推理过程。See *Banda Case*, Pre-Trial Chamber Decision, para. 61。

④ *Abu Garda Case*, Pre-Trial Chamber Decision, para. 71. See also *Sesay Case*, Trial Chamber Judgement, para. 225.

⑤ *Abu Garda Case*, Pre-Trial Chamber Decision, para. 72.

⑥ *Sesay Case*, Trial Chamber Judgement, para. 226.

处获得，并非出于法律义务，而在于确保维和行动的有效性”。[①]

在这里，国际刑事法庭对同意给予方有三个不同的称谓：“东道国”（host State）、“主要冲突方”（main parties to a conflict）和“交战各方”（warring parties）。对于东道国的同意，国际刑事法院认为出于法律义务必须取得，塞拉利昂法庭的态度则不清楚；对于主要冲突方的同意，两个国际刑事法庭都未提到“应当寻求”，只是强调“在实践中”是要寻求的，言下之意似乎认为不存在寻求主要冲突方同意的法律义务；对于交战各方的同意，两个法庭都明确指出没有寻求他们同意的法律义务。由此可见，国际刑事法庭虽然选择“当事方”（parties）一词而非1958年秘书长报告中的“该国政府”（Government of the country），但事实上并未对同意的给予方做出比“东道国”更为宽泛的解释，因为它们认为对于东道国以外当事方的同意在法律上是可有可无的。

然而，1958年秘书长报告成型于半个世纪之前，不可能要求它考虑到当代维和实践所面临的问题，特别是冷战后大量爆发的非国际性武装冲突给维和行动带来的挑战。在非国际性武装冲突中，一国政府的同意有时是难以获得的。例如，索马里从1991年陷入长达13年的军阀混战和无政府状态，直到2004年过渡政府成立。[②] 联合国安理会1992年通过的授权建立联合国索马里维和部队的794号决议实际上并未经过索马里政府的同意，因为后者在当时根本不存在。[③] 如果按照国际刑事法院的看法，那么联合国在索马里行动中的人员和物体将因缺少东道国的同意而不具有维和部队这一特殊的保护性身份。

2008年出版的《联合国维和行动：原则与指南》（以下简称“2008年指南”）代表了联合国对维和行动的最新立场，它指出，“在履行使命的过程中，联合国维和行动必须持续地运作，确保其没有丧失主要当事方的同

---

① *Abu Garda Case*, Pre – Trial Chamber Decision, para. 72; *Sesay Case*, Trial Chamber Judgement, para. 226.

② 参见“索马里：75万人面临饥荒威胁”，《人民日报（海外版）》2011年9月8日。

③ 该决议虽然强调安理会是在“响应索马里提出的紧急呼吁，但并没有对这一点给出任何事实依据。See UNSC Res794 (3December1992) UN Doc S/RES/794。

意”。[①] 该书仅以当事方同意作为标准，而并未提到东道国的同意。可见，为适应维和形势的发展需要，目前联合国的官方立场认为同意的给予方应当由一国政府扩大解释为主要当事方，因此国际刑事法庭对同意原则的解释无疑是一种限缩解释。这种解释大大缩小了维和行动的范围，使有的即使具备其他当事方同意但缺少东道国同意的联合国行动也不具有维和行动的地位。

2. 不偏不倚

关于维和行动的不偏不倚原则，国际刑事法院和塞拉利昂法庭都采纳了2000年的《联合国和平行动问题小组的报告》中的观点，强调“公正性（impartiality）不能同中立或不行为（inactivity）相混淆”。[②] “这种行动的公正性在于恪守《宪章》的原则和以这种原则为基础的任务目标。这种公正性不等于中立性，或等于在任何时候对所有各方一视同仁，那种做法有时可能等于是姑息。”[③] 塞拉利昂法庭还援引了“2008年指南”，提出“维和行动不应当容忍当事方违反和平进程事业或国际规范或原则的行为”。[④]

1958年秘书长报告在论及不偏不倚原则时使用的是“中立”（neutrality）一词，[⑤] 表明在当时维和行动追求的是一种形式正义，即保持中立的姿态；而从两个国际刑事法庭援引的文件来看，目前维和行动已从形式正义转向对实体正义的追求，“公正性”要求维和部队站在破坏国际法的一方的对立面执行维和行动。国际刑事法庭的这种解释与强势维和理论相符，相当于以司法判例的形式确认了不偏不倚原则的这种新的内涵。

---

① United Nations Department of Peacekeeping & Operations Department of Field Support, *United Nations Peacekeeping Operations: Principles and Guidelines*, 2008, p. 32.

② *Abu Garda Case*, Pre – Trial Chamber Decision, para. 73. See also *Sesay Case*, Trial Chamber Judgement, para. 227.

③ *Abu Garda Case*, Pre – Trial Chamber Decision, para. 73, n. 106; UNGA&SC 55/305 – 2000/809 (21 August 2000) UN Doc A/55/305 – S/2000/809, para. 50. See also *Sesay Case*, Trial Chamber Judgement, para. 227.

④ *Sesay Case*, Trial Chamber Judgement, para. 227; United Nations Department of Peacekeeping & Operations Department of Field Support, *United Nations Peacekeeping Operations: Principles and Guidelines*, 2008, p. 33.

⑤ UNGA 3943 (9 October 1958) UN Doc A/3943, para. 149.

3. 除自卫外不使用武力

关于维和行动中的使用武力，国际刑事法院与塞拉利昂法庭都承认“维和人员只被授权在自卫中使用武力”。① 然而，对于“自卫”的范围大小，塞拉利昂法庭采取了较为激进的立场，它声称，“这些行动中的自卫的概念已经演化到包括‘抵抗以强力手段阻止维和行动履行其基于安理会授权的职能的尝试’，这已经是固定下来的法律了”。② 在这里，塞拉利昂法庭拒绝了1958年秘书长报告中将自卫限制于对维和部队本身的攻击予以还击的狭义观点，将其扩大到包含对阻止维和行动完成使命的行为的还击，即保卫使命。对于这种扩张解释，国际刑事法院未置可否。

塞拉利昂法庭对“自卫”的解释也反映了“2008年指南”支持强势维和理论的立场，③ 但这一论断本身也是问题重重的。从字面上来看，将自卫扩大适用于维和人员并未真正遭受攻击的情况似乎超出了该术语本身应有的含义。有学者指出，“那一法律是为了本人或其他人的生命受到迫近危险时将自卫作为辩护理由”。④ 事实上，即使将自卫扩大到适用于保护财产的尝试都已经充满争议，⑤ 更何况将它扩大到保卫使命。从后果上来讲，这种扩张解释是非常危险的，它将极大地混淆维和行动与另一种联合国行动——执行行动的关系，从而导致法律适用上的混乱。

---

① *Sesay Case*, Trial Chamber Judgement, para. 228. See also *Abu Garda Case*, Pre – Trial Chamber Decision, para. 74.

② *Sesay Case*, Trial Chamber Judgement, para. 228.

③ United Nations Department of Peacekeeping & Operations Department of Field Support, *United Nations Peacekeeping Operations: Principles and Guidelines*, 2008, p. 34.

④ Antonio Casseseet *al.*, *Cassese's International Criminal Law*, 3rd ed., Oxford University Press, 2013, p. 212.

⑤ See Antonio Casseseet *al.*, *Cassese's International Criminal Law*, 3rd ed., Oxford University Press, 2013, pp. 212 – 213, n. 13. 《罗马规约》中的自卫可作为排除刑事责任的理由，但这种自卫限于“防卫本人或他人，或者在战争罪方面，防卫本人或他人生存所必需的财产，或防卫完成一项军事任务所必需的财产”。参见《罗马规约》第31条第1款c项。这可视作对狭义“自卫”概念的一种有限扩张。

三、对维和行动与执行行动关系的界定

(一)《联合国宪章》体系下的维和行动与执行行动

联合国秘书长在 1992 年的一份报告中将“维和行动”与一些相关概念——“预防性外交”(preventive diplomacy)、“调停”(peacemaking)以及“缔造和平”(post - conflict peace - building)进行了区分。[①] 遗憾的是，由于在当时冷战后的维和实践才刚刚起步，报告未能将“维和行动”与安理会为维护世界和平按照《宪章》第七章授权采取的武力执行行动进行清楚地划分，只是指出后者“有时会超出维和部队的使命和维和部队提供国的预期”，因此“建议安理会预先考虑使用和平执行部队(peace - enforcement units)的清楚确定的情形以及他们指定的职权范围”。[②] 其实，维和行动与执行行动的区分是最重要的，而它与上述其他几个概念的区别则显而易见。因为从表面上看，维和行动与执行行动都是在冲突持续过程中派遣、部署和使用联合国部队，如不加以详细考察，仅从外观上很难将二者区别开来。

笔者认为，在传统维和实践上，维和行动与执行行动的差异主要有以下几点：首先，法律基础不同。前文提到，维和行动的法律基础被认为是国际法上的同意原则，而执行行动则以《宪章》第七章为依据。根据《宪章》，联合国“各会员国将维持国际和平及安全之主要责任，授予安全理事会”，[③]“安全理事会应断定任何和平之威胁、和平之破坏或侵略行为之是否存在，并应作成建议或抉择依第四十一条及第四十二条规定之办法，

---

① 预防性外交是在冲突爆发之前解决争端；调停侧重于促使冲突各方达成和平协议；缔造和平旨在防止冲突重新爆发；而维和行动是联合国军事、警察与民间力量的实地部署，用于阻止冲突与实现和平。See UNGA47/277 (17 June 1992) UN Doc A/47/277, paras. 20 – 21。

② See UNGA47/277 (17 June 1992) UN Doc A/47/277, para. 44.

③ 参见《宪章》第 24 条第 1 款。

以维持或恢复国际和平及安全”。[①] 据此，安理会“得采取必要之空海陆军行动，以维持或恢复国际和平及安全。此项行动得包括联合国会员国之空海陆军示威、封锁及其他军事举动”。[②] 即使仍然坚持维和行动法律基础存在于《宪章》之内的学者也承认，维和行动并非以《宪章》第七章为依据。[③] 其次，实施前提不同。维和行动以取得主要当事方同意为实施前提，而执行行动作为一种使用武力只需以安理会授权为依据，与当事方同意无关。[④] 安理会授权使用武力是《宪章》中禁止使用武力原则的例外之一，无需考虑主要当事方是否同意。再次，中立性不同。维和行动要求维和部队应在冲突各方中保持政治中立，而执行行动则针对“和平之威胁、和平之破坏或侵略行为”，具有天然的偏向性，它将支援受害的一方而反对违反国际法的一方。[⑤] 最后，使用武力的限制不同。维和行动仅允许维和部队在自卫时使用武力，而执行行动则没有这种限制，安理会通常授权联合国部队“使用一切必要手段”，显然包括使用进攻性的武力。[⑥]

传统维和行动与执行行动的界限可谓泾渭分明，然而新出现的强势维和理论却使得二者的差异在几个方面被缩小了。其一，在法律基础上，安理会在授权设立（强势）维和行动的决议中也往往强调是“根据《联合国宪章》第七章采取行动”。[⑦] 其二，在中立性上，正如前文所说，（强势）维和行动中维和部队也被允许反对破坏国际法的一方，尽管联合国依然坚

---

① 参见《宪章》第39条。

② 参见《宪章》第42条。

③ See Noelle Higgins, *The Protection of United Nations & Associated Personnel*, 2 J. Humanit. Assist.（2003）, p. 3.

④ See United Nations Department of Peacekeeping & Operations Department of Field Support, *United Nations Peacekeeping Operations: Principles and Guidelines*, 2008, pp. 34－35.

⑤ 例如，安理会第678号决议按照《宪章》采取行动，“授权同科威特政府合作的会员国，除非伊拉克……完全执行上述各决议，否则可以使用一切必要手段……”该次执行行动的采取显然是对科威特的支持和对伊拉克的反对。See UNSC Res678（29 November 1990）UN DocS/RES/678。

⑥ See UNSC Res 678（29 November 1990）UN Doc S/RES/678.

⑦ See UNSC Res1509（19 September 2003）UN Doc S/RES/1509; UNSC Res1528（27 February 2004）UN Doc S/RES/1528; UNSC Res1545（21 May 2004）UN Doc S/RES/1545; UNSC Res1769（31 July 2007）UN Doc S/RES/1769; UNSC Res 2098（28 March 2098）UN Doc S/RES/2098.

称这仍在不偏不倚原则的范围内。由此看来，在以上两点上，目前的维和行动与执行行动已无实质差别。二者的区分只能以同意原则和使用武力的范围作为标准。国际刑事法庭在审判中也采取了这种做法。

（二）国际刑事法庭对维和行动与执行行动关系的界定及其影响

国际刑事法庭在审理危害维和部队罪行时需对维和行动与执行行动的关系进行界定，因为这一罪行只发生在维和行动的过程中。在“阿布·加尔达案”和“施沙尔案”中，国际刑事法院与塞拉利昂法庭分别都认可维和行动与执行行动存在区别，且后者不在本罪的范围之内，[①] 不过在二者具体的区分标准上，前者选择了使用武力的范围，而后者使用了同意原则。国际刑事法院指出，“二者的区别在于，维和行动仅可在自卫时使用武力，而联合国安理会根据《联合国宪章》第七章建立的所谓和平执行行动有授权或被授权在为了实现其目标时超越自卫使用武力”。[②] 塞拉利昂法庭则提出，“与维和行动相反，执行行动不依赖于当事国的同意，而依赖于安理会在第七章下的有约束力的权威”。[③]

从前文所述传统维和行动与执行行动的区别来看，两个国际刑事法庭所使用的标准似乎都是正确的；然而，结合它们之前对维和行动基本原则的解释就会发现，以使用武力作为区别维和行动和执行行动标准的可能性已经被塞拉利昂法庭对“自卫”的扩张解释破坏掉了。有趣的是，塞拉利昂法庭似乎注意到了这一点，因此避免选择使用武力标准来区分维和行动和执行行动，以免使判决陷入前后不一致的境地；而国际刑事法院由于并未明确承认塞拉利昂法庭的扩张解释，所以仍有选择使用武力的范围以区分二者的余地。

如前文所述，塞拉利昂法庭将“自卫”的概念扩大到不仅包括维和人员对自身所受武力攻击的还击，还包括为保卫使命而使用武力。这里的困

---

① See *Abu Garda Case*, Pre - Trial Chamber Decision, para. 74; *Sesay Case*, Trial Chamber Judgement, para. 230.

② *Abu Garda Case*, Pre - Trial Chamber Decision, para. 74.

③ *Sesay Case*, Trial Chamber Judgment, para. 230.

难在于：“允许部队采取积极措施保卫其目的与允许他们执行它并无差别。”① 一旦保卫使命可以等同于执行使命，那么这时“自卫”和执行行动中的主动使用武力的界限就混淆不清了：二者均是在维和人员未遭受攻击的情况下使用武力，且二者都是为了执行联合国交付的使命。这正应验了一位学者早先对维和法律制度的评论，“存在一种风险，一旦允许维和部队在保卫其目的而非仅保卫其人员时使用武力，那么行动就变成执行行动”。② 塞拉利昂法庭的判决采纳了强势维和理论的一个重大缺陷，③ 导致维和行动与执行行动在使用武力方面几乎不再有差别。④

至此，似乎唯一能清晰区别维和行动与执行行动的标准就是同意原则。虽然国际刑事法庭坚持维和行动中必须取得同意的立场的确能在多数情况下将维和行动同执行行动区别开来，但是随着当代实践的发展，在某些情况下同意原则已难以发挥区分作用，因为执行行动不考虑当事方是否同意并不意味着完全排斥这种同意，新的实践表明有时执行行动同样需要以当事方的同意为前提。⑤ 在这些情况下，维和行动与执行行动在同意方

---

① Nigel D. White, *The UN Charter and Peacekeeping Forces: Constitutional Issues*, 3 International Peacekeeping (1996), p. 53. See *also* Trevor Findlay, *The Use of Force in UN Peace Operations*, Oxford University Press, 2002, p.358. See *also* Katherine E. Cox, *Beyond Self – Defense: United Nations Peacekeeping Operations & the Use of Force*, 27 Denv. J. Int'l L. & Pol'y (1999), pp. 255 – 256.

② Nigel D. White, *Keeping the Peace: The United Nations and the Maintenance of International Peace and Security*, 2nd ed., Manchester University Press, 1997, p. 242.

③ 对强势维和理论缺陷的批评可详见 Thierry Tardy, *A Critique of Robust Peacekeeping in Contemporary Peace Operations*, 18 International Peacekeeping (2011), p. 152。

④ 当然，有观点仍然坚持强势维和行动与执行行动在使用武力方面的区别，即强势维和行动是在“战术层面”（tactical level）上使用武力，而执行行动是在“战略层面”（strategic level）上使用武力。See United Nations Department of Peacekeeping & Operations Department of Field Support, *United Nations Peacekeeping Operations: Principles and Guidelines*, 2008, p. 34; Corinna Kuhl, *The Evolution of Peace Operations, from Interposition to Integrated Missions*, in Dr. Gian Luca Beruto (ed.), *International Humanitarian Law, Human Rights and Peace Operations*, 31st Round Table on Current Problems of International Humanitarian Law, Sanremo, 4 – 6 September, 2008, p. 74. 然而，这些观点通过使用武力的目的以及是否获得同意来这区分两个术语的做法“在实践中不可能得到保障”。See Thierry Tardy, *A Critique of Robust Peacekeeping in Contemporary Peace Operations*, 18 International Peacekeeping (2011), p. 162。

⑤ 新近的国家实践发展出了“在同意下的干涉”（consensual intervention），其中，安理会在决定是否实施军事干涉时也会考虑当事方是否同意干涉。当然，这种同意并不来源于全部的当事方，至少作为执行行动对象的当事方是不可能同意干涉的。See Eliav Lieblich, *International Law and Civil Wars: Intervention and Consent*, Routledge, 2013, p. 1。

面的区别就被抹杀了。

笔者认为，由于执行行动自身的新发展，同意理论不再是区分维和行动与执行行动的黄金法则，对二者的区分仍然需要以使用武力的范围为主，因为这是传统上二者最为明显的差别。若要有效区分维和行动与执行行动，必须坚持1958年秘书长报告对“自卫”所做的狭义解释，即维和人员只“可以对对他们实施的武力攻击开火还击”，而将强势维和理论提供的保卫使命排除在自卫的范围之外。塞拉利昂法庭的论证当然有一定的实践根据，毕竟“联合国在传统上就将自卫权解释得非常宽泛，以便不仅使保护联合国和其关联人员及财产免受攻击时使用武力合法化，也使履行部队使命在受到武装抵抗时使用武力合法化”。① 但是，塞拉利昂法庭通过司法判例认可这种实践的法律效力的做法却显得非常草率。虽然一方面它在名义上仍然坚持维和行动与执行行动的区分，没有允许维和部队主动使用武力；但另一方面它却通过对“自卫”的扩张解释在事实上消解了二者的界限，致使授权“自卫”能够达到与授权主动使用武力几乎相同的后果。

塞拉利昂法庭对“自卫”的解释带来了两方面不利的法律后果：其一，可能违反罪刑法定原则。罪刑法定原则正如《罗马规约》第22条第2条表述的那样：“犯罪定义应予以严格解释，不得类推延伸。涵义不明时，对定义做出的解释应有利于被调查、被起诉或被定罪的人。”② 基于塞拉利昂法庭的解释，（强势）维和行动与经过当事方同意的执行行动几乎成了可互换的概念，那么国际刑事法庭在将来的案件中更难区分二者，很可能将执行行动中危害联合国部队的行为也纳入到危害维和部队罪行之中加以惩治。这一方面显示出这一犯罪的要件模糊，另一方面也是在把该罪类推适用到执行行动上，而这两点都违反了罪刑法定原则的要求。如果要坚持罪行法定原则，法庭则需要将案件的事实背景解释为执行行动，以使之有

① Christopher Greenwood, *Protection of Peacekeepers: The Legal Regime*, 7 Duke J. Comp. & Int'l L. (1996 - 1997), p. 198. 联合国早在1973年就将这种广义的“自卫”写入对维和行动的授权中，提出“自卫包括抵抗对方以强制手段阻止它执行安全理事会所交付的责任的行为”。See UN-SC11052/Rev. 1 (21 October 1973) UN Doc S/11052/Rev. 1。

② 参见《罗马规约》第22条第2款。

利于被告，但是这样做又会构成对犯罪不合理的放纵。总之，国际刑事法庭将陷入两难境地。其二，影响对维和部队的法律保护。维和行动不应与执行行动相混淆，联合国人员在二者中享有不同的法律地位和保护水平，通常来说维和行动的保护程度更高。例如，1994 年《联合国人员和有关人员安全公约》和 1996 年《危害人类和平与安全罪法典草案》中的“危害联合国人员和有关人员罪行”就被明确规定不适用于执行行动。[①] 如果将二者等同，将无形中大大削弱国际法对维和部队的保护。1995 年秘书长报告指出，“模糊二者的差别可能破坏维和行动的生存能力（viability）并危及其全体人员”。[②] 这一论断清楚表明，维和行动与执行行动的区别并非文字游戏，而会深刻影响到参与这些行动的个体。这一点在下文中将继续讨论。

三、对维和部队法律地位的考察

（一）维和部队法律地位与国际人道法

维和部队在国际法上有着特殊的法律地位，因此在惩治危害维和部队罪行的过程中，还需要确定维和部队属于国际犯罪的哪一类受害者。对于危害人类罪，应判断维和人员是否属于“平民人口”，或是其他类型的受害者；[③] 对于战争罪，则应判断维和人员和物体在国际人道法上具有怎样

---

① 《联合国人员和有关人员安全公约》第 2 条第 2 款规定，“本公约不适用于经安全理事会根据《联合国宪章》第七章授权作为执行行动、有任何参与人员作为与有组织的武装部队作战的战斗人员、并适用国际武装冲突法的联合国行动”。《危害人类和平与安全罪法典草案》第 19 条第 2 款包含了几乎完全相同的规则。参见《联合国人员和有关人员安全公约》第 2 条第 2 款；ILC, “Report of the International Law Commission on the work of its forty – eighth session”（6 May – 26 July 1996）UN DocA/51/10, p. 51。

② UNGA&SC50/60 – 1995/1（3 January 1995）UN Doc A/50/60 – S/1995/1, para. 35.

③ 各国际刑事法庭规约均规定，危害人类罪发生在针对平民人口的攻击中。参见《卢旺达法庭规约》第 3 条、《前南法庭规约》第 5 条、《塞拉利昂法庭规约》第 2 条和《罗马规约》第 7 条。但在司法实践中，危害人类罪的受害者被理解为不只包含平民人口，也可能包含其他人员，比如失去战斗力的人（*hors de combat*）。See *Prosecutor v. Milan Martić*（Judgment）IT – 95 – 11 – A, ACh（8 October 2008）, para. 313。

的地位，如在国际性武装冲突中，维和人员是属于战斗员还是平民。前南法庭“马尔蒂奇案”（Martic Case）中指出，“《第一附加议定书》第50条包含的平民的定义反映了适用于规约第5条的平民的定义……”① 这表明，危害人类罪中“平民人口”的定义与国际人道法上“平民”的定义可被等同视之。因此，判断维和部队是否属于危害人类罪中的“平民人口”亦可从判断其是否属于战争罪中的“平民”入手。

在《日内瓦四公约关于保护国际性武装冲突受难者的附加议定书》（以下简称“第一附加议定书”）中，国际人道法的区分原则要求“冲突各方无论何时均应在平民居民和战斗员之间与在民用物体和军事目标之间加以区别”。② 因此，对于人员来说，战斗员可成为直接攻击的对象，除非成为“失去战斗力的人”；平民则不能成为直接攻击的对象，除非他们“直接参加敌对行动”。对于物体来说，“攻击应严格限于军事目标”，“民用物体不应成为攻击或报复的对象”。③ 国际人道法对“平民”与“民用物体”均采取了消极方式加以定义：“简言之，平民是不属于战斗员范畴的任何人。”④ “民用物体”则是指不属于军事目标的物体，而“军事目标只限于由于其性质、位置、目的或用途对军事行动有实际贡献，而且在当时情况下其全部或部分毁坏、缴获或失去效用提供明确的军事利益的物体”。⑤ 在非国际性武装冲突中，虽然国际人道法条约并未使用上述术语，但就人员而言，存在“不实际参加战事之人员”，⑥ 根据卢旺达法庭的解释，这一术语与“一切未直接参加或已停止参加敌对行动的人”是同义

---

① *Prosecutor v. Milan Martić* (Judgement) IT-95-11-A, ACh (8 October 2008), para. 302.

② 参见第一附加议定书第48条。

③ 参见第一附加议定书第41条第1款、第51条第3款、第52条第1款和第2款。

④ Frits Kalshoven & Liesbeth Zegveld, *Constraints on the Waging of War: An Introduction to International Humanitarian Law*, 4th ed., Cambridge University Press, 2011, p. 101. 另见第一附加议定书第50条第1款。

⑤ 参见第一附加议定书第52条第1款、第2款。

⑥ 参见《一九四九年八月十二日改善战地武装部队伤者病者境遇之日内瓦公约》第3条、《一九四九年八月十二日改善海上武装部队伤者病者及遇船难者境遇之日内瓦公约》第3条、《一九四九年八月十二日关于战俘待遇之日内瓦公约》第3条和《一九四九年八月十二日关于战时保护平民之日内瓦公约》第3条。

词，因此包括了平民和失去战斗力的人;[①] 就物体而言，区分民用物体和军事目标属于习惯法规则。[②] 总而言之，战斗员与平民、民用物体与军事目标的地位在同一时间点上是相互排斥的，但也是可以相互转化的。判断维和部队的法律地位应以这些规则作为依据。

（二）国际刑事法庭对维和部队法律地位的考察及其影响

对维和部队法律地位的考察分为对维和人员和对维和部队物体的地位的考察。各国际刑事法庭对这一问题的论述大体包括维和人员的平民地位、维和部队物体的民用物体地位以及维和人员在自卫中使用武力的后果三个部分。

1. 维和人员的平民地位

在“巴格索拉案”中，卢旺达法庭认定维和人员属于非战斗员：“考虑到他们作为联合国维和人员的地位和他们被缴械，分庭确信受害人不能被认为是战斗员。”[③] 值得注意的是，卢旺达法庭避免了直接承认维和人员是平民，“考虑到……他们被缴械”这一用语似乎是在暗示维和人员是因被缴械而成为失去战斗力的人的。[④] 卢旺达法庭在该段判决中还引用前南

① See *The Prosecutor v. Jean – Paul Akayesu* (Judgment) ICTR – 96 – 4 – T, T ChI (2 September 1998), para. 629. 事实上，虽然卢旺达法庭的“巴格索拉案”、国际刑事法院的“阿布·加尔达案”和塞拉利昂法庭的“施沙尔案”都认定其背景均非国际性武装冲突，但法庭仍使用了“战斗员”和“平民”这对术语，尽管严格来讲这对术语并不存在于非国际性武装冲突之中。See *Bagosora Case*, Trial Chamber Judgment, para. 2230; *Abu Garda Case*, Pre – Trial Chamber Decision, para. 56; *Sesay Case*, Trial Chamber Judgement, para. 977. 为方便表述起见，本文之后所说的“战斗员”和“平民”也包括非国际性武装冲突中与之对应的那类人。

② See ICRC, *Customary International Humanitarian Law*, Volume I: Rules, Cambridge University Press, 2005, pp. 25 – 29.

③ *Bagosora Case*, Trial Chamber Judgment, para. 2175.

④ 类似地，有学者认为 1995 年波黑战争中被劫持的维和人员也属于失去战斗力的人。See Daphna Shraga, *The Secretary – General's Bulletin on the Observance by United Nations Forces of International Humanitarian Law: A Decade Later*, 39 Isr. Y. B. Hum. Rts. (2009), p. 361。

法庭的论断，称失去战斗力的人不能被包含在平民的范畴之内。[①] 在这里，卢旺达法庭的观点含混不清：如果认为维和人员不是战斗员，那么按照国际人道法，他们应当是平民；如果认为维和人员属于失去战斗力的人，那么他们就不是平民，只不过不能再被当作攻击的目标而已，在被缴械之前，他们属于可被攻击的战斗员。

在“阿布·加尔达案”中，国际刑事法院虽然讨论了国际人道法对平民的保护，但有趣的是，在结论部分它并未明确指出维和人员属于平民，而只是承认他们有免受攻击的权利：“参与维和行动的人员享有免受攻击的权利，除非且在这样的时间里他们直接参加敌对行动或与交战有关的活动。”[②] 令人疑惑的是，国际刑事法院认为维和人员直接参加“交战有关的活动”会导致其丧失免受攻击的权利从而成为合法的攻击目标。这一结论缺乏法律依据，却也表明国际刑事法院眼中维和人员所受的保护似乎小于国际人道法对平民的保护，因为即使是直接参加了“交战有关的活动”的平民在国际人道法上也属于不应被攻击的对象。

在“施沙尔案”中，塞拉利昂法庭较为清楚地肯定了维和人员的平民地位，指出，“禁止攻击维和人员并不代表一种新犯罪……可被视作是对国际人道法中一般的和基本的禁止攻击平民和民用物体的详细说明”。[③] 可见，塞拉利昂法庭将维和人员与维和部队物体分别对应为平民和民用物体。

总体来看，各国际刑事法庭都肯定维和人员基于其特殊身份在武装冲突中应享有某种保护，但对维和人员是否具有平民地位问题的回答却有着微妙的差别：卢旺达法庭没有排除维和人员作为战斗员的可能性；国际刑事法院认定维和人员具有少于平民的免受攻击的权利；只有塞拉利昂法庭

---

① See *Prosecutor v. Milan Martić* (Judgment) IT－95－11－A, ACh (8 October 2008), para. 302, quoted from *Bagosora Case*, Trial Chamber Judgment, para. 2175, n. 2353. 根据国际红十字委员会出版的《习惯国际人道法》一书，前南法庭的这一观点是正确的，“平民”与“失去战斗力的人”应当被区分。See ICRC, *Customary International Humanitarian Law*, Volume I: Rules, Cambridge University Press, 2005, p. 306。

② *Abu Garda Case*, Pre－Trial Chamber Decision, para. 83.

③ *Sesay Case*, Trial Chamber Judgment, para. 215. See also *Abu Garda Case*, Pre－Trial Chamber Decision, para. 218; UNSC 2000/915 (4October 2000) UN Doc S/2000/915, para. 16.

较为明确地肯定了维和人员的平民地位。笔者认为，判断维和人员是否具有平民地位仍需回到国际人道法上，即平民是指不属于战俘或冲突一方武装部队的人。① 一方面，维和部队显然不属于战俘；另一方面，虽然维和部队属于武装部队，但国际法还未承认维和部队是冲突的一方。② 尽管国际刑事法庭判决各异，但赋予维和人员高于战斗员的保护的倾向性是一致的，这相当于以司法判例的形式一定程度上认可了国际人道法上的如下论断："把通常由职业士兵组成的维和部队视为平民，因为他们不是冲突一方的成员，并认为只要他们没有直接参加敌对行动，他们就有权获得赋予平民的免受攻击的同样保护。"③ 据此推断，维和人员也应属于危害人类罪中的平民人口。

2. 维和部队物体的民用物体地位

如上文所述，塞拉利昂法庭将维和部队物体视作民用物体。国际刑事法院也肯定了这一立场，并给出了它们作为军事目标所要满足的条件："在非国际性武装冲突背景下的维和行动所涉设施、物资、单位或车辆不应被视作军事目标，因此应当被授予民用物体的保护，除非且在这样的时间里它们的性质、位置、目的或用途对某一冲突方的军事行动有实际贡献，而且在当时情况下其全部或部分毁坏、缴获或失去效用提供明确的军事利益的物体。"④

在维和部队物体的民用属性上不存在太多争议。不过应当注意的是，维和部队物体的性质具有从属性，受到维和人员地位的影响，因为如果维

---

① 参见第一附加议定书第 50 条第 1 款。

② 与其他国际刑事法庭避免回答这一问题的做法不同，前南法庭在"卡拉季奇案"中明确指出，"联合国及其关联的维和部队不是冲突的一方"。*Prosecutor v. Radovan Karadžić* (Public Redacted Version of Judgment Issued on 24 March 2016) IT – 95 – 5/18 – T, TCh (24 March 2016), para. 5943。

③ ICRC, *Customary International Humanitarian Law*, Volume I: Rules, Cambridge University Press, 2005, p. 112. *See also* Ola Engdahl, *Protection of Personnel in Peace Operations: The Role of the 'safety Convention' Against the Background of General International Law*, Martinus Nijhoff Publishers, 2007, p. 117; Michael Bothe, *Peacekeeping*, in Bruno Simma *et al.* (eds.), *The Charter of the United Nations: A Commentary*, Vol. I, Oxford University Press, 2002, p. 695; Michael Bothe, *War Crimes*, in Antonio Casseseet *al.* (eds.), *The Rome Statute of the International Criminal Court: A Commentary*, Vol. I, Oxford University Press, 2002, p. 411.

④ *Abu Garda Case*, Pre – Trial Chamber Decision, para. 89.

和人员直接参加敌对行动，那么理论上他们所使用的物体基于对军事行动的贡献将不容易被认定为民用物体。当然，目前的国际司法实践尚未涉及到这一问题。

3. 维和人员在自卫中使用武力的后果

与在维和人员平民地位认定上的模棱两可相比，在自卫中使用武力的问题上，各国际刑事法庭一致认为这一行为不会更改维和人员受到国际人道法保护的地位。卢旺达法庭称，“其中一个比利时人能够在攻击期间获得武器并将之用于自卫的事实不会更改他们的地位”，[①] 并称“受害者……并未积极参加敌对行动”。[②] 国际刑事法院指出，“如果此类人员只是在行使他们的自卫权时使用武力，该保护不会终止”。[③] 塞拉利昂法庭同样认定，“维和行动的人员被授予保护，只要他们不直接参加敌对行动——并因此成为战斗员——在指控罪行发生的时候……与所有平民一样，如果这些人员只在行使他们的个体自卫权时使用武力，他们的保护不会终止”。[④] 不过，如前文所述，塞拉利昂法庭主张的是广义的“自卫”概念，既包括维和人员对自身所受武力攻击的还击，也包括为保卫使命而使用武力。虽然这一点并未被其他国际刑事法庭明确认可，但塞拉利昂法庭还是强调，“维和人员在履行其使命的过程中自卫而使用武力，倘若限于这种用途，便不会更改或减少维和人员被给予的保护”。[⑤]

虽然许多学者都认可维和人员在自卫中使用武力不会导致其失去保护的观点，[⑥] 但由于实践中维和人员的自卫已发展出广义与狭义之分，因此

---

① *Bagosora Case*, Trial Chamber Judgment, para. 2239, *Bagosora Case*, Trial Chamber Judgment, para. 2175.

② *Bagosora Case*, Trial Chamber Judgment, para. 2240. 不过，这里所称的“积极参加敌对行动”在字面上并不等同于国际人道法上的“直接参加敌对行动”。

③ *Abu Garda Case*, Pre – Trial Chamber Decision, para. 83.

④ *Sesay Case*, Trial Chamber Judgement, para. 233.

⑤ *Sesay Case*, Trial Chamber Judgement, para. 233.

⑥ See *e. g.* Michael Cottier, *Article* 8 *para.* 2 (*b*) (*iii*), in Otto Triffterer & Kai Ambos (eds.), *Commentary on the Rome Statute of the International Criminal Court: Observers' Notes, Article by Article*, 2nd ed., Beck/Hart/Nomos, 2008, p. 336; Evan T. Bloom, *Protecting Peacekeepers: The Convention on the Safety of United Nations and Associated Personnel*, 89 Am. J. Int'l L. (1995), p. 625; Christopher Greenwood, *Protection of Peacekeepers: The Legal Regime*, 7 Duke J. Comp. & Int'l L. (1996 – 1997), p. 198.

二者应当分别讨论。维和人员在自卫中使用武力是否导致其失去保护的问题的关键在于考察自卫这一使用武力形式与国际人道法上“直接参加敌对行动”的关系，只有当自卫不属于直接参加敌对行动时，维和部队才不会因自卫而由平民转化为不合法战斗员从而失去保护。

国际人道法条约中不存在“直接参加敌对行动”的定义，国际红十字委员会在《国际人道法中直接参加敌对行动定义的解释性指南》一书中提供了这一概念的基本要件：损害下限（threshold of harm）、直接因果关系（direct causation）和交战联系（belligerent nexus）。[①] 该书随后分析道，“个人自卫或保卫他人免受国际人道法所禁止之暴力行为所造成的损害缺乏交战联系……因此，在这种情况下使用必要和相称的武力不能被视为直接参加敌对行动”。[②] 国际红十字委员会显然使用的是“自卫”的狭义概念，即仅指对人员人身、生命的自我防卫。据此，狭义的自卫只要满足必要和相称的原则就不会被视为直接参加敌对行动。

对于包括保卫使命在内的广义的自卫，国际红十字委员会没有论及。根据前文的分析，保卫使命与执行使命在本质上没有区别，事实上是允许维和部队使用攻击性的武力。假设使用进攻性的武力执行使命不属于直接参加敌对行动，那么这将极大地动摇国际人道法的平等适用原则。“如果审判分庭主张保卫使命不削弱维和人员受保护的地位是正确的，那么一名武装的维和人员使用攻击性武力以保卫使命将继续从平民保护中受益——从而在国际法上使得武力的目标以武力做出回应变得不合法。这将违反武装冲突法平等适用于冲突各方的假定。”[③] 于是，只要能解释为保卫使命，即使维和部队未遭到攻击，维和人员也有权使用武力，而对维和人员的武力进行还击的行为则构成危害人类罪或战争罪。而且更加荒诞的是，执行行动中的以自卫的名义使用进攻性的武力执行使命也应被排除在直接参加

---

① See ICRC, *Interpretive Guidance on the Notion of Direct Participation in Hostilities under International Humanitarian Law*, 2009, p. 46.

② ICRC, *Interpretive Guidance on the Notion of Direct Participation in Hostilities under International Humanitarian Law*, 2009, p. 61.

③ James Sloan, *Peacekeepers under Fire: Prosecuting the RUF for Attacks against the UN Assistance Mission in Sierra Leone*, 9 LAPE (2010), p. 286.

敌对行动之外，因此此种情况下联合国部队应被视作失去战斗力的人甚至是平民。但是在理论上，在执行行动中攻击联合国部队也从未被认为构成国际犯罪。[①] 而且，事实上也没有人会期待在联合国执行行动中与联合国部队交战的国家，例如朝鲜半岛局势中的朝鲜、科威特局势中的伊拉克会将联合国武装人员当作对方的战斗员对待。将保卫使命的自卫排除出直接参加敌对行动的假设会导致国际人道法的不平等适用，进而破坏当事方对国际人道法的遵守，因为在此情况下遵守规则不仅意味着无法正常开展军事行动，而且将毫无悬念地被联合国部队击败。因此笔者认为，为保卫使命而使用武力应当被认定为直接参加敌对行动，使维和人员由平民转化为不合法战斗员，[②] 相应地，此时他们所使用的物体也更应倾向于被纳入允许攻击的军事目标。

总之，塞拉利昂法庭关于允许维和部队为保卫使命而使用武力的解释将给维和法律制度造成极大冲击，威胁着维和部队的人员和物体在国际人道法上受到平民和民用物体保护的地位。它将促使维和部队卷入武装冲突，从而成为合法攻击的目标，这与维和行动本身的宗旨以及国际人道法对维和部队的保护理念是背道而驰的。

综上所述，国际刑事法庭对危害维和部队罪行的审判是新兴的国际刑事司法介入传统国际法领域的典型体现，对维和行动原本的法律框架有着深刻的影响。综合来看有以下四点：首先，国际刑事法庭倾向于认可强势维和理论。虽然强势维和理论受到诸多批评，但国际刑事法庭仍然肯定了这一实在法规则的某些方面。其次，国际司法实践加深了维和行动与执行行动的混淆。虽然只有塞拉利昂法庭将“自卫”的概念加以扩大，但其他国际刑事法庭未能提出与之相反的论证，导致目前维和行动与执行行动的

---

① *See* ILC, “Report of the International Law Commission on the work of its forty - eighth session” (6 May - 26 July 1996) UN Doc A/51/10, p. 51.

② 有学者评论道，“当‘维和部队’被授权使用本质上达到使用进攻性的武力一样程度的武力时，排除其平民保护的权利似乎是合理的”。Michael Cottier, *Article* 8 *para.* 2 (*b*) (*iii*), in Otto Triffterer & Kai Ambos (eds.), *Commentary on the Rome Statute of the International Criminal Court: Observers' Notes, Article by Article*, 2nd ed., Beck/Hart/Nomos, 2008, p. 337. José Doria, *Attacks on UN and Regional Organizations Peacekeepers: Potential Legal Issues before the International Criminal Court*, 5 Int'l Stud. J. (2008), p. 68。

界限只能依靠同意原则微弱地维持。再次，国际司法实践延续了对维和人员法律地位的争议。学术界对维和人员法律地位的讨论原本就已众说纷纭，国际司法实践未能起到一锤定音的作用，反而制造出更多不相一致的地方，令人遗憾。最后，国际司法实践削弱了国际人道法对维和部队的保护。在保卫使命的“自卫”中，维和人员、维和部队物体有可能被当作战斗员和军事目标对待，从而成为合法的攻击目标，而这是十分危险的。

由此可见，国际刑事法庭的司法实践虽然以司法裁判的形式解决了维和法律制度中的一部分争议，但同时也延续了一部分已有的争议甚至制造出新的争议，这将深刻地影响维和法律制度在今后的发展轨迹。这一司法实践一方面折射出维和法律制度内容本身的复杂性，另一方面也表明国际刑事司法对传统国际法领域中有关现象的讨论还不够成熟。虽然笔者主张在适度采纳当代实践的基础上，逐步回归维和行动传统的法律框架以寻求维和法律制度在国际法上的独立性，但国际刑事法庭的判决既已做出，就无否认其法律效力的余地，学术界只能以批判的视角继续关注维和实践的发展，并期待其自身能够回应和解决这些争议。作为国际法的实践部门，国际刑事法庭的作用不仅是查明事实、定罪量刑那么简单，也肩负着推动国际法发展的重任。国际刑事法庭在历史上所提出的一系列具有开创性的论断无不引导着国际法多个领域的发展，因此它们也应当充分认识到自身作为国际法的实施者与捍卫者的角色，充分考虑到判决可能给国际法相关制度带来的影响，从而推动国际法治的进步与国际法的稳定发展。

联合国强制和平行动隐现的问题及其对策分析

何磊静*

强制和平（Peace Enforcement）行动，从概念上来说，是指一个或多个国家以维护或重建区域和平安全，结束国家内部暴力冲突为目标，武装军事介入第三方国家的行为。强制和平行动主要的法律依据来自《联合国宪章》的第七章，其第42条规定了联合国安理会在维护或重建国际和平安全时可以采取必要的海陆空军事武装力量进行强制和平行动。[①]

冷战结束后，国际安全形势呈现出区域化、复杂化的特点，主要以种族冲突和国内战争为主，而联合国安理会授权的维持和平行动（以下简称“维和行动”）的作用进一步被凸显出来。但是，卢旺达事件等惨剧的爆发宣告了第一代维和行动在新形势下难以为继，因此联合国方面不断做出调整，新一代复杂、多维度的维和行动应运而生，其中便包括强制性色彩浓厚的强制和平行动。强制和平行动一般在冲突复杂多样、安全威胁严峻的地区展开，其往往在未停火或休战前主动干预地区冲突，很难得到各方准允，而且侧重通过武力使用的方式维持地区稳定。这种采取强制性手段的行动由于特殊的干预方式和效果，加之其较高的风险性，隐现出了一定的问题，也引起了国际社会广泛的争议。

---

* 何磊静，北京外国语大学外交学专业硕士研究生。

① Coleman，K.，*International Organizations and Peace Enforcement*：*The Politics of International Legitimacy*，Cambridge：Cambridge University Press，2007，pp. 5，30.

一、联合国强制和平行动的形成和发展

联合国安理会所授权的强制和平行动，是在20世纪90年代后新一代的维和行动中发展出来的。自冷战结束以后，种族冲突与地区矛盾开始威胁到国际社会的安全稳定，联合国也得以能够加强其维持国际和平与安全的作用。然而，传统的维和行动难以适应新的安全形势，在卢旺达事件和斯雷布雷尼察惨案等悲剧面前，联合国迫于压力不得不做出调整，新一代复杂、多维度的动态维和行动因此应运而生。在新一代维和行动中，以西方国家为主的维和部队在安理会的协调下互相合作，在非洲等安全形势复杂的地区开展强制和平行动。强制和平行动的部队装备精英化、打击能力强，同时其行动往往无须经过各方准许，可对地区势力采取有选择性的武装打击。

（一）强制和平行动的出现

冷战结束后，联合国授权的维和行动次数明显增多，规模显著增大。在1989年至1993年的四年间，联合国授权的维和行动共有18次，超过前43年冷战期间的维和行动的总和。① 1992年，针对当时地区安全形势错综复杂的情况，时任联合国秘书长加利在《和平纲领》（An Agenda for Peace）中指出当时的联合国存在维和手段有限与不足的情况，并首次提出要加入“强制和平”的理念来维持地区稳定，强调强制和平是为了“应对直接冲突”，维和人员在安全形势复杂的地区为了完成授权任务，需要“比一般部队更强化武装”。② 这一纲领也在一定程度上预判性地说明了此时的维和行动正处于由第一代向第二代转型的阶段。

① United Nations, *List of Peacekeeping Operations 1948 - 2013*, http://www.un.org/en/peacekeeping/documents/operationslist.pdf.

② United Nations, *An Agenda for Peace*, A/47/277 - S/24111, June 17, 1992, http://www.un.org/Docs/SG/agpeace.html.

随着1994年卢旺达事件和1995年斯雷布雷尼察惨案的爆发，传统的维和行动遇到重大挫折。事实上，联合国在1993年就向卢旺达派驻过一支协助团来监督和平协定的签订，但随着卢旺达国内局势的复杂化，这支部队并未有所作为。而在1995年的波黑，斯雷布雷尼察事件的爆发也对当时的联合国维和行动造成了巨大打击。1993年，由荷兰分遣队组成的联合国保护部队驻扎在斯雷布雷尼察所谓的安全地带，但是由于对当地局势的错误判断，保护部队卷入了国内冲突，无法阻止成千上万人的大屠杀的发生。这两件事件发生后，联合国维和行动的声誉受损，维和行动的有效性引起国际社会的热议，联合国维和部队的人数锐减。此时，联合国认识到必须在保护平民方面加强行动力度，因此更侧重武力使用的强制和平行动被列入授权考虑之中。

2000年，联合国秘书长安南为了解决联合国维和行动所遭遇的困境，正式提出新时期的维和行动将逐渐变成复杂、多层次的动态维和。[①]这其中囊括的范围较广，而“利用强制性手段促进和平”这一理念也位列其中，这既是为了避免类似卢旺达事件的再次爆发，也是为了强化联合国在新时期国际事务中的作用。2000年8月，联合国“和平行动问题小组”提交了一份《卜拉希米报告》（Brahimi Report），这份报告的通过正式宣告了联合国维和行动的转型。报告称，“应容许在联合国部队或受其保护的人民受到致命攻击时做出有力的还击”，“维和人员不但在行动上有使用武力的理由，而且基于道义也不得不这么做”。[②] 可以说，这份报告正式宣告了在安理会授权下，侧重武力使用且无须征得各方准许的强制和平行动的出现。

（二）强制和平行动的发展

自强制和平行动出现之后，联合国常使用授权动用武力这种方式来

---

① Annan, K. A., “The Peacekeeping Prescription”, in *Preventive Diplomacy*, New York: Routledge, 2000, p. 179.

② United Nations, *Report of the Panel on United Nations Peace Operations* (Brahimi Report). New York: United Nations, 2000, pp. 2–12.

实现维和目标，而且这些强制和平行动往往不需要各方一致准许，不要求绝对中立，且武力使用程度较高。[①] 早在20世纪90年代，联合国安理会曾授权美国参与索马里维和行动，并允许维和部队对交战各方采取较为积极的军事行动，突出强调“以武力使用为主的强制措施”带来的和平效果，但是此次行动的失败在一定程度上显现出强制和平行动背后的弊端。

随着地区安全形势逐渐紧张，脆弱国家（Fragile States）的概念逐渐为人所知，这些国家内部武装冲突频繁，极端分子或犯罪组织气焰嚣张，政府无能力或不愿意进行国家管理，而国内平民最易受到安全威胁。面对如此局势，联合国难以坐视不管，决定对这些地区开展主动性强、侧重武力的稳定化行动（Stabilization Operations）。早在1995年，在波斯尼亚和黑塞哥维那建立起来的北约稳定部队（SFOR）就首次将“稳定化”这一理念带入和平行动。自此，稳定化就意味着通过军事力量维持某一地区或国家的稳定，并开展可持续的体制建设。2004年，联合国在建立联合国海地稳定化任务组（MINUSTAH）时首次使用了“稳定化”这一概念。[②] 之后的十年里，联合国“稳定行动”初具雏形，在2008年联合国《维持和平原则与指导方针》中，稳定行动被定义为一支联合国维和任务组部署后的系列行动。[③] 2009年，联合国出台《新的伙伴关系议程：规划联合国维和行动的新地平线》（A New Partnership Agenda：Charting a New Horizon for UN Peacekeeping），这一报告虽未过多阐述稳定化行动这一概念，却为联合国后续的三个维和行动易名提供了参考，[④] 其中包括2014年更名的中非多层面稳定特派团（MINUSCA）、2013年更名的马里多层面综合稳定团（MINUSMA）和2010年更名的刚果民主共和国稳定特派团（MONUSCO）。

---

① Boulden, J., *Peace Enforcement: The United Nations Experience in Congo, Somalia, and Bosnia*, Praeger Publishers, 2001, p. 3.

② United Nations, S/RES/1542, April 30, 2004, New York: United Nations, 2004.

③ United Nations, *United Nations Peacekeeping Operations: Principles and Guidelines*, New York: United Nations Department of Peacekeeping Operations/Department of Field Support, 2008.

④ United Nations, *A New Partnership Agenda: Charting a New Horizon for UN Peacekeeping*, 2009, http://www.un.org/en/peacekeeping/documents/newhorizon.pdf.

稳定化行动虽然没有具体概念上的界定，但其实质属于强制和平行动。首先从战略层面来讲，稳定化行动是联合国安理会授权的以稳定地区冲突、保护平民为主的行动，然而这些冲突地区的安全形势纷繁复杂，可谓毫无“和平”可维持；其次，这些行动本身侧重通过军事武装力量达到稳定局势，通常会为了占据先机而预先输出力量而不征得各方准许，而且侧重武力使用；再者，稳定化行动的部队成员构成复杂，西方国家参与度很高，而且由于西方国家的技术投入较多，其打击范围和力度都有明显提高，具有极强的强制性色彩。

联合国现在一共有 3 个稳定任务组在开展新一代的维和行动。联合国在刚果（金）、马里以及中非的维和行动在新的授权下，侧重通过高度的武力使用来达到强制和平的效果。同时，维和行动加入了新的技术和能力，比如 2013 年空中侦察无人机部署到刚果（金）东部，2014 年部署到马里。同时，联合国在其他国家的共同参与下，也组建了专业化的地面情报搜集部队、社区网络与数据分析团队等。

二、联合国强制和平行动隐现的问题

正是由于联合国强制和平行动发展到一定阶段，其隐存的种种问题也越来越引起人们的关注。首先，因为联合国安理会授权的强制和平行动不需要征得各方的一致同意，加之其侧重武力使用来实现地区稳定的目标，因此这类维和行动在一定程度上脱离了“维和三原则”，遭到了国际社会的热议；其次，强制和平行动通常在安全形势复杂多样的地区开展，意味着需要采取一切必要手段遏制冲突中潜在的“破坏分子”来达到稳定，而且其武力使用的时限并未有效规定，在内战冲突下使用军事力量增加了维和人员成为潜在打击对象的可能性；再次，由于不同国家协作参与强制和平行动，西方国家的广泛参与使得强制和平也被诟病为以美国为首的西方国家借联合国来维护体系稳定、服务霸权利益的要求，[①] 而且行动具有很强的针对性，打击特定对象，使联合国维和之“公正性”遭到了挑战。

自冷战之后，非洲大陆一直是联合国维和行动开展的最重要的区域之一，尤其是卢旺达事件发生后，西方国家一度积极介入非洲地区的维和行动。[②] 以联刚稳定特派团和马里稳定特派团为例，在武力使用加强的背后，这些行动存在大量隐藏的问题，并给联合国带来挑战。

（一）行动与原则的割裂

早在1993年，著名学者约翰·鲁杰（John Ruggie）就在《外交事务》（*Foreign Affairs*）杂志中撰文宣称联合国维和行动已经进入“一个定义模糊的无人之地，介于传统维和与强制措施之间，缺乏传统的行动指导理念”。[③] 联合国自从在卢旺达和斯雷布雷尼察的维和行动失败之后，逐步意识到应该基于保护平民而采取中立而坚决的态度，而且联合国不能在暴行面前毫无作为，这一点在《卜拉希米报告》中有所涉及。[④] 当下的联合国维和行动追求通过武力措施达到和平效果，部分行动已经违反了联合国维和的核心原则。因此，联合国的行动也陷入了困境，新的行动在强制和平的边界线来回游走，引起不小的舆论压力，同时也暗示着，维和方针与实践之间从深层次来说也存在一定的沟壑。在新的理论指导下，维和行动的职能和范围不断扩大，甚至存在着按照某种政治模式塑造世界的偏向。[⑤]

---

① 汤蓓：“规则制定与联合国维和部队武力使用”，《世界经济与政治》2015年第3期，第113—114页。

② 贺鉴、汪翱：“从冷战后非洲维和看联合国维和机制的发展——由卢旺达大屠杀与达尔富尔危机引发的思考”，《当代世界与社会主义》2007年第5期，第61页。

③ Ruggie, J. G., “Wandering in the Void: Charting the UN's New Strategic Role”, *Foreign Affairs* 72, No. 5, 1993, pp. 26 – 31.

④ United Nations, *Report of the Panel on United Nations Peace Operations* (Brahimi Report). New York: United Nations, 2000, pp. 9 – 10.

⑤ 庞森：“联合国维和行动——趋势与挑战”，《世界经济与政治》2007年第6期，第24页。

在联刚稳定特派团的行动中，刚果（金）地区地面形势较为复杂，联合国似乎意识到非洲地区的这些挑战，也为了挽回其维和任务效果不佳的声誉，提出构建一支由南非发展共同体部队组建而成的武装干涉部队。这一武装干涉部队在2013年3月正式由联合国安理会2098号决议批准通过，安理会授权联刚稳定特派团与武装干涉部队“采取一切必要措施”来压制并解除对国家权力系统与平民安全造成威胁的武装组织。[①] 但是，一些安理会成员国对此决议保持审慎态度。当时决议中指出“武装干涉部队的建立是一个特殊情况，并非创建一个先例，也并未对既有的维和原则造成偏见”。[②] 俄罗斯对此呼声最高，其强调“曾经的例外如今有成为非公开的标准化实践的态势”，中国对这一发展也持有疑虑。[③] 总的来说，这种审慎态度的一大来由就是强制和平理念下的武装干涉脱离了原本所倡导的“维和三原则”。

在马里稳定特派团的行动中，这种行动与原则的割裂主要体现在两个方面：先进的技术手段造成的好战性和行动有转向打击恐怖主义的倾向性。随着现代军事技术的进步，联合国的维和手段在技术层面得到较大的发展，这在马里稳定特派团中有较多的体现。面对当地非常规非对称的威胁以及稳定国家的使命，联合国积极调整应对措施，建立了一支全渠道信息整合部队（ASIFU），这支部队的建立也成为联合国维和行动中大规模情报收集的一次尝试。这支部队主要由荷兰、瑞典和挪威的士兵组成。荷兰派遣了380名士兵，其中包括70名擅长情报收集整合的突击队员，并且派出了4架阿帕奇攻击直升机；瑞典派出了200人的侦察部队；挪威部署了15名情报分析员。鉴于当时马里北部不断恶化的国家局势，西方国家的参与带来了更为丰富的维和手段，而且其也尝试性地带来了北约组织在阿富

---

① United Nations, S/RES/2098, March 28, 2013, New York: United Nations, 2013, pp. 7 - 8.

② Ibid., p. 9.

③ 联合国安理会：详见 *Hindsight: Changes to UN Peacekeeping in* 2013, http://www.securitycouncilreport.org/monthly-forecast/2014-02/in_hindsight_changes_to_un_peacekeeping_in_2013.php。

汗和伊拉克镇压叛乱行动中汲取的经验和教训。① 西方国家的能力投入对联合国马里稳定团的贡献很大，比如向马里稳定团提供情报部队、奇努克运输直升机、波音扫描鹰无人机等。这些无人机非常轻便，易于操作，能够传输实况录像，具有监视和侦察能力。但是，新装备和新手段的出现也带来了一些问题，比如德国 C130 运输飞机、阿帕奇和奇努克直升机仍然采用原来战时的颜色，联合国的 LOGO 涂在机顶，机身并未涂成白色。这让很多人感到不安，包括联合国内部的人士，他们担心联合国正在卷入战斗任务。西方国家的部队补强增强了联合国马里稳定团的好战倾向，也增大了平民在暴力升级中受到袭击的风险。此外，打击恐怖组织、减少当地人民向欧洲移民也得益于西方国家的这一贡献，随着能力补强，马里稳定团变得十分强势，有开展反叛乱与反恐怖主义行动的能力。但不容忽视的是，这种强调武力维和的稳定团可能会慢慢从开展维和行动变成打击恐怖主义行动，进而造成暴力升级，使得平民与维和人员可能遭到报复式的袭击。

（二）维和人员易遭受伤害

从强制和平行动本身来说，首先，随着现代军事设备的不断更新，强制和平行动对联合国技术手段、人员配备等要求较高，维和人员能否在高度军事化的冲突中占有优势值得怀疑；其次，联合国尚不具备执行战斗任务的工具和能力，其是否有能力成为一个战斗组织也让人怀疑。在联合国内部也普遍存在担忧，主管维和行动的助理秘书长埃德蒙德·穆雷特（Edmond Mulet）曾指出，“联合国维和人员既非为强制和平行动而训练，也未配备实施能力”。② 对于目前的发展状况，成员国之间也未达成一致满意的意见，尤其是一些传统维和部队派遣国，它们担忧这种强制和平的发

---

① Young, E.,“Decade of War: Enduring Lessons from a Decade of Operations”, *Prism* 4, No. 2, 2013, pp. 123 - 141.

② 联合国安理会：详见 *Hindsight: Changes to UN Peacekeeping in* 2013, http: //www. security-councilreport. org/monthly - forecast/2014 - 02/in _ hindsight _ changes _ to _ un _ peacekeeping _ in _ 2013. php。

展方向会增加其维和部队人员的危险。

在联刚稳定特派团成立之前，联合国在刚果的维和队伍被称为联刚特派团。联刚特派团在其成立的十年里在保护平民行动中一直饱受诟病。在2002年6月基桑加尼大屠杀中，特派团并没有起到保护平民的作用；[①]在2003年伊图利省冲突中，也拒绝行动；2004年6月，特派团中的乌拉圭部队指挥官直接将当地布卡武机场的控制权交到反动武装分子手中。[②] 2010年联刚稳定团成立后，虽然行动并未有太多改善，但是明显加强了武力使用的程度。面对刚果（金）地区复杂的安全形势，地区组织和联合国一直在积极组建对抗力量，其中就包括联合国授权组建的武装干涉部队。但是这些部队突出武力使用，有可能会危及当地平民的安全，同时危及维和参与国所派出的维和人员的安全。而且，在刚果（金）开展的一系列强制和平行动具有一定的针对性，对M23、伊图利爱国抵抗阵线（FRPI）、刚果人民解放军队（ALPCU）等武装组织的对抗可能会造成联合国选边站的印象，破坏联合国的形象，进而增加联合国平民及人道主义行动遭受攻击的危险。

联合国马里稳定团于2013年7月1日正式取代了由非洲联盟领导的、非洲主导的国际支助团。2013年4月，联合国正式授权马里稳定团开展“支持马里权力过渡，稳定人口密集区域，特别是马里北部，防止武装分子再次流入当地”的维和行动。[③]当时的马里稳定团面临着复杂的地面形势，其中包括为北部自治而战的阿扎瓦德民族解放运动、伊斯兰马格里布的圣战徒、西非统一与圣战运动、“基地”组织制裁委员会等。同时，政府部门也有官员存在毒品走私等渎职行为，并可能已经与部分武装组织有所联系。

在马里稳定团中，维和人员的伤亡事件不在少数，其原因主要包括：

---

① Marks, J, "The Pitfalls of Action and Inaction: Civilian Protection in MONUC's Peacekeeping Operations", *African Security Review 16*, No. 3, 2007, p. 71.

② Holt, V., G. Taylor, and M. Kelly, *Protecting Civilians in the Context of UN Peacekeeping Operations: Successes, Setbacks and Remaining Challenges*, New York: UN Department of Peacekeeping Operations/UN Office of the Coordination of Humanitarian Affairs, 2009, pp. 257 – 259.

③ Ibid., p. 7.

维和部队的战斗倾向导致的伤亡和复杂的安全环境造成的伤亡。比如，马里稳定团中包括一支来自西非的乍得分遣队，这支分遣队经常展现其与武装组织直接正面冲突的意愿。在一次车队护送行动中，乍得分遣队遭遇路边炸弹袭击，但是其并未等待医疗救援，而是继续跟进武装分子，与其正面冲突。乍得分遣队的做法引起了联合国的不满，称其不懂国际人道主义法，马里稳定团也被责令在 6 个月内将西非国家经济共同体（ECOWAS）下的部队训练至达到联合国标准。① 再如，2014 年 5 月 16 日，马里国防安全部队（MDSF）和阿扎瓦德民族解放军（MNLA）陷入暴力冲突，一些政府官员遇袭身亡，19 名维和人员也负了伤。这让联合国的维和行动陷入了两难境地，一方面联合国要做中立的调停者，另一方面又要帮助国家职能部门进行重建工作。②

（三）联合国的权威性与公正性受损

从权威性受到挑战来看，首先，联合国在自 20 世纪 90 年代后开展的维和任务中，并非每一次都达到预期目标，有些甚至直接宣告了维和行动的失败。这也使得联合国的维和行动不被包括非洲国家在内的国际社会所看好。③ 其次，西方很多国家共同参与联合国强制和平行动，使得联合国开展的行动难以真正严格遵守宪章的宗旨和原则，甚至被国际社会认为是西方国家思维渗透，继而捍卫自身利益的一种工具，导致维和的权威性大大降低。再次，由于强制和平行动的理论依据并不充分，加之十分强调武力使用的作用，一些国家，包括冲突地区国家对维和行动产生反感情绪，继而增加了维和行动开展的难度。

联合国强制和平行动的公正性也受到一定的质疑。在强制和平行动之下，维和部队往往主动干预，而不征询所有方的意见，因此公正性是一大问题。美国军事部门也坦承，“强制和平的性质会限制人们对行动公正性

① United Nations, S/RES/2100, April 25, 2013, New York: United Nations, 2013, p. 9.

② Ibid., p. 7.

③ 周琦、张永义：“非洲维和机制探析”，《当代世界与社会主义》2005 年第 4 期，第 82 页。

的看法”。[①] 冷战后，世界动荡以国家内部冲突为主，这使得联合国不得不介入主权国家内部开展维和行动。一时之间，国际社会纷纷质疑联合国维和行动有干涉国家主权之嫌，为此，联合国前秘书长安南提出了“两种主权观”，并提倡人权高于主权。[②] 但是随着强制和平行动的开展，一方面强制性的主动干预模式使得联合国的人道主义行动蒙上了一层强制干预的色彩，另一方面一些大国加入到行动中来，使得维和行动目标化、武力化，这些都增加了人们对联合国维和行动选边站的质疑。

在联合国内部，当安理会起草与联刚稳定团、马里稳定团等有关的行动决议的时候，英国、美国、法国等通常具有较大影响力，它们在军事参谋团办公室、秘书处维和部门都有一批调派官员。比如，曾担任联合国负责维和事务的副秘书长拉德苏是位法国外交官，与其前任相比，拉德苏与法国外交部的关系更为亲近，并且开展了一系列工作让“联合国进入二十一世纪”，如在联刚稳定团中加入无人机和武装干涉部队。

在马里稳定团中，西方国家的参与尤为明显。马里稳定团中，既包括荷兰、瑞典、挪威、德国等的大型分遣部队，也包括来自美国、法国、英国、丹麦、芬兰等的西方国家小分队，马里稳定团成为联合国维和行动中西方国家参与度最高的一次。而这带来的结果是，马里稳定团非常侧重军事技术的更新和情报系统的完善，行动变得很强势，打击对象具有针对性，由此也使得此种行动容易导致极端分子的报复袭击，直接危害到行动的有效性和维和人员的人身安全。

三、针对解决强制和平行动隐现问题的思考

联合国安理会近些年授权的一些维和部队，比如联刚稳定特派团、马里稳定团以及中非稳定团等，其派驻地区往往存在较为严重的地区冲突，

---

① U. S. Department of the Army, Field Manual (FM) 100 - 23: *Peace Operations*, Washington D. C.: GPO, December 1994, p. 33.

② Annan, K. A., “Two Concepts of Sovereignty”, *The Economist*, Vol. 352, September 1999, pp. 49 - 50.

几乎毫无安全可言，同时这些行动基本是强调通过预先行动、主动干预和武力使用来维持地区的和平稳定。但是，维和行动从本质上来说并不是解决地区冲突根源的途径，而且这种过于诉诸武力的方式不一定会有显著的效果，相反会对联合国的行动原则和形象造成负面影响，甚至导致维和人员和人道主义救援人员的伤亡。面对这些隐存的问题，联合国必须重新审视现有强制性行动与联合国原则之间的矛盾，以避免国际社会对这种模棱两可行为的指责。同时，联合国需要加强与地区组织的合作，进而制定出合理、有效的维和方案。

（一）从战略层面重新评估强制和平行动

从战略与政策角度来说，有必要重新审视联合国维和行动的作用与手段。或许对于联合国安理会成员与秘书处而言，不开展双边行动或者不通过地区组织解决问题能够展现其领导力，但是通过授权强制措施，武装配备维和行动打击特定对象的做法应该审慎进行。武力应该在有限的时间内被有限地使用，如紧急情况中平民遭受到威胁；武力使用并且只能在稳定局势中使用。联合国若为了满足短期目标而“有所作为”，这并不是明智之举。同时，在维和行动中更新装备的做法值得赞赏，但如果其中有将其作为战斗工具的意愿，那这种发展就需要谨慎对待了。20 世纪 90 年代初索马里维和失败的原因就在于该行动过于专注强制性解决办法，突出军事作用而忽略了更为深刻的社会、政治和经济根源，也违背了维和行动的根本原则。① 目前针对联合国部队的袭击有上升的趋势，比如在马里受到圣战分子的袭击、在中非受到武装组织的袭击等。如果联合国变成敌人的攻击对象，平民与人道主义组织受到袭击，很难想象这样的维和行动还能有效开展下去。因此，联合国应该多从理论层面入手，填补维和行动理论依据与实践之间的沟壑，让实际行动的权威性、合法性和公正性得到国际社会的广泛认同。

① 中国国际战略学会军控与裁军研究中心主编：《当代国际维和行动》，军事谊文出版社 2006 年版，第 201 页。

（二）加强与地区组织之间的合作

强制和平行动在一定程度上会增加联合国与地区组织之间的分歧与不信任。比如在马里与中非，非洲联盟尚未施展拳脚就被联合国取代了其在马里与中非的任务组。事实上，联合国缺乏解决非洲可能发生的大部分问题的能力、资源和专门知识。

因此从分工合作角度看，联合国应该仔细思考其与地区组织之间的分歧与合作。美国兰德公司研究后认为，联合国维和的多边性质不但使其具备中立和合法性，而且具有责任共负、人员资源充沛、便于国际援助协调等优势。[①] 自冷战以后，联合国安理会要想充分有效地解决非洲地区的冲突，越来越需要借助外部的力量。从长期来看，非洲本土的地区组织熟悉当地局势，发展迅速，追踪记录能力不断提高，面对相应的突发事件反应速度也更快，应当在这种国内冲突中承担更多的责任，做出更大的贡献。而联合国应当更多地扮演一个指导者和合作者的角色，出台完整可行的行动机制，并将其工作重心更多投入到“可维持和平的地方”去，同时侧重和平宣传工作与停战后的和平建设工作。

总之，随着冷战的结束，世界安全形势呈现出新的趋势，地区冲突和国内战争的频发使得联合国不得不进行调整，将传统的维和行动升级为复杂、多层面的动态维和行动。20 世纪 90 年代，在索马里、卢旺达和波黑等地的维和行动的失败，使联合国维护世界和平与安全的声誉遭到巨大冲击，联合国安理会等机构不断做出调整，力图尽到保护平民的责任。新一代的维和行动对于解决国内冲突，维护地区稳定，往往是侧重于采取主动干预、武力使用的方式来达到强制和平的效果。

联合国授权的稳定化行动，虽然从概念上并无绝对界定，但其面临的安全形势、采取的应对策略和参与的身份组成，都表明其是强制和平行动在现阶段的最新进程。这些稳定团主要驻于非洲大陆，当地的安全形势错

---

① James Dobbins: *The UN's Role in National - Building: From the Congo to Iraq*, New York: RAND Corporation, 2005, p. 234.

综复杂，各方势力集聚，而且政府无能力或不愿掌控国家职能。联合国安理会在授权行动时，以保护平民为第一要义，主动采取干预，积极采取武力使用的方式应对当地的敌对挑战，而且西方国家在这些行动中参与度较高，提供了先进的武器装备。

通过分析联刚稳定团和马里稳定团的情况，我们可以看到这些行动存在的问题。首先，这类维和行动侧重主动干预，无需征得各方准许，且强调武力使用，在一定程度上已经造成维和行动与维和原则之间的矛盾；其次，这些行动在毫无和平可言的地区开展，外界安全威胁较大，而且维和行动装备精良化，侧重武力使用，容易造成维和人员的好战倾向和极端组织的报复袭击，进而危及联合国工作人员的安全；再次，这些行动效果并不明显，而且西方国家参与度高，打击对象具有一定针对性，容易造成联合国选边站的不良印象，削弱联合国的权威性和公正性。

因此，联合国必须重新开展行动评估，审视强制和平行动带来的种种问题，尤其是行动与原则之间的矛盾问题，这是联合国维护其权威性，尽到维护世界和平与安全之责任的亟须解决的问题之一。同时，联合国应发挥其主导作用，积极与地区组织展开合作，地区组织的地理优势和能力发展是联合国能真正掌握地区安全环境，制定出合理有效应对方案的重大保障之一。

中国参与联合国维和行动的研究述评*

孟文婷**

中国自1989年参加联合国纳米比亚维和行动开始，从有限参与到积极参与，再到现在成为支持联合国维和行动的中坚力量，其间经历了很大变化。国内外学者敏锐捕捉到中国参与联合国维和行动的发展动态，围绕这个话题展开一系列研究。回顾和梳理这些研究成果，去粗取精，将为推进中国的维和研究奠定良好基础。

一、中国参与联合国维和行动的研究发展

中外学者对中国参与联合国维和行动的研究，与中国军事外交的拓展、中国对维和事务的参与度密切相关。中国参与联合国维和行动的过程，从安理会维和提案上的“第五种投票”① 到开始投赞成票，从不参与到承担维和摊款、派遣维和人员，经历了三次重大转变。每个阶段都涌现出一些研究机构、研究者和研究成果，对中国参与联合国维和行动的分析也是围绕这三次重大转变展开的。

---

* 原文发表于《国际政治研究》2017年第4期。

** 孟文婷，北京大学国际关系学院博士研究生。

① 联合国安理会通常有四种投票形式：赞成、反对、弃权、缺席和拒绝参加投票。然而，中国在1971—1980年间出席联合国安理会投票过程，但不参与投票。参见朱雨晨：“中国重返联合国之初”，《中国新闻周刊》2005年第35期，第28页。

（一）中国从不支持到有限参与联合国维和行动（20世纪80—90年代）

在抗美援朝战争中，中国人民志愿军与美国带领的“联合国军”多次发生交锋，中国曾一度把联合国维和行动看作霸权主义的工具。自改革开放以来，中国对国际社会逐渐有了新认识，对联合国维和行动的态度也发生了转变。1981年，中国投票支持安理会延长联合国驻塞浦路斯维和部队（UNFICYP）驻扎期限的决议，首次宣告对联合国维和行动的支持，并从1982年开始承担对联合国维和行动的摊款。1988—1998年，中国在安理会投票支持建立36个维和行动，其中既有传统维和行动，也有多维维和任务，但是中国对武力使用原则（use of force）和强制维和（peace enforcement）[①] 任务一直持保留态度。1989年11月，中国向联合国纳米比亚过渡期援助团派遣20名文职选举监督员，参与帮助纳米比亚实现从南非的独立。次年4月，中国向联合国停战监督组织（UNTSO）派遣5名军事观察员，这是中国首次派军事人员参加联合国维和行动，标志着中国正式开始派出维和人员参与联合国维和行动。1992—1993年，中国向柬埔寨过渡时期联合国权力机构（UNTAC）派出800人的工程兵部队，并提供了财力支持。

这一时期，学者尝试找到中国从不参与联合国维和行动转变为有限参与联合国维和行动的原因，所以在对中国参与国际体系或国际机制问题的研究中都会涉及此类问题，如美国对外关系委员会亚洲问题高级研究员伊丽莎白·埃克诺米、斯坦福大学亚太研究所高级研究员米歇尔·奥克森伯格主编的《中国参与世界》、[②] 美国哈佛大学政府系教授江忆恩所著的《中国参与国际机制的若干思考》[③] 等在论述中国参与国际安全机制时，均提到中国参与联合国维和行动的内容。麻省理工大学政治学助理教授傅泰

---

① 美国伊利诺伊大学政治学教授保罗·戴尔将“和平行动”分为：传统的和平行动、强制的和平行动、缔造和平以及和平观察团。参见［美］保罗·戴尔、丹尼尔·德鲁克曼，聂军译：《和平行动的评价》，知识产权出版社2013年版，第1页。

② ［美］伊莉莎白·埃克诺米、米歇尔·奥克森伯格主编，华宏勋等译：《中国参与世界》，新华出版社2001年版。

③ ［美］江忆恩：“中国参与国际体制的若干思考”，《世界经济与政治》1999年第7期，第4—10页。

林、中国人民大学政治学教授庞中英是较早专门关注中国参与联合国维和行动问题的学者，后来仍然有研究者尝试用其他理论解释中国态度改变的原因。①

（二）中国扩大参与联合国维和行动（2000—2013年）

2000年初，中国首次向联合国东帝汶过渡行政当局（UNTAET）派遣民事警察，标志着中国参与联合国维和行动进入新时代。一些学者认为，鉴于这项维和行动的宗旨是建立联合国领导的过渡政权，由联合国在一个过渡期内履行东帝汶政府职能，这与国家主权与不干涉原则形成根本冲突，支持和参加这项任务表明中国在不干涉原则的问题上做出了让步。② 2004年，中国支持安理会1542号决议，建立联合国海地稳定团（MINUSTAH），并派出一支125人的维和警察防暴队和5名维和警察单警，这是中国第一次向未与自己建交的国家派出维和人员，也是中国首次派遣成建制维和警察分队参与联合国维持和平行动。防暴队有较强的武力行动能力，根据联合国的要求携带轻型武器等各种防爆装备，这也反映出中国在武力使用原则上的态度有所松动。自此之后，中国在安理会对联合国维和行动给予了更多政治支持。

在人力和财力支持方面，2003年中国派出包括工兵和医疗后勤保障分队在内的共218人参加联合国刚果民主共和国特派团（MONUC），非作战保障分队后来就成为中国派出维和力量的主要方式。③ 2007年，经过积极斡旋和协商，中国成为首批被允许进入达尔富尔地区执行维和任务的国家。与此同时，中国对维和预算的捐款数额逐渐攀升，到2009年的占比已

---

① Taylor Fravel, "China's Attitude toward UN Peacekeeping Operations since 1989", *Asian Survey*, Vol. 36, No. 11, 1996, p. 1116; Zhongying Pang, " China's Changing Attitude to UN Peacekeeping", *International Peacekeeping*, Vol. 12, No. 1, Spring 2005, pp. 87 - 104; 冯继承："中国参与联合国维和行动：学习实践与身份承认"，《外交评论》2012年第1期。

② International Crisis Group, "China's Growing Role in UN Peacekeeping", *Asia Report*, No. 166, 2009, p. 6.

③ Yin He, "China's Changing Policy on UN Peacekeeping Operations", *Asia Paper*, Stockholm: Institute for Security and Development Policy, 2007, p. 32.

超过3%。[①] 在培训交流机制方面，2000年成立的中国维和警察培训中心和2009年成立的中国国防部维和中心，均标志着中国维和培训与派遣前强化集训的正规化和规范化。

中国参与联合国维和行动事务的一系列大动作，受到国内外学界、智库、政策机构的广泛关注，涌现出不少研究成果评估和解释中国参与联合国维和行动的行为。2007—2009年，瑞典的安全与发展政策研究所、斯德哥尔摩国际和平研究所和位于布鲁塞尔的国际危机组织先后发布三篇关于中国参与联合国维和行动情况的全面评估报告，[②] 分别从中国学者、美国学者和欧盟学者的视角观察中国参与联合国维和行动的动机、挑战和前景。2011年，维和研究领域最权威的《国际维和》期刊发表题为“中国参与联合国维和行动”特刊，收录八篇文章，该系列文章后来集结成书。[③] 其中，香港大学国际关系助理教授冯康云（Courtney Richardson，后更名为Courtney Fung）和新西兰梅西大学防御与安全研究中心高级讲师马克·兰泰尼（Marc Lanteigne）都是长期关注中国参与联合国维和行动问题的学者。

中国第一部专门讨论中国参与联合国维和行动问题的学术著作是中共中央党校赵磊的《构建和谐世界的重要实践：中国参与联合国维持和平行动研究》。[④] 该书通过对中国参与联合国维和行动的类型、地域、人员、财政等要素分析，说明中国参与联合国维和行动是履行大国责任、构建和谐世界的重要举措，同时也有利于中国与国际社会在安全与发展领域形成良性互动、互利共赢的局面。此外，赵磊和中国维和警察培训中心高心满主

---

① 联合国大会文件 A/64/220/Add. 1，2009年12月31日，http：//www. un. org/zh/documents/view_ doc. asp? symbol = A/64/220/ADD. 1。

② 这三个报告分别是：International Crisis Group，“China's Growing Role in UN Peacekeeping”；Yin He，“China's Changing Policy on UN Peacekeeping Operations”；Bates Gill and Chin – Hao Huang，“China's Expanding Role in Peacekeeping：Prospects and Policy Implications”，*SIPRI Policy Paper 25*，November 2009，Stockholm：Stockholm International Peace Research Institute。

③ Marc Lanteigne and Miwa Hirono，eds.，*China's Evolving Approach to Peacekeeping*，New York：Routledge，2012.

④ 赵磊：《构建和谐世界的重要实践：中国参与联合国维持和平行动研究》，中共中央党校出版社2010年版。

编的《中国参与联合国维持和平行动的前沿问题》[①] 一书是迄今为止中国学者对中国参与联合国维和行动阐述最为全面的著作。

除上述作品外，国内外学术期刊上也有相关研究成果，这些文章总结和分析了中国参与联合国维和行动的历程、特点、挑战和前景等，其中大量文章都在尝试分析中国政府参与联合国维和行动的动机与原因。

（三）中国成为支持联合国维和行动的中坚力量（2013 年以来）

2013 年，中国向联合国马里稳定团（MINUSMA）派出一支 135 人的安全部队，这是中国人民解放军第一次在维和行动中执行武装任务。2014 年，中国向联合国南苏丹特派团（UNMISS）派出 700 人成建制的维和步兵营，这是中国对武力使用原则的再一次突破。2015 年 9 月，在联合国维和峰会上，习近平宣布成立中国—联合国和平与发展基金，建立 8000 人维和待命部队。2017 年 6 月，中国首支维和直升机分队在喀土穆部署到位。目前，中国派兵人数在安理会五个常任理事国中最多，维和摊款份额高达 10.2%，位居第二。作为发展中国家和安理会常任理事国之一，中国以切实行动支持联合国维和行动。

随着中国逐渐成为联合国维和行动的中坚力量，这一时期的文章更多在讨论中国对联合国、对维和机制产生的作用与影响，越来越多的学者尝试提炼出“中国维和模式”或者“中国和平理念”。中国维和警察培训中心何银等学者认为，中国为维和贡献了“发展和平”的规范，呼吁中国在维和事务中争取更大的话语权。[②] 与此同时，国防大学出版社连续出版两本研究维和的著作：《国际维和学》和《新中国军事外交与国际维和研究》,[③] 书中涉及中国参与联合国维和行动的战略思考，提出维和外交是中国军事外交的主旋律。

---

① 赵磊等主编：《中国参与联合国维持和平行动的前沿问题》，时事出版社 2011 年版。

② 何银：“联合国维和事务与中国维和话语权建设”，《世界经济与政治》2016 年第 11 期，第 40—61 页。

③ 陆建新等：《国际维和学》，国防大学出版社 2015 年版；杜农一等：《新中国军事外交与国际维和研究》，国防大学出版社 2015 年版。

二、关于中国参与联合国维和行动研究的重点与热点

中国参与联合国维和行动在短期内获得快速发展，引发研究者关注，对其进行不同理论层次的定位。从国际层面来看，有学者认为，中国积极参与联合国维和行动是扩大中国参与全球安全治理的形式，① 是有效参与全球公共产品和区域公共产品供给的重要示范。② 从中国外交层面看，有学者认为，中国参与联合国维和行动是中国积极开展多边外交的体现，③是中国对外交往的一种“创造性介入”。④

关于中国参与联合国维和行动的研究有三个热点议题：中国对维和态度的变化、中国扩大参与联合国维和行动的动机、中国对维和机制的影响，这三个问题与前文提到的中国参与联合国维和行动的三次重大转变有密切关系。

（一）中国对联合国维和行动的态度变化：主权原则还是武力干涉

国际维和机制始于1948年联合国停战监督组织（UNTSO）。大部分学者都认同中国对联合国维和行动的态度经历了四个阶段：20世纪五六十年代，中国将“联合国军”看作帝国主义的警察部队，因此对联合国维和行动持“谴责批判”的态度；70年代，中国对联合国维和行动仍有提防，采取“冷静观察”的态度；80年代，中国政府逐渐认同维和作用，“有限参与”维和；90年代至今，中国在维和行动中逐渐扮演重要角色，进入“深

---

① 李东燕：“全球安全治理与中国的选择”，《世界经济与政治》2013年第4期，第51页；李形、彭博：“中国崛起与全球安全治理转型”，《国际安全研究》2016年第3期，第69页。

② 吴志成、李金潼：“国际公共产品供给的中国视角与实践”，《政治学研究》2014年第5期，第111页。

③ 庞森：“改革开放与中国的多边外交政策”，《世界经济与政治》2008年第11期，第44页。

④ 王逸舟：“中国维和应‘创造性介入’”，《中国报道》2010年第2期，第59页。

入参与”期。[①]

一些学者认为，中国从“坚决反对”到“有限认同”的态度变化有两个重要基础。一是中国对国际社会的认识发生改变。[②] 自改革开放以来，中国的国际战略从意识形态对抗转变到独立自主的和平外交政策，中国安全利益由重点强调以阶级斗争为纲转变为强调经济建设和政治安全并重，希望积极营造和平的国际环境促进内部发展，安全重点的转移增大了中国参与联合国维和行动的意愿。二是摆脱国际孤立的特殊时期。[③] 20 世纪 90 年代初期，中国对维和的支持态度，包括对像联合国索马里行动第二阶段（UNOSOM II）那样比较激进的维和行动的支持，主要是为摆脱国际孤立的局面而做出的灵活调整，目的是继续改革开放并融入国际社会。正因如此，中国开始承认联合国维和的原则和理念。有学者从建构主义视角解释中国态度的变化，认为中国逐渐参与和学习联合国维和机制，这个过程也让中国对联合国维和行动有了新认识，并建构中国在维和机制中的新身份，而新身份又进一步影响了中国参与维和的实践。[④]

维和行动是基于国际正义与合法性的集体安全行为，本质上也是一种国际干涉行为。中国对维和态度的改变，反映出其对主权概念的新解读。以北京大学国际关系学院王逸舟教授为代表的学者认为：在坚守主权命题当代有效性的同时，也要看到新的主权观应当超越旧式的纯粹法理的层面，以更加丰富的层次、更加多样的内涵和更具动态感的形态，给国家在国际社会的新角色以更好的理论及政策说明。比如，主权范畴出现了“层化”趋势，人们更注意到主权、使用权与管辖权之间的不同效用；更重要

---

① 几乎所有中国参与联合国维和行动的研究文献都会提到这四个阶段，参见赵磊等主编：《中国参与联合国维持和平行动的前沿问题》，时事出版社 2011 年版；张慧玉：“中国参与联合国维和述评”，《现代国际关系》2009 年第 2 期，第 51—57 页等。

② 聂军：“关于中国参与联合国维和行动的认识”，《山西高等学校社会科学学报》2006 年第 3 期，第 20 页；赵磊：“中国对联合国维持和平行动的态度”，《外交评论》2006 年第 4 期，第 80—86 页；周琦、张建岗：“从国家安全利益的角度看中国对联合国维和行动认知的改变”，《当代世界与社会主义》2007 年第 5 期，第 56—60 页。

③ Jing Chen, “Explaining the Change in China’s Attitude toward UN Peacekeeping: A Norm Change Perspective”, *Journal of Contemporary China*, Vol. 18, No. 58, January 2009, pp. 157 – 173.

④ 冯继承：“中国参与联合国维和行动：学习实践与身份承认”，《外交评论》2012 年第 1 期，第 59—71 页。

的，还是将主权观念放在一种全面的人权观之下加以透视。[①] 对主权观的充实与完善，为创新中国的不干涉主义提供了重要基础，也为中国积极参与联合国维和行动提供了合法性的解释。

国外学者也敏感地洞察到中国在参与联合国维和行动问题上对主权原则的态度变化。中国政府一直坚守联合国第二任秘书长哈马舍尔德提出的维和三原则：不偏不倚、当事国同意以及非自卫或安理会授权不使用武力。斯德哥尔摩国际和平研究所前主任季北慈认为，中国对主权原则的坚持表现在坚决尊重当事国意愿问题上，比如2008年中国以违反东道国意愿为由反对安理会向缅甸进行干涉。不过，中国对支持人道主义救助的任务持积极态度，比如，1992年中国向柬埔寨派出工程兵大队帮助当地国家建设，还有2000年向东帝汶、2003年向刚果民主共和国和利比里亚派出维和人员都属于人道主义支持。[②] 这种对国际人道主义精神的认同，促使中国在绝对主权至上原则方面有所松动。

在干预形式上，中国对武力使用和强制维和的态度引起了很多学者的兴趣。麻省理工学院傅泰林助理教授认为，中国对维和任务的认识与安理会的授权内容有偏差，如联合国索马里行动第二阶段的授权目标是强制维和，但中国代表团认为是人道主义任务；又如法国绿松石行动的安理会授权为人道主义任务，但中国认为是强制维和行动。[③] 还有学者从联合国维和机制本身变化的视角思考，认为联合国维和机制的变化使中国对维和的态度更加积极。武力使用成为中国进一步参与联合国维和行动的一个阻碍，但2000年联合国维和行动改革使其更受中国的欢迎。2000年以后，联合国明确了不再亲自执行强制维和行动，而是授权给有能力的大国或者区域组织行动，比如2001年由北约领导的阿富汗国际安

① 王逸舟："主权范畴再思考"，《欧洲》2000年第6期，第9页；Jing - dong Yuan, "Multilateral Intervention and State Sovereignty: Chinese View on UN Peacekeeping Operations", *Political Science*, Vol. 49, No. 2 January 1998, p. 282。

② Bates Gill and Chin - Hao Huang, "China's Expanding Role in Peacekeeping: Prospects and Policy Implications"; Allen Carlson, "Helping to Keep the Peace: China's Recent Stance on Sovereignty and Multilateral Intervention", *Pacific Affairs*, Vol. 77, No. 1, Spring 2004, pp. 18 - 20.

③ Taylor Fravel, "China's Attitude toward UN Peacekeeping Operations since 1989", *Asian Survey*, Vol. 36, No. 11, November 1996, p. 1116.

全援助部队（ISAF）。[①]

（二）中国扩大参与联合国维和行动的动机：责任还是利益？

从20世纪90年代起，中国逐渐扩大参与联合国维和行动的规模，增加派出人员的数量和类型，广泛参与全球不同地区的维和任务。中国为什么越来越积极地参与联合国维和行动？很大一部分学者在尝试回答这个问题，分析中国参与联合国维和行动的动机和原因。这是一个很有争议的话题，虽然中外学者都围绕中国的责任与利益展开，但是各持一方。

展现中国“负责任大国”的良好形象，这是所有国内文献提到中国参与联合国维和行动原因的第一条。[②] 有中国学者认为，改革开放以来，随着中国经济的快速发展和国际地位的提高，中国崛起已经成为不可忽视的事实，实力增长要求中国政府重新界定与之相符的国际社会身份和国际责任。中国作为联合国安理会五常之一，更有责任积极参与联合国维和行动机制，营造和平与安全的国际环境，向世界和周边国家展现和平形象，这也是反驳“中国威胁论”的有效途径。

一些学者对“负责任大国”说提出质疑。香港大学的冯康云认为，“负责任大国”是一种很灵活的说法，[③] 让中国可以随时根据需要塑造其外

---

① Stefan Staehle,“China's Participation in the United Nations Peacekeeping Regime”, MA Thesis, *The Elliott School of International Affairs*, The George Washington University, May 21, 2006, pp. 61 - 82.

② 参见牛仲君：“中国参与东帝汶维和的原因及立场分析”，《外交评论》2007年第2期，第51页；王晓図：“论中国参与联合国维和行动的意义”，《边疆经济与文化》2010年第6期，第52—53页；杨熙、黄立言：“中国参与联合国维和之动因分析”，《社科纵横》2007年第12期，第50—51页；张慧玉：“从地缘政治视角看中国周边维和”，《云南行政学院学报》2010年第4期，第152—155页；罗建波、将恒昆：“达尔富尔危机的和解进程与中国国家形象塑造”，《外交评论》2008年6月，第44—50页；赵宇：“从对外政策层面解读我国维和警务与外交互动”，《中国人民公安大学学报》2005年第5期，第17—24页；赵宇：“论中国民事警察参与联合国维和行动的意义”，《中国人民公安大学学报》2004年第3期，第149—150页；Yin He,“China's Changing Policy on UN Peacekeeping Operations”, Stockholm: Institute for Security and Development Policy, 2007, p. 50; International Crisis Group,“China's Growing Role in UN Peacekeeping”, ICG Report No. 166, 2009, p. 20；杜农一等：《新中国军事外交与国际维和研究》，第166页。

③ Courtney J. Richardson,“A Responsible Power? China and the UN Peacekeeping Regime”, *International Peacekeeping*, No. 3, June 2011, p. 286.

交和安全政策的话语。斯德哥尔摩国际和平与安全研究所的周航认为，很难衡量中国如何算是“负责任”，[①] 决定中国参与联合国维和行动策略的是中国的对外与安全政策。还有一些研究者也不赞同“负责任大国”说，认为中国主要是为谋求自身利益而进行“维和外交”：通过参加联合国维和行动，中国更有资本在联合国争取高级别岗位；或者通过派出维和保障人员，给当地人建桥修路，促进中国与当地人建立友好关系。[②]

诚然，参与联合国维和行动能够为中国带来现实益处。首先，国内外研究普遍承认，中国参与联合国维和行动能提高其军队和警察的专业素质，加快军队的现代化建设。[③] 通过派出维和人员，中国解放军有机会了解海外作战环境，增加实战经验，加强中国在海外执行非战争性军事行动的能力。[④] 能促进与友军交流和学习，[⑤] 同时也是展示中国军队能力的一种方式，可起到威慑作用。

其次，维和与保护中国的海外利益的问题。有些学者认为，中国参与联合国维和行动主要是受经济利益驱使。[⑥] 不能否认，中国在苏丹和刚果

---

① Zhou Hang, “Dragon Under the Blue Helmet: A Quantitative Analysis of China's Motivation for Participation in UN Peacekeeping Operations”, *African East - Asian Affairs*, Issue 3, September 2013, p. 46.

② Bonny Ling, “China's Peacekeeping Diplomacy”, *China Rights Forum*, Vol. 47, No. 1, 2007, pp. 47 - 49.

③ 王晓因：“论中国参与联合国维和行动的意义”，《边疆经济与文化》2010 年第 6 期，第 52—53 页；杨熙、黄立言：“中国参与联合国维和之动因分析”，《社科纵横》2007 年第 12 期，第 50—51 页；赵宇：“论中国民事警察参与联合国维和行动的意义”，《中国人民公安大学学报》2004 年第 3 期，第 149—150 页；刘云：“中国参与联合国非洲维和行动的特点与意义”，《浙江师范大学学报》2011 年第 1 期，第 7—13 页；Yin He, “China's Changing Policy on UN Peacekeeping Operations”, Stockholm: Institute for Security and Development Policy, 2007, p. 50; International Crisis Group, “China's Growing Role in UN Peacekeeping”, ICG Report No. 166, 2009, p. 20；杜农一等：《新中国军事外交与国际维和研究》，第 170 页。

④ Bates Gill and Chin - Hao Huang, “China's Expanding Role in Peacekeeping: Prospects and Policy Implications”, *SIPRI Policy Paper 25*, 2009, p. 16；唐永胜：“中国与联合国维和”，《世界经济与政治》2002 年第 9 期，第42 页。

⑤ Courtney J. Fung, “China's Troop Contributions to U. N. Peacekeeping”, *Peace Brief*, 2016, http://www.usip.org/publications/2016/07/26/china - s - troop - contributions - un - peacekeeping.

⑥ Steve Paterno, “China Interference and Influence in Sudan”, *Sudan Tribune*, March 2009, http://www.sudantribune.com/China - interference - and - influence, 30707；孙德刚：“论新时期中国在中东的柔性军事存在”，《世界经济与政治》2014 年 8 月，第 23—25 页。

民主共和国的参与是有石油等资源回报的，但中国学者何银认为，这种个案的分析方式解释力有限。① 也有国外研究报告指出，中国的经济（商务部）和维和（国防部维和事务办公室）决策程序是相互独立的，而且中国企业的经济行为早于维和干预行动，②“经济利益驱动说”是没有证据的。大部分学者指出，中国通过维和保护其海外利益是间接的，因为维和可以给冲突地区带去安全和稳定，进而保护当地的中国人和中国公司的安全与经济利益。③

第三，“一个中国”政策不再是决定维和行动的动机。有学者发现，20 世纪 90 年代初期，中国在维和问题上的投票结果与台湾问题有关。④ 不过在 1998 年后，中国实现国家利益的方式更加倾向于国际合作的角度，⑤ 尤其是 2004 年中国向尚未与自己建交的海地共和国派遣维和人员。当然，不可否认，中国参与联合国维和尤其是在非洲地区开展维和行动，确实压缩了台湾地区的国际空间，使中国在外交上可以使用更加战略性的态度对待台湾问题。

第四，中国的双重身份认知决定其参与联合国维和行动的政策。有学者认为，国家利益是社会建构的，中国有两个身份建构，即作为安理

---

① Yin He, “China's Changing Policy on UN Peacekeeping Operations”, Stockholm: Institute for Security and Development Policy, 2007, p. 43；回归分析发现，2001 年到 2010 年间，中国参与联合国维和行动的任务区与中国在当地的国家利益没有明显相关性，也就是说保护海外利益不是维和派遣行为的主要动机。参见：Chien - pin Li, “Norm Entrepreneur or Interest Maximiser?: China's participation in UN peacekeeping operations, 2001 - 2010”, *China: An International Journal*, Vol. 9, No. 2, 2011, pp. 313 - 327。

② International Crisis Group, “China's Growing Role in UN Peacekeeping”, ICG Report No. 166, 2009, pp. 15 - 16.

③ Courtney J. Fung, “China's Troop Contributions to U. N. Peacekeeping”, *USIP Peace Brief 212*, July 2016；刘云、崔静：“中国参与联合国非洲维和行动的特点与意义”，《浙江师范大学学报（社会科学版）》2011 年第 1 期，第 10 页。

④ 中国在 1996 年对联合国海地支助团的延期问题上威胁使用否决票，1997 年否决在危地马拉建立维和任务的草案，1999 年否决联合国马其顿预防性部署延期，普遍认为中国行使否决票是因为当时的维和对象国与台湾地区建交。参考：Bates Gill and Chin - Hao Huang, “China's Expanding Role in Peacekeeping: Prospects and Policy Implications”, Stockholm: Institute for Security and Development Policy, 2007, p. 13。

⑤ 毛瑞鹏：“主权原则与中国在联合国维和议案中的投票行为（1994—2004）”，《世界经济与政治》2006 年第 4 期，第 55—60 页。

会五常之一的大国和发展中国家，中国参与联合国维和行动的行动都是参照大国和发展中国家这两个群体的偏好进行的。比如，达尔富尔维和任务区建立之初，英、美、法（大国身份）有极强意愿派出维和部队，非盟（发展中国家身份）也有这样的请求。根据国外学者的解释和判断，当时的情况是中国与喀土穆关系很好，而且派兵进入达尔富尔地区有极高安全风险，中国本不想介入达尔富尔问题。但是，中国不想被孤立，所以要同这两种身份的群体保持一致行动，中国最终说服喀土穆政府并派出进入达尔富尔地区的第一支维和工程兵部队。①

（三）中国在维和事业中的作用：中国贡献与中国方案

中国在联合国有双重身份，既是安理会五常之一的大国，也是最重要的发展中国家之一，同时与这些大国和发展中国家存在异同。通过比较中外学者的研究，可以看到中国维和模式的独特之处。

在赵磊和高心满主编的书中，有一章专门讨论了安理会五常国家参与联合国维和的特点。20 世纪 90 年代以来，五常国家参与联合国维和的情况各有不同：美国维和政策具有鲜明的功利主义，借重联合国推行自身利益，一旦联合国不按其旨意行事，美国便想尽办法将其边缘化，尤其是在联合国索马里行动第二阶段后，派出人员极少，主要是以后勤和情报人员为主的非作战部队；英国出兵率也很低，但在非联合国指挥的多国部队中出兵积极；法国比较重视联合国的行动，派出人员主要在与其切身利益密切的中东地区（如黎巴嫩），而且在秘书处的维和部门把控要职；俄罗斯保持超脱的态度，派遣人员和提供资金都很少；② 而中国是五常里派兵人数最多的国家，同时也是第二大出资国。

意大利特伦托大学政治学副教授丹妮拉·斯克利（Daniela Sicurelli）系统对比了中国与西方国家参与维和的不同之处：西方国家进行的维和行

---

① Courtney J. Fung, "What Explains China's Deployment to UN Peacekeeping Operations?" *International Relations of the Asia - Pacific*, Vol. 16, 2016, pp. 409 - 441.

② 参见“世界主要国家参与联合国维和行动的比较研究”，赵磊等主编：《中国参与联合国维持和平行动的前沿问题》，时事出版社 2011 年版，第 154—221 页。

动一般都不在联合国框架下，比如欧盟框架下的非洲维和行动就不受联合国领导，欧盟提倡共享主权和良治政府的规范，欧盟出资，采取欧盟—非盟—非洲区域组织合作这种“共享主权”的方式，通过建立非盟常备军、军事能力培训中心、预警系统等策略促进非洲和平与安全；与此不同的是，中国尊重国家主权，坚持不干涉内政原则和不附带政治条件原则。结果显示，中国在非洲比欧洲更受到非洲领导人的欢迎。[①] 柏林自由大学亚洲问题研究员加利玛·莫汉（Garima Mohan）等学者也认为，中国与大部分发展中国家的维和理念一样，尊重主权原则，重视当事国的意愿。他们是维和出兵大国，派出较大规模的安全部队和战斗部队，比如印度、孟加拉国、埃塞俄比亚、加纳等，而且一般参与联合国授权的维和任务。不过，这些国家的维和人员在维和行动决策层和任务区担任指挥官的情况较少。[②]

中外学者大多认为，中国对国际社会和平与稳定起到了重要作用，具体来说，中国参与联合国维和的影响主要集中在三个方面：

第一，中国在人力、财力和政治上支持联合国维和行动，加强其行动有效性。冷战结束后，联合国维和行动在数量上出现大幅增长，联合国对维和人力和物力上的需求很大。从 1990 年开始，中国相继派出军事观察员、工程和医疗等支援部队、安全部队，累计派出 3.5 万多人，修复道路长达 1.3 万公里、桥梁 300 多座、运输 120 万吨物资超过 1300 公里、救助 16 万伤病人员；[③] 中国维和官兵素来准备充分、专业素养过硬、纪律性强，对维和任务成功起到重要作用。在财政支持上，中国也越来越积极，缴纳维和摊款的比例达到 10.2%；2016 年，中国建立中国—联合国和平发展基金，用于支持维和相关事业。

除物质上的支持外，中国还对联合国维和行动提供了宝贵的政治支

---

① Daniela Sicurelli，“Competing Models of Peacekeeping：The Role of the EU and China in Africa”，Paper for the Fifth Pan – European Conference on EU Policies in Portugal，June 23 – 26th，2010.

② Garima Mohan and Olivia Gippner，“Chinese and Indian Approaches to United Nations Peacekeeping：A Theoretical Appraisal of Contribution Patterns and Decision – making Structures”，*Contemporary Readings in Law and Social Justice*，Vol. 7，No. 1，2015，pp. 83 – 111.

③ 参见 http：//www. un. org/en/peacekeeping/resources/statistics/contributors。

持，利用与冲突地区部分政府的特别关系使其同意接受维和行动。[1] 在达尔富尔维和任务建立之前，中国政府通过与当地各方力量的沟通、协商，说服苏丹政府让维和人员进入。中国鼓励通过政治和外交手段，慎用强制和武力的形式，征得当事国同意，使维和行动具有合法性，也使维和任务更具可操作性和有效性。

第二，中国的积极参与加强了联合国的合法性，巩固了联合国在国际维和中的核心地位。中国维和警察培训中心副教授张逸潇认为，随着20世纪90年代联合国索马里行动第二阶段维和任务的失败，以美国为首的西方国家减少了向联合国派员，而更愿意以区域组织或联盟的形式开展“和平行动”，比如北约、欧盟在科索沃、波黑、阿富汗等地的行动。[2] 冯康云认为，中国历来只参加联合国框架下的维和，不参加其他区域组织或同盟。作为安理会常任理事国，中国对维和行动的积极态度表明其对联合国这个政府间国际组织的尊重，意在倡导在联合国框架内平等协商、管理冲突，反对任何国家采取单方面行动，侵犯他国主权。[3]

第三，中国参与联合国维和行动的经验形成的新规范和新范式进一步发展了联合国的维和建和理念。近些年，有学者开始立足中国自身的发展实践，提出以发展为优先的建设和平新规范。何银认为，当下的联合国建设和平框架是基于“自由和平”的理念，[4] 通过改革政治体制、组织选举、

---

① Jonathan Holslag, “China's Diplomatic Manoeuvring on the Question of Darfur”, *Journal of Contemporary China*, Vol. 17, No. 54, February 2008, pp. 71 – 84; Bates Gill and Chin – Hao Huang, “China's Expanding Role in Peacekeeping: Prospects and Policy Implications” Stockholm: Institute for Security and Development Policy, 2007; International Crisis Group, “China's Growing Role in UN Peacekeeping” ICG Report No. 166, 2009.

② 张逸潇：“大国政治意愿对联合国维和行动的影响”，《武警学院学报》2015年第11期，第26—29页。

③ Courtney J. Fung, “What Explains China's Deployment to UN Peacekeeping Operations?” *Internationce Relatims of the Asia – Pacific*, Vol. 16, 2016, p. 413.

④ 有关“自由和平”的表述和批判参见：Roland Paris, *At War's End: Building Peace after Civil Conflict*, Cambridge: Cambridge University Press, 2004; Ian Taylor, “What Fit for the Liberal Peace in Africa?” *Global Society*, Vol. 21, No. 4, October 2007, pp. 553 – 566; Oliver Richmond and Jason Franks, *Liberal Peace Transitions: Between Statebuilding and Peacebuilding*, Edinburgh: Edinburgh University Press, 2009; Roger Mac Ginty and Oliver Richmond, *The Liberal Peace and Post – War Reconstruction: Myth or Reality?* London: Routledge, 2009。

恢复法律等建立制度的方式解决冲突，建立可持续的和平。中国对联合国“自由和平”下的建设和平任务参与很有限,[①] 但是在联合国建和框架外，却对非洲冲突后重建等建设和平工作发挥了重要作用，形成一种“发展和平”的新规范。[②] 近几年，有更多的学者参与了围绕“发展和平”的学术讨论，比如浙江师范大学副研究员王学军、南非国际问题研究院项目主任克瑞斯·艾登等国内外学者，探讨了中国的“发展和平”在非洲建设和平中的实践。这种以发展为优先的建和范式有两个特点：一是以经济建设为首要目标。在冲突后重建的地区，应该首先践行经济发展，满足当地人基本需求，包括提供住房、食品、基础设施等。二是坚持国家主权原则，强调发挥当事国的自主权，也注重国家和政府在经济发展和国家建设中的主导力。[③]

三、对中国参与联合国维和行动研究的思考与展望

中国参与联合国维和行动的时间不到30年，对中国参与联合国维和行动的研究也是最近十几年才发展起来的，因此这个领域的研究还比较薄弱。国内研究者主要集中在军警系统的附属研究院所，如中国维和警察培训中心、国防科技大学、解放军国际关系学院、中共中央党校，也有高校或中国社会科学院的研究力量；而国外研究者主要是大学教授或智库研究员。最近几年，有越来越多的中国学者在国际期刊上发文，也有一些英文

① Lei Zhao, “Two Pillars of China’s Global Peace Engagement Strategy: UN Peacekeeping and International Peacebuilding”, *International Peacekeeping*, Vol. 18, No. 3, June 2011, pp. 344 - 362.

② “发展和平”的概念由何银副教授于2013年首次提出，是作为一种不同于“自由和平”的规范展开讨论的。参见何银：“中国崛起与国际规范体系：以联合国维和行动为例”，《新战略研究》2013年第3期，第29—44页；何银：“联合国建设和平与人的安全保护”，《国际安全研究》2014年第3期，第75—91页；何银：“规范竞争与互补：以建设和平为例”，《世界经济与政治》2014年第3期，第105—121页。

③ 参见何银：“规范竞争与互补：以建设和平为例”，第115页；［英］克里斯·奥尔登等：“非洲冲突后重建：中国日益增长的作用”，《国际展望》2011年第6期；［南非］克瑞斯·艾登、［英］丹·拉吉：“中国对非洲和平与安全政策的演进：一种建设和平的新范式?”，《非洲研究》2013年第1期；Xuejun Wang, “Developmental Peace: Understanding China’s Africa Policy in Peace and Security”, in Chris Alden, et al., *China and Africa: Building Peace and Security Cooperation on the Continent*, London: Palgrave Macmillan, 2017, pp. 90 - 118。

文章翻译刊载在中文期刊上。从研究视角上看，军警系统背景的研究者更倾向于提出政策建议；高校研究者更多用理论框架解释一些问题。

随着中国综合国力的提高，以及在全球治理中发挥更大作用，中国逐渐从一个国际规范的“参与者”向规则“制定者”和“供应者”的角色转变。在中国参与联合国维和行动的研究议题上，也能看到这样的转变。过去的研究侧重解释中国参与联合国维和行动的动机及态度变化的原因，最近几年，有越来越多的文章探讨中国的维和方案、中国的“发展和平”规范。国内外学者都注意到“发展促和平”的议题，但如何将“发展和平”进一步理论化，可能是未来一段时间内学术界的研究热点。当下是联合国和平行动改革的新阶段，联合国也期待中国在维和建和领域提出新理念和新思路。

基于对中国维和实践和理念的进一步完善，更加宏大的目标是形成独立的“中国维和学”。从学科建立角度看，维和研究涉及国际关系、国际法、国际组织、军事学等内容，因此需要运用跨学科的知识和理论进行研究。研究者需要运用上述学科的知识和理论对预防性外交、建设和平、人道主义干预、平民保护、冲突管理等问题进行基础研究，在此基础上形成新的研究框架和范式，并以此指导中国参与联合国维和的实践，也为中国创新不干涉原则寻找突破口。从维和战略角度看，中国参与联合国维和行动既涉及国防和军事，也关系到外交和战略。目前，主要由国防和军事部门负责管理和协调中国参与联合国维和，但是还需要把维和作为中国多边外交和战略的一项重要内容。因此，要在综合分析国家利益、国家力量、地缘政治、国际环境、多边外交等基础上形成中国的参与战略，在中国的国家利益和国际责任、中国外交特别是联合国外交的转型、建设性和引领性参与全球（安全）治理和提供公共（安全）产品等方面，对战略选择进行前瞻性和开拓性的研究。①

另外，还有一项基础工作值得重视，即客观详细地梳理中国参与联合国维和行动的历史。纵观国际维和学科的发展脉络，早期的研究注重详

① 笔者于2017年4月16日在复旦大学参加国家社科基金重点项目“中国参与联合国维和的经验、问题与思考”开题报告会，来自国防部维和办公室、解放军国际关系学院、复旦大学等单位的专家提出这些未来的研究方向。

尽、准确地描述每个维和行动从创建到落实的整个过程，为后续的研究奠定基础。[①] 目前尚缺乏全面介绍中国参与联合国维和行动历史的著述，尤其是对中国2000年以来参与联合国维和行动的梳理。维和是一个比较特殊的研究领域，大部分研究者很难获得一手材料，主要依靠官方文件或媒体报道，如果能够客观、细致地呈现历史演变，对于后续研究将是一笔宝贵财富。

另一个未来研究重点是中国参与联合国维和行动的实践层面。笔者与国防部维和中心官员和维和问题研究专家访谈后了解到，维和实操人员和学界都认为有必要且急需研究维和行动中操作性的具体问题，比如维和行动如何部署、如何开展、如何培训等。面对日益复杂的安全威胁，如何保障本国维和人员安全也是一个重要话题。2014 年，中国派出成建制的维和步兵营，探讨维和步兵营在维和行动中的应用，对于中国维和实践而言很有价值。这方面的研究应该充分发挥军警院校的优势，解放军国际关系学院和中国维和警察培训中心负责对维和人员进行派出前的培训，许多任教老师都有维和经验，并与前方维和人员有密切联系，他们的研究和政策建议将对中国参与联合国维和行动具有启发意义。

在研究方法上，通过梳理中国参与联合国维和行动的历程可以发现，大部分研究多为历史叙述，缺少理论框架。[②] 国内研究多为“叙述—归纳”和“分析—展望”,[③] 极少有定量方法的文章。[④] 国外研究有两方面值得借鉴：一是使用过程追踪方法（Process Tracing Method），具体分析某个维和案例，分析很深入。比如，日本立命馆大学国际关系学院副教授广野美和（Miwa Hirono）在《在当地民众中建立信任：维和中的公正性原则》一文

① Virginia Page Fortna and Lise Morjeé Howard, “Pitfalls and Prospects in the Peacekeeping Literature”, *Annual Review of Political Science*, Vol. 11, 2008, pp. 283 – 301.

② Courtney J. Fung, “What Explains China’s Deployment to UN Peacekeeping Operations?” Internatioence Relatims of the Asia – Pacific, Vol. 16, 2016, p. 410.

③ 郑启荣：“联合国研究在中国：回顾与思考”，《外交学院学报》2002 年第 2 期，第 21 页。

④ Zhou Hang, “Dragon Under the Blue Helmet: A Quantitative Analysis of China’s Motivation for Participation in UN Peacekeeping Operations”; Chien – pin Li, “Norm Entrepreneur or Interest Maximiser?: China’s Participation in UN Peacekeeping Operations, 2001 – 2010.”

中[1]追踪中国早期支持柬埔寨红色高棉及后来支持西哈努克的政策变化，认为中国形成的“双重外交政策”使当地人认可中国参与联合国驻柬埔寨维和行动的公正性。二是国外研究过程中加入很多访谈，比如，在国际危机组织[2]的报告里涉及大量对联合国及中国维和一线人员的访谈，冯康云的文章也是基于很多这样的采访完成的。适当的访谈不仅可以拓宽研究者的研究思路，还可以增强解释力。

在交流合作上，应该增强研究者与维和实务人员的沟通。国内方面，中国参与联合国维和行动的研究偏向政策研究，但研究中的预测似乎与国内维和政策决策相差较远。比如，2002 年有学者预测“中国将可能更重视周边地区维和行动，对安全与稳定的作用较多体现在地区范围”，[3] 但在第二年，中国就向刚果民主共和国也就是非洲派出维和部队；再比如，2011 年有学者认为，“中国短时间不应该大规模参与联合国维和行动”，[4] 而在 2013 年中国就突破性地向马里特派团派出安全部队。很明显，国内维和政策已经走在学术预测前面，因此应该加强政学沟通。在国际方面，学者应该多与联合国维和机构交流，贡献中国智慧。比如，李东燕等学者参加公谊服务委员会（American Friends Service Committee）组织的考察团，到布隆迪和刚果民主共和国等维和任务区考察，[5] 后到纽约联合国总部与维和官员进行交流。此外，联合国维和行动的重大审议报告也需要中国的声音，中国对维和机制的创新也需要学界的努力。

随着中国逐渐在全球治理中发挥领导作用，中国对维和投入了更大的支持，相关的研究具有非常重要的意义，既有助于中国更好地参与联合国维和行动机制，也能让国际社会更多地了解中国的和平理念。由此看来，中国参与联合国维和行动的研究任重而道远。

---

① ［日］广野美和：“在当地民众中建立信任：维和中的公正性原则”，赵磊等主编：《中国参与联合国维持和平行动的前沿问题》，时事出版社 2011 年版，第 488—512 页。

② International Crisis Group, “China’s Growing Role in UN Peacekeepin”, ICG Report No. 166, 2009.

③ 唐永胜：“中国与联合国维和行动”，《世界经济与政治》2002 年第 9 期，第 44 页。

④ 王乐丰：“论中国大规模参与联合国维和的危机”，《大庆师范学院学报》2011 年第 1 期，第 123 页。

⑤ 李东燕：“中国参与联合国维和建和的前景与路径”，《外交评论》2012 年第 3 期，第3 页。

参考文献

一、联合国官方文件

（1）《联合国宪章》，1945 - 10 - 24，http：//www. un. org/zh/charter - united - nations/index. html。

（2）《和平纲领——预防性外交、建立和平与维持和平》，1992 - 6 - 17，A/47/277 - S/2411，http：//www. un. org/chinese/aboutun/sg/report/hpgl. htm。

（3）《联合国和平行动小组报告》（“卜拉希米报告”），2000 - 8 - 21，A/55/305 - S/2000/309，http：//www. un. org/chinese/ga/55/doc/A55 - 305ch1. htm#2。

（4）《一个更安全的世界：我们的共同责任》（威胁、挑战和改革问题高级别小组的报告），2004 - 12 - 13，A/59/565，http：//www. un. org/chinese/secureworld/reportlist. htm。

（5）《大自由：实现人人共享的发展、安全和人权》，2005 - 3 - 21，A/59/2005 http：//www. un. org/chinese/largerfreedom/sg_ statement. html。

（6）《集中力量，促进和平：政治、伙伴关系和人民》，和平行动问题高级别独立小组的报告，2015 - 6 - 16，A/70/95 - S/2015/446，http：//www. un. org/ga/search/view_ doc. asp? symbol = A/70/95&Lang = C。

（7）“联合国和平行动的未来：执行和平行动问题高级别独立小组的各项建议”，2015 - 9 - 2，A/70/357 - S/2015/682，http：//www. un. org/ga/search/view_ doc. asp? symbol = A/70/357&Lang = C。

（8）“联合国建设和平架构审查”，2016－5－12，A/70/262，http：//www.un.org/zh/documents/view_doc.asp？symbol=A/RES/70/262。

（9）《建设和平和实现持久和平——建设和平委员会第九届会议的报告》，2016－6－22，S/2016/115，http：//www.un.org/zh/documents/view_doc.asp？symbol=S/PV.7723。

（10）The United Nations Department of Peacekeeping Operations and Department of Field Support, *United Nations Peacekeeping Operations: Principles and Guidelines*, New York, 2008.

（11）The United Nations Department of Peacekeeping Operations and Department of Field Support, *Authority, Command and Control in United Nations Peacekeeping Operations*, New York, 2008.

（12）The United Nations Department of Peacekeeping Operations, *Handbook on United Nations Multidimensional Peacekeeping Operations*, 2003.

（13）The United Nations Department of Peacekeeping Operations, *United Nations Stand－by Arrangements System Military Handbook*, 2003.

（14）United Nations Department of Public Information, *The Blue Helmets－A Review of United Nations Peacekeeping*, 1996.

（15）The United Nations Department of Peacekeeping Operations, *General Guidelines for Peacekeeping Operations*, New York, 1995.

（16）United Nations Department of Peacekeeping Operations, *United Nations Military Observers Handbook*, 1995.

（17）United Nations Department of Peacekeeping Operations, *United Nations Civilian Police Handbook*, 1995.

（18）International Peace Academy, *Peacekeepers Handbook*, 1978.

二、中国政府文件

（1）《中华人民共和国国防法》，1997年3月14日。

（2）《中国人民解放军参加联合国维持和平行动条例（试行）》，2012年3月22日。

（3）《习主席国防和军队建设重要论述读本》，解放军出版社 2008 年版。

（4）中国国防白皮书（《1998 年中国的国防》《2000 年中国的国防》《2002 年中国的国防》《2004 年中国的国防》《2006 年中国的国防》《2008 年中国的国防》《2010 年中国的国防》《中国武装力量的多样化运用》《2015 年中国国防白皮书：中国的军事战略》）。

（5）“中国为和平而来——习近平在联合国维和峰会上的讲话”，2015 年 9 月 30 日，http：//www. fmprc. gov. cn/web/ziliao_674904/zyjh_674906/t1302559. shtml。

（6）“携手构建合作共赢新伙伴 同心打造人类命运共同体——习近平在第七十届联合国大会一般性辩论时的讲话”，2015 年 9 月 28 日，http：//www. fmprc. gov. cn/web/ziliao_674904/zyjh_674906/t1301660. shtml。

三、中文学术文献

[1] 何银著：《大国崛起与国际和平：联合国维和建和研究文集》，时事出版社 2018 年版。

[2] 胡建国主编：《维和改革与领导力构建论文集》，中国人民公安大学出版社 2018 年版。

[3] [美] 伊恩·赫德著，毛瑞鹏译：《无政府状态之后：联合国安理会中的合法性与权力》，上海人民出版社 2018 年版。

[4] 尚昌仪著：《中国军队与联合国维和行动》，五洲传播出版社 2015 年版。

[5] 刘丹著：《联合国维和行动的困境与前景》，时事出版社 2015 年版。

[6] 陆建新、王涛、周辉著：《国际维和学》，国防大学出版社 2015 年版。

[7] 中国联合国协会编：《联合国 70 年——成就与挑战》，世界知识出版社 2015 版。

[8] 王凯著：《维和逐梦》，海天出版社 2015 年版。

[9] 姜伟著：《蓝盔日记》，中国财富出版社 2015 年版。

［10］杜农一等著：《新中国军事外交与国际维和研究》，国防大学出版社 2015 年版。

［11］［美］保罗·F. 戴尔、［美］丹尼尔·德鲁克曼著，聂军译：《和平行动的评价》，知识产权出版社 2013 年版。

［12］况守忠著：《美国维和行动研究》，中国社会科学出版社 2012 年版。

［13］尚昌仪著：《中国维和行动》，长江文艺出版社 2012 年版。

［14］陈东晓主编：《全球安全治理与联合国安全机制改革》，时事出版社 2012 年版。

［15］聂军著：《冲突中的守望：联合国维和行动成功的条件分析》，世界知识出版社 2011 年版。

［16］赵磊、高心满等著：《中国参与联合国维持和平行动的前沿问题》，时事出版社 2011 年版。

［17］［美］约翰·米勒著，王俊生、文雅译：《残留的战争》，中国人民大学出版社 2011 年版。

［18］［英］奈尔·马克法兰、［美］云丰空著，张彦译：《人的安全与联合国：一部批判史》，浙江大学出版社 2011 年版。

［19］赵磊著：《构建和谐世界的重要实践——中国参与联合国维持和平行动研究》，中共中央党校出版社 2010 年版。

［20］［美］保罗·肯尼迪著，卿吉力译：《联合国过去与未来》，海口出版社 2008 年版。

［21］赵磊著：《建构和平：中国对联合国外交行为的演进》，九州出版社 2007 年版。

［22］中国国际战略学会军控与裁军研究中心编：《当代国际维和行动》，军事谊文出版社 2006 年版。

［23］孙萌著：《联合国维和行动的违法责任研究》，知识产权出版社 2006 年版。

［24］盛红生著：《联合国维持和平行动法律问题研究》，时事出版社 2006 年版。

［25］陈东晓著：《联合国：新议程和新挑战》，时事出版社 2005 年版。

[26] 马约生等著：《和平之愿：20 世纪冲突与化解》，南京出版社 2005 年版。

[27] 杜农一、陆建新著：《维和行动概论》，军事谊文出版社 2004 年版。

[28] 唐永胜、徐弃郁著：《寻求复杂的平衡：国际安全机制与主权国家的参与》，世界知识出版社 2004 年版。

[29] 贾永兴编译：《联合国及维和行动》，白山出版社 2004 年版。

[30] 中国国际战略学会军控与裁军中心：《国际维和行动新视角》，军事谊文出版社 2003 年版。

[31] 王逸舟主编：《磨合中的建构——中国与国际组织关系的多视角透视》，中国发展出版社 2003 年版。

[32] 魏宗雷等著：《西方“人道主义干预”理论与实践》，时事出版社 2003 年版。

[33] 门洪华著：《和平的纬度：联合国集体安全机制研究》，上海人民出版社 2002 年版。

[34] 李铁城主编：《世纪之交的联合国》，人民出版社 2002 年版。

[35] [美] 约瑟夫·奈著，张小明译：《理解国际冲突：理论与历史》，上海人民出版社 2002 年版。

[36] 王杏芳主编：《联合国重大决策》，当代世界出版社 2001 年版。

[37] 孙建中著：《国家主权：理想与现实》，世界知识出版社 2001 年版。

[38] [美] 伊莉莎白·埃克诺米、米歇尔·奥克森伯格主编，华宏勋等译：《中国参与世界》，新华出版社 2001 年版。

[39] 李景龙著：《20 世纪十大维和行动》，解放军出版社 2000 年版。

[40] 刘明著：《国家干预与国家主权》，四川人民出版社 2000 年版。

[41] 梁西著：《国际法》，武汉大学出版社 2000 年版。

[42] [美] 理查德·N. 哈斯著，殷雄等译：《新干涉主义》，新华出版社 2000 年版。

[43] 刘恩照著：《联合国维持和平行动》，法律出版社 1999 年版。

[44] 冯勇智、曾芳编著：《蓝盔出击——联合国维和行动大纪实》，

辽宁人民出版社 1999 年版。

［45］李一文编著：《蓝盔在行动——联合国与国际冲突》，当代世界出版社 1998 年版。

［46］张植荣、李义峰主编：《联合国行动内幕》，海南出版社 1998 年版。

［47］陈友谊著：《蓝盔在行动——联合国维和行动纪实》，江西人民出版社 1997 年版。

［48］李铁城著：《联合国五十年》，中国书籍出版社 1996 年版。

［49］阎学通著：《中国国家利益分析》，天津人民出版社 1996 年版。

［50］袁士槟等主编：《联合国机制与改革》，北京语言学院出版社 1995 年版。

［51］李铁城主编：《联合国历程》，北京语言学院出版社 1993 年版。

［52］陈鲁直、李铁城著：《联合国与世界秩序》，北京语言学院出版社 1993 年版。

四、英文学术文献

［1］Cedric de Coning, Mateja Peter eds., *United Nations Peace Operations in a Changing Global Order*, London: Palgrave Macmillan, 2019.

［2］John Karlsurd, *The UN at War: Peace Operations in a New Era*, London: Palgrave Macmillan, 2018.

［3］Kwame Akonor, *UN Peacekeeping in Africa: A Critical Examination and Recommendations for Improvement*, Springerlink, 2017.

［4］Moritz P. Moelle, *The International Responsibility of International Organizations: Cooperation in Peacekeeping Operations*, Cambridge: Cambridge University Press, 2017.

［5］Naazneen Barma, *The Peacebuilding Puzzle: Political Order in Post-Conflict States*, Cambridge: Cambridge University Press, 2016.

［6］Eirin Mobekk, *UN Peace Operations: Lessons from Haiti*, 1994-2016, New York: Routledge, 2016.

[7] Malte Brosig, *Cooperative Peacekeeping in Africa: Exploring Regime Complexity*, New York: Routledge, 2015.

[8] Nadège Sheehan, *The Economics of UN Peacekeeping*, New York: Routledge, 2014.

[9] Paul F. Diehl, Alexandru Balas, *Peace Operations (second edition)*, Cambridge: Polity Press, 2014.

[10] Lesley J. Pruitt, *Youth Peacebuilding: Music, Gender, and Change*, New York: State University of New York Press, 2014.

[11] Daniel H. Levine, *The Morality of Peacekeeping*, Scotland: Edinburgh University Press, 2013.

[12] Alex J. Bellamy, Paul D. Williams, *Providing Peacekeepers: The Politics, Challenges, and Future of United Nations Peacekeeping Contributions*, Oxford: OUP Oxford, 2013.

[13] Daniel Druckman, Paul F. Diehl, *Peace Operation Success: A Comparative Analysis*, Boston: Martinus Nijhoff Publishers, 2013.

[14] Marc Lanteigne, Miwa Hirono, *China's Evolving Approach to Peacekeeping*, New York: Routledge, 2012.

[15] Terry M. Mays, *Historical Dictionary of Multinational Peacekeeping*, South Carolina: Scarecrow Press, 2012.

[16] Laura Zanotti, *Governing Disorder: UN Peace Operations, International Security, and Democratization in the Post – cold War Era*, Pennsylvania: Pennsylvania State University Press, 2011.

[17] Dennis J. D. Sandole, *Peacebuilding*, Cambrige: Polity Press, 2011.

[18] Dominik Zaum, Christine Cheng, *Corruption and Post – Conflict Peacebuilding: Selling the Peace?* New York: Routledge, 2011.

[19] Adekeye Adebajo, *UN Peacekeeping in Africa: From Suez Crisis to the Sudan Conflicts*, Johannesburg: Jacana Media, 2011.

[20] Alex J. Bellamy, Paul D. Williams, *Understanding Peacekeeping*, Cambridge: Polity Press, 2010.

[21] Lesley J. Pruitt, *The Women in Blue Helmets: Gender, Policing,*

and the UN's First All – Female Peacekeeping Unit, New York: State University of New York Press, 2010.

[22] Bates Gill, Chin – Hao Huang, *China's Expanding Role in Peacekeeping: Prospects and Policy Implications*, SIPRI, 2009.

[23] Tristan Anne Borer, John Darby, Siobhan McEvoy – Levy, *Peacebuilding After Peace Accords: The Challenges of Violence, Truth, and Youth*, Indiana: University of Notre Dame Press, 2007.

[24] Sandra Whitworth, *Men, Militarism, and UN Peacekeeping: A Gendered Analysis*, Colorado: Lynne Rienner Publishers Inc, 2007.

[25] W. Durch, *Twenty First Century Peace Operations*, Washington D. C.: United States Institute of Peace Press, 2006.

[26] Terry M. Mays, *The A to Z of Multinational Peacekeeping*, South Carolina: Scarecrow Press, 2006.

[27] Norrie MacQueen, *Peacekeeping and the International System*, New York: Routledge, 2006.

[28] Tristan Anne Borer, *Telling the Truths: Truth Telling and Peacebuilding in Post – conflict Societies*, Indiana: University of Notre Dame Press, 2005.

[29] Siobhan McEvoy – Levy, *Troublemakers or Peacemakers? Youth and Post – accord Peace Building*, Indiana: University of Notre Dame Press, 2005.

[30] Mely Caballero – Anthony & Amitav Acharya, *UN Peace Operations and Asian Security*, New York: Routledge, 2005.

[31] Volker C. Franke, *Terrorism and Peacekeeping: New Security Challenges*, New York: Greenwood Press, 2005.

[32] Dennis Jett, *Why Peacekeeping Fails*, London: Palgrave Macmillan, 2001.

[33] Louise Olsson, Torrun L. Truggestad, *Women and International Peacekeeping*, New York: Routledge, 2001.

[34] Oliver Ramsbotham, Tom Woodhouse, *Peacekeeping and Conflict Resolution*, New York: Routledge, 2000.

［35］ Jim Whitman, *Peacekeeping and the UN Agencies*, New York: Routledge, 1999.

［36］ Olara A. Otunnu, Michael W. Doyle, Nelson Mandela, *Peacemaking and Peacekeeping for the Next Century*, Maryland: Rowman & Littlefield, 1998.

［37］ A. B. Fetherston, *Towards a Theory of UN Peacekeeping*, New York: St. Martin's Press, 1994.

［38］ Paul F. Diehl, *International Peacekeeping*, Baltimore and London: The Johns Hopkins University Press, 1994.

［39］ William J. Durch, *The Evolution of UN Peacekeeping*, New York: St. Martin's Press, 1993.

后　记

2018 年是联合国开展维和行动 70 周年，2019 年是中国参与联合国维和行动 30 周年，2020 年是中国军队参加联合国维和行动 30 周年。

2017 年 11 月，在国防部维和事务办公室和中国联合国协会的大力支持下，本人主持的国家社科基金重点项目“中国参与联合国维和行动的经验、问题与思考”在上海举行“联合国维和行动改革与国际合作”研讨会。来自中国维和警察培训中心、国防科技大学国际关系学院、北京大学、北京外国语大学、上海国际问题研究院、华东政法大学、上海政法学院等单位的专家学者积极与会并提交论文。会议就“联合国维和行动改革的新动向”“中国参与联合国维和行动的新特点”“联合国维和行动国际合作的新思考”等议题进行了热烈讨论。2017 年，在上海市社会科学界联合会的指导下，上海联合国研究会举行第三届联合国研究青年论坛，主题是“联合国与和平行动”，有十多篇论文获奖。这些论文从多学科和不同视角对联合国和平行动中的重大问题和发展趋势进行了探讨。

近年来，联合国维和行动开展新一轮的改革，中国参与联合国维和行动也有新特点和新举措，这对我们维和研究来说是一个重要机遇。本书的出版既是为了纪念联合国开展维和行动 70 周年，更是为了推动中国的维和研究，特别是在整体研究和专题研究的基础上，加强理论研究和战略研究，更好地为联合国维和事业和中国的维和外交服务。

张贵洪

2018 年 10 月

图书在版编目（CIP）数据

联合国与和平行动：联合国维和行动七十周年纪念文集/张贵洪主编．—北京：时事出版社，2019.2
ISBN 978-7-5195-0282-9

Ⅰ.①联… Ⅱ.①张… Ⅲ.①维和行动—纪念文集
Ⅳ.①D813.2-53

中国版本图书馆 CIP 数据核字（2018）第 284097 号

出 版 发 行：时事出版社
地　　　址：北京市海淀区万寿寺甲 2 号
邮　　　编：100081
发 行 热 线：（010）88547590　88547591
读者服务部：（010）88547595
传　　　真：（010）88547592
电 子 邮 箱：shishichubanshe@sina.com
网　　　址：www.shishishe.com
印　　　刷：北京旺都印务有限公司

开本：787×1092　1/16　印张：17.25　字数：280 千字
2019 年 2 月第 1 版　2019 年 2 月第 1 次印刷
定价：108.00 元
（如有印装质量问题，请与本社发行部联系调换）